EXAMPRESS®

販売士検定試験学習書

販売士
教科書

販売士教科書

販売士 2級
一発合格 テキスト問題集

海光 歩 [著]

SHOEISHA

翔泳社 ecoProject のご案内

株式会社 翔泳社では地球にやさしい本づくりを目指します。
制作工程において以下の基準を定め、このうち4項目以上を満たしたものをエコロジー製品と位置づけ、シンボルマークをつけています。

資材	基準	期待される効果	本書採用
装丁用紙	無塩素漂白パルプ使用紙 あるいは 再生循環資源を利用した紙	有毒な有機塩素化合物発生の軽減(無塩素漂白パルプ) 資源の再生循環促進(再生循環資源紙)	○
本文用紙	材料の一部に無塩素漂白パルプ あるいは 古紙を利用	有毒な有機塩素化合物発生の軽減(無塩素漂白パルプ) ごみ減量・資源の有効活用(再生紙)	○
製版	CTP(フィルムを介さずデータから直接プレートを作製する方法)	枯渇資源(原油)の保護、産業廃棄物排出量の減少	○
印刷インキ*	植物油を含んだインキ	枯渇資源(原油)の保護、生産可能な農業資源の有効利用	○
製本メルト	難細裂化ホットメルト	細裂化しないために再生紙生産時に不純物としての回収が容易	○
装丁加工	植物性樹脂フィルムを使用した加工 あるいは フィルム無使用加工	枯渇資源(原油)の保護、生産可能な農業資源の有効利用	

* パール、メタリック、蛍光インキを除く

本書内容に関するお問い合わせについて

■ 本書に関するお問い合わせ、正誤表については、下記の Web サイトをご参照ください。

　　ご質問　　http://www.shoeisha.co.jp/book/qa/
　　正誤表　　http://www.shoeisha.co.jp/book/errata/

■ インターネットをご利用でない場合は、FAX または郵便で、下記にお問い合わせください。

　　〒160-0006　東京都新宿区舟町5　(株)翔泳社 愛読者サービスセンター
　　FAX 番号:03-5362-3818

電話でのご質問は、お受けしておりません。

●免責事項
※著者および出版社は、本書の使用による販売士検定試験の合格を保証するものではありません。
※本書の出版にあたっては正確な記述につとめましたが、著者や出版社などのいずれも、本書の内容に対してなんらかの保証をするものではなく、内容やサンプルに基づくいかなる運用結果に関してもいっさいの責任を負いません。
※本書に記載された URL 等は予告なく変更される場合があります。
※本書に記載されている会社名、製品名はそれぞれ各社の商標および登録商標です。
※本書では™、®、© は割愛させていただいております。

はじめに

　小売業、卸売業など流通業界は、日常的に必要な衣食住に関わる商品を販売しているため、私たちにとっても大変身近な存在です。最近では、グローバルな大規模小売業どうしの競争が日本にも上陸しはじめ、それとともに、商品があふれ、消費者ニーズもより高い品質、より低価格のものへと厳しくなっており、高い経営知識をもって、システム的に利益が出せるような工夫が流通業においても一層必要となってきました。

　このような中で一層注目されるようになったのが「販売士」資格です。流通業では唯一の公的資格であり、会計知識も含めて体系的に販売活動に必要な内容を問うこの試験内容を学ぶことにより、「今日的な販売活動上の課題を解決できる人材」を増やすことが期待されています。

　販売士の資格取得を推奨する企業も多く、販売士協会のサイトでは、販売士の資格取得を推奨している企業や、資格取得に対して報奨金を出しているような企業、昇進昇格の要件としている企業などを企業名をあげて紹介しています。

　http://www.hanbaishi.com/useful_info/cs_index.html

　このように社会的なニーズも高い販売士資格。ぜひ本書を手に取って資格取得にチャレンジしてください。

　本書はより早く確実に販売士資格に合格することを目的として過去問題を徹底的に分析し、出題傾向に沿って出やすいところを中心にまとめてあります。

　各セクションには頻出度の目安がABCランクで示されていますので参考にしてください。また覚えるべき内容で重要なものは赤字にしてありますので反復学習して覚えるようにしましょう。章末ごとにチャレンジ問題を準備していますので、問題を解きながら理解を深めてください。販売士試験では経営の専門用語（キーワード）が大変重要です。赤字になっているところだけでなくセクション末ごとのキーワードもよく理解して覚えるようにしましょう。

　実際の2級試験では、常識問題や時事問題など本書の学習内容以外の部分からも出題されますので、チャレンジ問題にも常識問題を入れております。また時事問題については日経流通新聞などで、最新情報を常にキャッチしておくことをお勧めします。

　この試験は全体の7割が取れれば合格ですので、よく出るところを中心に学習すれば合格はより近くなります。2級は、中堅管理者のための資格です。部下の指導、リーダーシップ、計数管理など実務に役立つ、昇進・昇格につながる内容を多く含みます。ぜひ、2級資格を取得してキャリアアップをしてください。

2010年3月　海光　歩

本書の使い方

　本書の構成は大きく分けて①本文と②演習問題の2つのパートで構成されています。①は過去問題を徹底的に分析し、傾向に沿って出やすいところを中心に、テーマごとにイラストを織り交ぜながら簡潔にまとめています。まずは本文を読み進めながら学習し、理解を深めましょう。実際に理解できたかを確認するために、章末に「チャレンジ問題」を設けています。問題ひとつひとつに解説がついていますので、繰り返し解くことで解けない問題の数を少しずつ減らしていきましょう。

- セクション名は、ここで学ぶテーマを示しています。
- 章が探しやすいように、両側に章の見出しをつけています。本書は、試験に必須の5科目「小売業の類型」「マーチャンダイジング」「ストアオペレーション」「マーケティング」「販売・経営管理」を章立てにして構成しています。
- 最低限おさえておきたい内容を「重要ポイント」という項目にまとめています。ここで重要な知識を押さえておき、そこから知識を積み上げていくと効率的です。
- 学習内容を具体的に理解できるようイラストや図表を多数使って説明していきます。

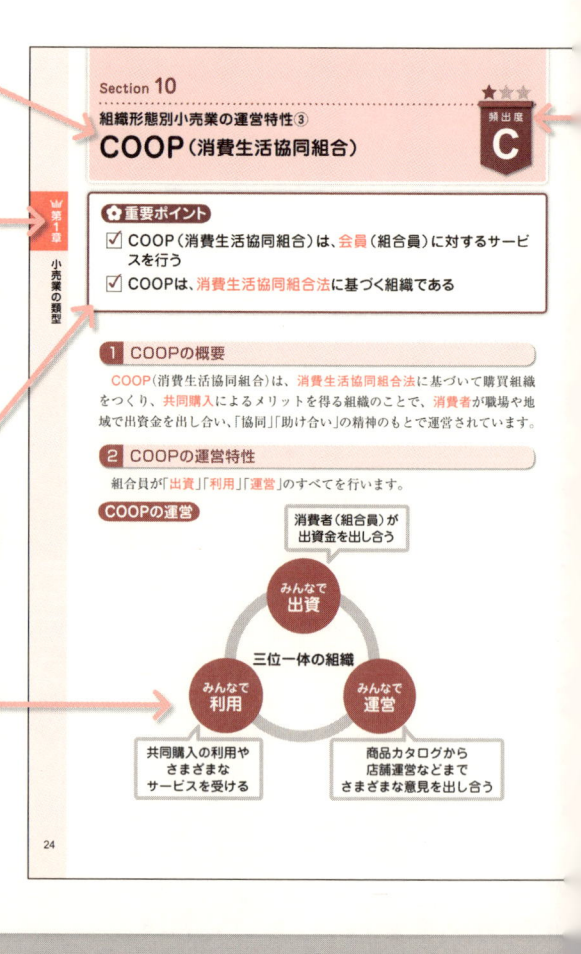

Section 10
組織形態別小売業の運営特性③
COOP（消費生活協同組合）

頻出度 C ★☆☆

🔶重要ポイント
- ☑ COOP（消費生活協同組合）は、会員（組合員）に対するサービスを行う
- ☑ COOPは、消費生活協同組合法に基づく組織である

1 COOPの概要
　COOP（消費生活協同組合）は、消費生活協同組合法に基づいて購買組織をつくり、共同購入によるメリットを得る組織のことで、消費者が職場や地域で出資金を出し合い、「協同」「助け合い」の精神のもとで運営されています。

2 COOPの運営特性
　組合員が「出資」「利用」「運営」のすべてを行います。

COOPの運営

- 消費者（組合員）が出資金を出し合う
- みんなで出資
- みんなで利用：共同購入の利用やさまざまなサービスを受ける
- みんなで運営：商品カタログから店舗運営などまでさまざまな意見を出し合う

三位一体の組織

繰り返し学習しよう！

Step 1 本文で基礎知識を身につけよう → **Step 2** 「チャレンジ問題」で学習の成果を確かめよう！ → **Step 3** 「解答&解説」で答え合わせをしよう

Step1に戻る

「反復練習」することが合格への近道だよ

---

3 COOPの運営組織

最高意思決定機関の「総代会」、総代会の意思に基づく執行管理を行う「理事会、監事会」、組合員組織の意思決定と実践の中心機関である「組合委員会」を中心に下部組織として、「ブロック別協議会」「区・市組合員委員会」「コープ委員会」「商品委員会」「班」「グループ」などによって構成されています。

4 COOPの事業運営

「共同購入」に加え、最近では「個配（個人配達）」を行うことで組合員の利便性を高めています。また、地域生協をそれぞれ出資して「コープネット」というさらに規模の大きいネットワークを形成することで、購買力とコスト低下を図っています。

今後は組合員のための「安心、安全」な商品を原料・加工段階からチェックしていくことや、環境やリサイクルに配慮したシステムを構築することなどが課題です。

COOPの仕組み

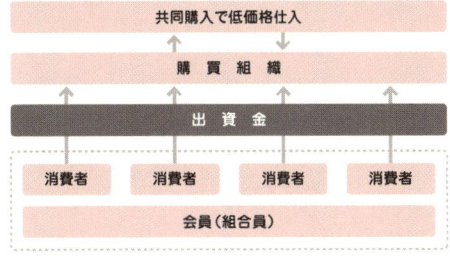

共同購入で低価格仕入
↑
購買組織
↑
出資金
↑
消費者　消費者　消費者　消費者
会員（組合員）

キーワード
○ COOP

学習を効率よく進めるために、出題頻度順にA〜Cの3ランクで頻出度を表現しています。

A 試験に出る確率がとくに高い
B 試験に出る確率が高い
C 試験に出る確率がやや低い

時間に余裕のない場合や、試験前の最終確認をするときにはAランクだけを学習するのもひとつの方法です。

重要語句を赤色で表記しています。付属の赤いシートを使って赤文字の部分を隠し、要点の整理や暗記に役立てましょう。

各セクションごとに確実に覚えておきたい単語をまとめています。試験前の復習として活用してください。このキーワードを見て何のことかわからない場合は、本文に戻って反復学習をしましょう。

販売士検定試験資格について

販売士は流通業で唯一の公的資格

　「販売士検定」は、販売員としての素養やサービス向上だけでなく、管理者になってからの知識、経営者になってからの経営管理技術などを体系的かつ網羅的に身につけることを目的に日本商工会議所と全国商工会連合会が主催する公的な資格試験です。

　販売士検定試験の合格者には、「販売士」という称号が付与され、公的に「販売のプロ」として認定されます。

　激動する流通業界で勝ち抜くためには、体系的かつ網羅的な販売に関するビジネス知識を身につけ、日々の仕事を行ううえで問題解決をしていくことが必須です。この点で、「流通業界で唯一の公的資格」である「販売士」の資格を取得した方は、企業内での期待も高く、実際に資格を取られた先輩たちが実績を出してきたこともあり、受験を奨励している企業が多くあります。受験・学習のために費用を負担したり、取得者に対して特別手当を支給したり、昇給・昇格の際の考課材料にプラスすることなどで、社員に対する支援をしている企業も多くあります。

　販売士資格を取得することで体系的な販売知識が身につき、実務面で役に立つだけでなく、小売業や流通業において管理職をめざすことにも役立ちます。

➡ このような方におすすめ

　販売士資格は、段階的に一般従業員レベル、管理者レベル、経営者レベルの知識を身につけられるため、流通業に関わるすべての方におすすめです。

- デパート、専門店、スーパーなど、大規模小売店の販売員および売場責任者や店長クラスの方
- 一般小売店の従業員および経営者

・製造業、サービス業、卸売業などの販売業務担当者
・これから流通業界で活躍したい方

販売士検定試験の概要

　販売士検定は、1級から3級に分かれており、段階的に3級、2級、1級と上位級へステップアップする成長型資格です。3級では現場の販売員として身につける知識、技術を学びます。2級では部下をもった管理者としての知識を学びます。1級では店舗を経営する経営者としての知識を学びます。

➔ 2級販売士検定試験の対象レベル

　小売業について、主として販売に関する専門的な知識を身につけ、ある程度の管理業務を遂行し、かつ部下を指導することができるレベル。売場主任、部課長など中堅幹部クラスが対象。

販売士検定試験（2級）の概要

試験日	<年1回>10月上旬
試験内容	筆記試験 ①小売業の類型　②マーチャンダイジング ③ストアオペレーション　④マーケティング　⑤販売・経営管理
合格基準	筆記試験の得点が平均70点以上で、1科目ごとの得点が50点以上
合格発表	合格発表の期日や方法は、各地商工会議所によって異なります
受験料	2級：5,500円（税込）
申し込み方法	受験希望地の商工会議所に確認してください （郵送やインターネットで受け付ける商工会議所もあり）
申し込み期間	試験日の約2ヶ月前
試験会場	商工会議所が指定する会場

※記載している内容は変更する場合がありますので、詳細は試験実施団体にご確認ください。

販売士検定試験についてのお問い合わせ先
商工会議所ホームページ　http://www.kentei.ne.jp/

出題の方法と配点、合格基準

- 出題は、マークシート方式による選択問題です。
- 1科目あたり、第1問から第10問までの**合計10問**。
  1問あたりの回答数は**5つ**。
- 問題形式は、正誤を問う形式、文章中に入る正しい語句を選択する形式、関連する語句を語群から選択する形式の**3つ**。
- 1科目あたり、100点満点。5科目で合計500点満点。
- 合格基準は、平均して70点以上で、1科目ごとの得点が50点以上であること。

検定試験の科目内容

1科目
小売業の類型 …………………………………………… P1

- 流通と小売業の役割
- 流通経路政策
- 組織形態別小売業の運営特性
- 店舗形態別小売業の運営特性
- チェーンストアの目的と運営
- 中小小売業の課題と方向性
- 商業集積の運営特性

POINT 小売業の類型では、流通と小売業が社会で果たしている役割や、メーカーから消費者へ商品が届くまでの流通経路政策、チェーン店やフランチャイズシステムなど組織小売業の仕組みを学び、業態別の特徴やグローバルにみた小売業の動向などについても学びます。

2科目
マーチャンダイジング ……………………………… P65

- 経営環境変化と進化するマーチャンダイジング
- 商品知識の活用方法
- 仕入計画の立案と運用システム
- 戦略的商品計画の立案
- 価格設定の方法
- 商品管理の実際
- 販売計画の立案と管理
- 小売業の物流システム

POINT マーチャンダイジングでは、狭い意味での仕入、商品戦略だけにとどまらず、価格設定や販売計画など広い意味でのマーチャンダイジングについて学びます。より具体的に利益を生みだす仕組みについて実務に使える内容を学びます。

3科目
ストアオペレーション ･････････････････････････････ P127

- 店舗運営サイクルの実践と管理
- 戦略的購買促進の実施方法
- 戦略的ディスプレイの実施方法
- レイバースケジューリング
  プログラム(LSP)の役割と仕組み
- 人的販売の実践と管理

POINT ストアオペレーションでは、実際に店舗を継続的に稼動させていくための運営サイクルと、サイクル上のそれぞれのテーマについて細かく学びます。店舗における陳列の技術や人の割当て、教育など中堅管理者が実務で求められる内容が多いのでしっかり学習しましょう。

4科目
マーケティング ･････････････････････････････････ P163

- 消費スタイルの変化に伴う
  マーケティング機能の強化
- 小売業のマーケティング・ミックスの実践
- マイクロマーケティングの展開方法
- マーケティング戦略の方法
- マーケティング・リサーチの実施方法
- 商圏分析の立案と実施方法
- 出店戦略の立案と実施方法
- 販売促進策の企画と実践
- 業態開発の手順

POINT マーケティングでは、今日的な消費者の動向をベースに、マクロ的にみたマーケティングの考え方、ミクロ的にみたマーケティングの考え方を学びます。マーケティングリサーチや、店舗開発などより経営的な視点に立って、競争に勝ちながら売上を継続的に伸ばしていく手法を学びますので実務で役立ちます。

5科目
販売・経営管理 ･････････････････････････････････ P227

- 販売管理者の基本業務
- 販売管理者の法令知識
- 販売事務管理に求められる経営分析
- 店舗組織体制と従業員管理

POINT 販売・経営管理では、販売の第一線でさまざまな判断が求められることがについて細かく学びます。例えば契約や取引に関する法律知識、部下の教育、財務会計の知識をベースにした経営分析、店舗全体の管理などです。中堅管理者に求められるこのような知識をしっかり学ぶことでより経営層に近い知識や視点が得られます。

販売士2級 一発合格テキスト 問題集　CONTENTS

はじめに …………………………………………… iii
本書の使い方 ……………………………………… iv
販売士検定試験・資格について ………………… vi

第1章　小売業の類型 …………………………………… 1

Section 1　流通と小売業 ……………………………… 2
1. 経済循環システムと流通
2. 流通懸隔の架橋機能
3. 流通業の役割
4. 商流・物流・情報流
5. 小売の概念と社会的役割

Section 2　小売業の構造変化と業態変化 ………… 6
1. 小売業の構造変化
2. 小売業態変化に関する理論仮説

Section 3　世界の小売業の動向 …………………… 8
1. 日本の大手小売業の市場地位と世界の主要小売業
2. グローバル・リテーラーの動向
3. 日本市場におけるグローバル・リテーラーの課題

Section 4　流通経路とメーカーのチャネル戦略 …… 10
1. 流通経路とは
2. 直接流通と間接流通
3. 流通チャネルの構築とコントロール
4. 流通系列化政策
5. 流通系列化を推進する制度

Section 5　卸売業の構造と機能変化 ……………… 14
1. 卸売業の構造変化
2. 卸売業に求められる重点的機能
3. 卸売業の再編成

Section 6　サプライチェーンの効率化とパートナーシップ … 16
1. サプライチェーンの効率化と流通情報
2. 流通情報化インフラとしてのEDI
3. チェーンストアにおけるEDI展開
4. QR、DCMへの進展とパートナーシップ

Section 7　組織形態別小売業の運営特性 ………… 19
1. 組織小売業の分類
2. 組織小売業の動向

Section 8　ボランタリーチェーン（VC） ・・・・・・・・・・・・・ 20
 1 ボランタリーチェーンの定義
 2 ボランタリーチェーンの目的
 3 ボランタリーチェーンの運営特性
 4 ボランタリーチェーン本部と加盟店の関係
 5 ボランタリーチェーンの課題

Section 9　フランチャイズチェーン（FC） ・・・・・・・・・・・・・ 22
 1 フランチャイズチェーンの定義
 2 フランチャイズビジネスの動向
 3 フランチャイズビジネスの仕組み
 4 フランチャイズ・システムの問題点

Section 10　COOP（消費生活協同組合）・・・・・・・・・・・・・ 24
 1 COOPの概要
 2 COOPの運営特性
 3 COOPの運営組織
 4 COOPの事業運営

Section 11　レギュラーチェーン（RC） ・・・・・・・・・・・・・ 26
 1 レギュラーチェーンの定義
 2 レギュラーチェーンのチェーンオペレーション
 3 レギュラーチェーンの運営特性

Section 12　総合品ぞろえスーパー（GMS） ・・・・・・・・・・・・・ 28
 1 概要
 2 運営の特徴
 3 組織
 4 店舗・立地特性
 5 商品政策
 6 今後の課題

Section 13　スーパーマーケット（SM） ・・・・・・・・・・・・・ 30
 1 概要
 2 運営の特徴
 3 組織
 4 店舗・立地特性
 5 商品構成・商品政策
 6 今後の課題

Section 14　コンビニエンスストア（CVS） ・・・・・・・・・・・・・ 32
 1 概要
 2 運営の特徴
 3 組織

CONTENTS

　　　　　4 店舗・立地特性
　　　　　5 商品政策
　　　　　6 今後の課題

Section 15　スーパーセンター（SuC） ……………………… 34
　　　　　1 概要
　　　　　2 運営の特徴
　　　　　3 組織
　　　　　4 店舗・立地特性
　　　　　5 商品政策
　　　　　6 今後の課題

Section 16　ホームセンター（HC） ………………………… 36
　　　　　1 概要
　　　　　2 運営の特徴
　　　　　3 組織
　　　　　4 店舗・立地特性
　　　　　5 商品政策
　　　　　6 今後の課題

Section 17　ドラッグストア（DgS） ………………………… 38
　　　　　1 概要
　　　　　2 運営の特徴
　　　　　3 組織
　　　　　4 店舗・立地特性
　　　　　5 商品政策
　　　　　6 今後の課題

Section 18　専門店 ……………………………………………… 40
　　　　　1 概要
　　　　　2 店舗形態別専門店の動向
　　　　　3 店舗・立地特性
　　　　　4 商品政策
　　　　　5 今後の課題

Section 19　百貨店 ……………………………………………… 42
　　　　　1 概要
　　　　　2 店舗形態の特徴
　　　　　3 運営政策
　　　　　4 組織
　　　　　5 商品政策
　　　　　6 今後の課題

Section 20　チェーンストアとは何か ………………………… 44
　　　　　1 目的と使命

　　　　　　　2 組織の特徴
Section 21　**チェーンオペレーションの原則** …………………… 46
　　　　　　　1 チェーンオペレーションとは
　　　　　　　2 ローコストオペレーションの実際
Section 22　**チェーンストアの成長要因** …………………… 48
　　　　　　　1 チェーンストアの成長要因
　　　　　　　2 チェーンストア経営戦略の再検討
　　　　　　　3 チェーンストアの今後の方向
Section 23　**中小小売業の課題** …………………………… 50
　　　　　　　1 小売業を取り巻く環境
　　　　　　　2 中小小売業の課題と求められる取り組み
　　　　　　　3 中小小売業の存立基盤
　　　　　　　4 大手小売業の出店攻勢への対応
　　　　　　　5 求められる情報化への対応
Section 24　**商店街の運営特性** …………………………… 52
　　　　　　　1 商店街の環境変化の実態
　　　　　　　2 商店街の組織と取り組み
　　　　　　　3 商店街が実施する共同事業
Section 25　**ショッピングセンターの今日的課題と方向** …… 54
　　　　　　　1 ショッピングセンターの種類
　　　　　　　2 ショッピングセンターの形態
　　　　　　　3 ショッピングセンターの立地
　　　　　　　4 日本型ショッピングセンター
　　　　　　　5 パワーセンター
　　　　　　　6 アウトレットセンター
　　　　　　　7 ライフスタイルセンター

小売業の類型　**チャレンジ問題** ……………………………………… 56
小売業の類型　**チャレンジ問題　解答&解説** ……………………… 61

第2章　マーチャンダイジング …………… 65

Section 1　**マーチャンダイジングの概念** ………………… 66
　　　　　　1 マーチャンダイジングの定義
　　　　　　2 マーチャンダイジングの領域
　　　　　　3 経営管理としてのマーチャンダイジング

CONTENTS

Section 2　マーチャンダイジングと競争戦略 …………… 69
1　経営環境変化への対応
2　小売業の競争戦略
3　小売業のマーチャンダイジングと競争戦略

Section 3　ITの進展とマーチャンダイジングの進化 ……… 72
1　POSシステムとEOSの普及
2　VAN
3　EDI
4　パートナーシップ
5　マーチャンダイジング活動の加速化

Section 4　商品の評価とサービス …………………………… 76
1　消費者による商品の評価とその意義
2　評価対象の拡大
3　商品評価の活用
4　サービスとは何か
5　サービス商品の歴史

Section 5　商品コンセプトの活用 …………………………… 78
1　商品コンセプトとは何か
2　商品コンセプトの構成と評価
3　商品コンセプトの具体的事例
4　商品コンセプトの分類

Section 6　マーチャンダイジングに必要な情報 …………… 80
1　商品情報・消費者情報・販売情報
2　商品情報の収集と管理・活用方法

Section 7　仕入の役割と業務範囲 …………………………… 82
1　仕入担当者と企業組織上の位置づけ
2　取扱面からみた商品類型と仕入業務の対応
3　需要の価格弾力性

Section 8　仕入情報の種類と活用 …………………………… 85
1　さまざまな仕入情報
2　仕入のために留意すべき情報ソース

Section 9　消費財の分類と再発注のポイント ……………… 87
1　発注の視点
2　消費財の分類と仕入業務
3　最寄品の特性と再発注上の留意点
4　ベーシック・ストック・リストによる最寄品の再発注管理
5　再発注メカニズムとOTB方式
6　買回品の特性と再発注をめぐる留意点

　　　　　7　モデル・ストック・プランとそれによる仕入管理
　　　　　8　プロダクト・ライフサイクルと再発注をめぐる留意点
　　　　　9　仕入と仕入先のチェックポイント

Section 10　商品計画の立案 …………………………… 90
　　　　　1　商品計画上の留意点
　　　　　2　商品計画の立案における要件の整理
　　　　　3　戦略的商品計画の展開
　　　　　4　商品計画の作成
　　　　　5　単品計画への落とし込みと留意点

Section 11　商品カテゴリー構成と品目ミックス …………… 92
　　　　　1　商品構成の原則
　　　　　2　商品選定
　　　　　3　個店対応の商品選定
　　　　　4　商品分類の概念
　　　　　5　商品構成における商品分類の方法
　　　　　6　商品カテゴリー構成と品目構成
　　　　　7　主力カテゴリーと補完カテゴリーの役割
　　　　　8　主力品目と補完品目の役割

Section 12　棚割システムの活用方法 ………………… 96
　　　　　1　スロット構成（カテゴリー別棚割）
　　　　　2　棚割の方法
　　　　　3　棚割の管理

Section 13　価格設定の方法 …………………………… 98
　　　　　1　売価政策
　　　　　2　プライスゾーンとプライスラインの設定方法
　　　　　3　プライスライン（価格線）政策
　　　　　4　値入額

Section 14　棚卸と在庫管理の重要性 ………………… 100
　　　　　1　棚卸の目的
　　　　　2　棚卸の実施計画
　　　　　3　過剰在庫の問題点
　　　　　4　個店対応と在庫削減の因果関係
　　　　　5　在庫の削減方法

Section 15　商品管理の方法と商品回転率 …………… 102
　　　　　1　商品管理の定義と内容
　　　　　2　単品管理の必要性
　　　　　3　死に筋商品の取り扱い
　　　　　4　商品回転率

CONTENTS

Section 16　販売管理の意義とその基本的内容 ………… 104
　　1　販売管理の今日的役割
　　2　小売業の販売管理と基本的事項
　　3　カテゴリー別販売管理方法

Section 17　予算管理と利益計画 ………………………… 106
　　1　予算管理
　　2　予算編成と予算統制
　　3　利益計画

Section 18　損益分岐点の計算方式 ……………………… 108
　　1　損益分岐点の考え方
　　2　損益分岐点の計算式

Section 19　POSシステムの活用方法 …………………… 110
　　1　POSシステムの情報と効果
　　2　最寄品型POSシステムの運用
　　3　買回品型POSシステムの運用
　　4　顧客情報管理型POSシステム
　　5　重点管理とABC分析

Section 20　販売分析 ……………………………………… 112
　　1　実数分析
　　2　販売効率に関する主要な分析比率
　　3　売上高の計算

Section 21　小売業の物流システム ……………………… 116
　　1　小売業界における物流システムへの取り組み
　　2　小売業態別にみる物流の現状と課題
　　3　小売業の物流の新たな方向
　　4　物流コスト管理

マーチャンダイジング　チャレンジ問題 ………………… 118
マーチャンダイジング　チャレンジ問題　解答＆解説 … 123

第3章　ストアオペレーション　127

Section 1　効果的朝礼の実践方法 ………………………… 128
　　1　朝礼の意味と実施方法
　　2　朝礼の留意点

Section 2	発注システムの運用と管理	129
	1 補充・発注	
	2 商品特性別補充・発注	
	3 最低陳列量と欠品	
Section 3	商品の補充	131
	1 商品の補充	
	2 補充の手順	
Section 4	売場のチェックポイント	133
	1 5つのチェックポイント	
Section 5	棚ラベルの管理	134
	1 棚ラベルに含まれる情報と管理	
Section 6	レジチェッカーの役割	135
	1 チェーンストアにおけるレジチェッカーの重要性	
Section 7	インストアマーチャンダイジング（ISM）の概要	136
	1 インストアマーチャンダイジングとは	
	2 インストアプロモーション	
	3 スペースマネジメント	
Section 8	売場の効率化を図る指標	138
	1 人時生産性	
	2 労働分配率	
	3 労働生産性	
	4 労働装備率	
Section 9	購買促進を活発化させるディスプレイ方法	140
	1 ディスプレイと陳列・補充の違い	
	2 陳列の方法	
	3 重点商品の効果的な陳列	
	4 補充型陳列の具体的方法	
	5 省力化のための陳列方法	
Section 10	ビジュアルマーチャンダイジング（VMD）	143
	1 ビジュアルマーチャンダイジングとは	
Section 11	レイバースケジューリングプログラム（LSP）	144
	1 レイバースケジューリングプログラム（LSP）の開発ルーツと基本原則	
	2 LSPによる効率的店舗運営のポイント	

CONTENTS

　　　　　　　　　3　LSPの活用による発注作業の改善
　　　　　　　　　4　人事計算に基づく発注作業モデル

Section 12　**販売員の役割と使命** ……………………　**146**
　　　　　　　　　1　販売員の役割
　　　　　　　　　2　顧客の情報収集力と販売員の役割
　　　　　　　　　3　顧客満足の提供
　　　　　　　　　4　接客サービスの基本
　　　　　　　　　5　サービス提供の基本的心構え

Section 13　**販売員の資質向上策** ……………………　**148**
　　　　　　　　　1　経営資源としての販売員育成
　　　　　　　　　2　販売員育成の階層的プロセス
　　　　　　　　　3　売場指揮
　　　　　　　　　4　商品知識・商品情報の収集
　　　　　　　　　5　管理代行者の育成
　　　　　　　　　6　自己管理
　　　　　　　　　7　指導にあたっての注意事項

Section 14　**販売員の接客技術** ………………………　**150**
　　　　　　　　　1　人的販売の重要性と効果
　　　　　　　　　2　販売員の実践知識
　　　　　　　　　3　セルフサービスの店舗における接客方法

Section 15　**職場における販売員管理** ………………　**152**
　　　　　　　　　1　ジョブローテーションと職務割当て
　　　　　　　　　2　公平な管理
　　　　　　　　　3　チームワーク
　　　　　　　　　4　パートタイマーとアルバイト
　　　　　　　　　5　販売員の教育訓練

ストアオペレーション　**チャレンジ問題** ………………………………　**154**
ストアオペレーション　**チャレンジ問題　解答&解説** ……………　**159**

第 4 章　マーケティング　163

Section 1　**生活目的の広がりに伴う消費スタイルの変化** …　**164**
　　　　　　　　　1　基礎的消費と選択的消費
　　　　　　　　　2　消費スタイルの変化
　　　　　　　　　3　マーケティング機能の強化

Section 2　プレイス（ストア・ロケーション） ……… 165
　1　小売業のマーケティング・ミックス
　2　立地条件の変化
　3　立地選定と店舗（業態）開発
　4　立地戦略としての商圏

Section 3　プロダクト（マーチャンダイジング） ……… 168
　1　ブランド（商標）の定義
　2　ブランドの拡大プロセス
　3　ブランドの分類
　4　ブランドの機能
　5　プライベートブランド（PB）商品と小売業

Section 4　プライス（EDFP：エブリデイ・フェアプライス） … 170
　1　売価設定政策のねらい
　2　売価の種類
　3　売価の決定方法

Section 5　プロモーション ……………………………… 172
　1　販売促進の今日的役割とストアロイヤルティの向上
　2　ストアイメージ向上の前提条件
　3　ストアイメージの形成要素
　4　ストアイメージの形成に関する基本的機能
　5　ストアイメージの形成と販売促進政策

Section 6　小売業の販売促進政策の基本と課題 ……… 174
　1　集客促進機能
　2　購買促進機能
　3　顧客の維持・離反防止機能

Section 7　顧客中心主義の考え方 ……………………… 176
　1　変化する消費者の購買意識
　2　顧客中心の円
　3　顧客に価値を提供する新たな社会システムの構築

Section 8　フリークエント・ショッパーズ・プログラム（FSP） … 177
　1　FSP（フリークエント・ショッパーズ・プログラム）とは
　2　FSPの考え方
　3　FSPの目的と必要性
　4　FSPのねらい
　5　FSP導入の流れ
　6　顧客管理の背景と顧客管理のねらい

Section 9　カスタマーリレーションシップマネジメント（CRM） … 179
　1　CRMが実効性をもつためには、中長期的視点が必要

CONTENTS

Section 10　マーケティング戦略の展開パターンと種類 …　180
1　代表的なマーケティング戦略の展開パターン
2　マーケティング戦略の種類と特徴

Section 11　マイクロマーケティングの実施手順 …………　182
1　小売業のマイクロマーケティングの実施手順

Section 12　市場調査（マーケティング・リサーチ） ………　185
1　マーケティングと市場調査
2　市場調査の進め方
3　エリア・データの情報源

Section 13　商圏の設定 ……………………………………　186
1　商圏の特性
2　商品政策と集中戦略
3　商圏調査の方法

Section 14　立地選定の方法 ………………………………　188
1　立地調査の種類と方法
2　大規模小売店舗立地法の手続き

Section 15　競合店調査の実施方法 ………………………　190
1　ストアコンパリゾンの考え方
2　ストアコンパリゾンの進め方と注意点
3　ストアコンパリゾンの区分
4　ストアコンパリゾンのための情報収集

Section 16　出店戦略の立案と方法 ………………………　192
1　出店戦略の考え方
2　出店戦略の方法

Section 17　販売促進策の企画方法 ………………………　194
1　これからの販売促進と販売促進企画の手順

**Section 18　コミュニケーション・プロセスとしての
　　　　　　販売促進プロセス** ……………………………　195
1　コミュニケーション・プロセス
2　AIDMA（アイドマ）の法則
3　AIDMAのプロセスに与えるプロモーションの影響

Section 19　販売促進広告 …………………………………　197
1　広告の要件
2　小売広告の特質
3　広告計画のプロセス
4　マス媒体広告の特性

     5 主な販売促進の特性
     6 パブリシティと口コミ
     7 セールスプロモーション（狭義の販売促進）
     8 マルチメディア時代への対応

Section 20 **戦略的POP広告の活用方法** …………………… 200
     1 POP広告の定義と目的
     2 POP広告の基本的考え方
     3 POP広告の制作
     4 POP広告の留意点

Section 21 **商品のライフサイクルと販売の適合性** ……… 202
     1 プロダクト・ライフサイクル

Section 22 **ポジショニングの設定** ……………………………… 203
     1 ポジショニングの意味
     2 業態の確立が前提
     3 ポジショニング設定の要件

Section 23 **ストアコンセプトの策定方法** …………………… 205
     1 ストアコンセプト設定の具体的なプロセス
     2 ストアコンセプトを実現するアソートメント（品ぞろえ）と
      そのビジュアル化

Section 24 **動線計画とゾーニング** ……………………………… 207
     1 顧客動線と従業員動線
     2 ショートタイムショッピングニーズへの対応
     3 業態別ゾーニング

Section 25 **レイアウトとスペースマネジメント** …………… 211
     1 レイアウト設定の基本と留意点
     2 効率的な販売促進策としてのゴンドラ設定
     3 品目配置の考え方
     4 フェイシング
     5 品目別のポジショニング
     6 グルーピングのポイント

Section 26 **売場を演出する色彩の技術** ……………………… 214
     1 陳列装飾における色の組み合わせの効果
     2 明度順、色相順配色の陳列
     3 同色配色の陳列
     4 類色、類似色、異色配色の陳列
     5 補色と準補色の陳列
     6 無彩色と有彩色の組み合わせ
     7 カラーコントロールによるディスプレイ方法の基本

CONTENTS

| Section 27 | 売場を演出する照明の技術 | 216 |

1 照明方向、光量
2 光の方向が与える影響のパターン
3 明るさ（光の量）の決め方
4 店舗照度の基準
5 店舗照明の留意点

| マーケティング | チャレンジ問題 | 218 |
| マーケティング | チャレンジ問題　解答＆解説 | 223 |

第5章　販売・経営管理　227

| Section 1 | 販売管理者の基本業務 | 228 |

1 販売管理者の職務
2 販売管理者の役割
3 販売管理者の目標管理
4 販売員の動機づけ
5 売場の指揮
6 売場の活性化
7 部下の育成に対する基本的な考え方
8 効果的な部下の育成

| Section 2 | クレームへの対応方法 | 230 |

1 クレーム対応の重要性
2 返品対応の心構え
3 返品・交換の対応用語
4 クレームはストアロイヤルティ形成の最大の機会

| Section 3 | 契約に関する法知識 | 232 |

1 契約の成立と契約内容
2 売主の買主に対する債務不履行のケース
3 印紙税の基礎知識
4 小切手の基礎知識
5 約束手形の基礎知識
6 クレジット、プリペイドカードなどの基礎知識

| Section 4 | 仕入に関する法知識 | 236 |

1 仕入の種類
2 商品仕入の特殊な形態
3 独占禁止法
4 下請代金支払遅延等防止法

Section 5　販売に関する法知識 ……………………… 238
1　契約の諸原則
2　消費者の保護から自立支援へ
3　消費者契約法
4　電子商取引に関する法律効果
5　特殊な販売方法に関する法律
6　小売業の販売責任
7　消費者保護と苦情処理
8　割賦販売法

Section 6　商標法、不正競争防止法、景品表示法 ……… 242
1　商標法
2　不正競争防止法
3　景品表示法

Section 7　リスクマネジメント ………………………… 244
1　リスクマネジメントとは
2　個人情報保護法

Section 8　まちづくり3法 ……………………………… 245
1　新しいまちづくり3法

Section 9　経営分析とは何か …………………………… 246
1　経営分析の概要

Section 10　貸借対照表中心の分析 ……………………… 249
1　貸借対照表中心の分析

Section 11　損益計算書中心の分析 ……………………… 251
1　損益計算書中心の分析

Section 12　貸借対照表と損益計算書をつかう分析 ……… 253
1　資産活用効率を見るもの
2　売上高による資産回収効率を見るもの

Section 13　売上高 ………………………………………… 255
1　売上高の計上基準
2　管理会計から見た売上高の把握
3　売上原価の計算

Section 14　期末棚卸資産の評価方法 …………………… 257
1　期末棚卸資産の評価方法

Section 15　店舗組織の考え方 …………………………… 259
1　組織の意義
2　組織の構造

CONTENTS

　　　　　　　3　組織の形態
　　　　　　　4　組織の実例
Section 16　**組織化における代表的な5つの原則** ………… 263
　　　　　　　1　指令系統の統一化の原則
　　　　　　　2　統制の範囲の原則(スパン・オブ・コントロール)
　　　　　　　3　専門化の原則
　　　　　　　4　権限委譲の原則
　　　　　　　5　三面等価の原則

Section 17　**職場の人間関係管理** ………………………… 266
　　　　　　　1　人間関係管理(Human Relations)の意味
　　　　　　　2　職場の雇用の動向
　　　　　　　3　職場の人事管理
　　　　　　　4　職務割当て
　　　　　　　5　就業管理
　　　　　　　6　パートタイマーの活用

Section 18　**人材育成とリーダーシップのあり方** ………… 268
　　　　　　　1　小売業の人材育成
　　　　　　　2　リーダーシップのあり方
　　　　　　　3　マズローの欲求段階説
　　　　　　　4　ハーズバーグの動機づけ・衛生理論

Section 19　**防犯対策と店舗施設の保守** ………………… 271
　　　　　　　1　防犯対策
　　　　　　　2　付帯施設管理
　　　　　　　3　テナントの管理業務

販売・経営管理　**チャレンジ問題** ……………………………………… 272
販売・経営管理　**チャレンジ問題　解答&解説** …………………… 277

　　　　　　　INDEX ……………………………………………… 281

第1章
小売業の類型

この科目では、流通と小売業の役割や流通経路政策、具体的な組織形態別小売業の運営特性や店舗形態別小売業の運営特性、チェーンストアの目的と運営などについて学びます。また、中小小売業の課題と方向性や商業集積の運営特性についても学びます。

Section 1

流通と小売業

頻出度 A ★★★

✿ 重要ポイント

- ☑ 流通業は「要素的懸隔(けんかく)」と「システム的懸隔(けんかく)」をつなぎ、「取引数極小の原理」、「集中貯蔵の原理」によって社会的な取引コストを低下させている
- ☑ 流通業は、生産と消費を結ぶ役目を担っている
- ☑ 流通業の存在により、社会全体の取引は効率化され、消費者はプロの目で選択された商品を必要なときに購入できる

経済活動の循環システム

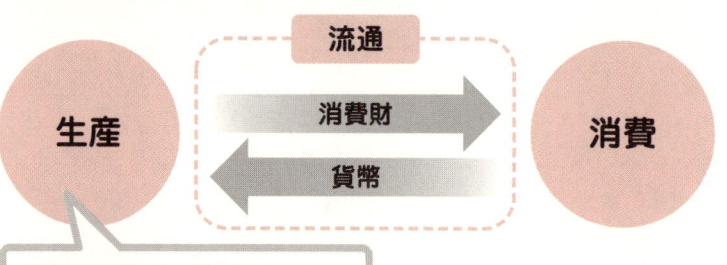

生産 ─ 流通（消費財 →／貨幣 ←）─ 消費

生産者は費用を回収するとともに、利益を獲得して再生産を続ける

1 経済循環システムと流通

経済活動は、「財の生産」→「流通」→「消費」→「コスト＋利益の回収による新たな財の生産」という循環システムになっており、流通は生産と消費の間の橋渡し（架橋）の役目を果たしています。

2 流通懸隔の架橋機能

生産と流通の間の隔たりを流通懸隔(けんかく)といい、①所有、空間、時間の隔たりである「要素的懸隔」、②情報、価値の隔たりである「システム的懸隔」の2つ

に分かれています。消費がスムーズに行われるためには、生産者から消費者に商品の所有権やモノ自体が移動し、また、使うタイミングに合わせて商品を提供しなくてはいけません。要素的懸隔とは、この生産者と消費者の間の所有権移動の隔たりを指します。

一方、消費が行われるためには、消費者側で商品情報を知っていることや、生産者側で消費者ニーズを把握することが必要で、価格についても合意される必要があります。システム的懸隔とは、この生産者と消費者の間の情報の隔たりを指し、この情報の隔たりを解消するシステム的な仕組みが求められています。

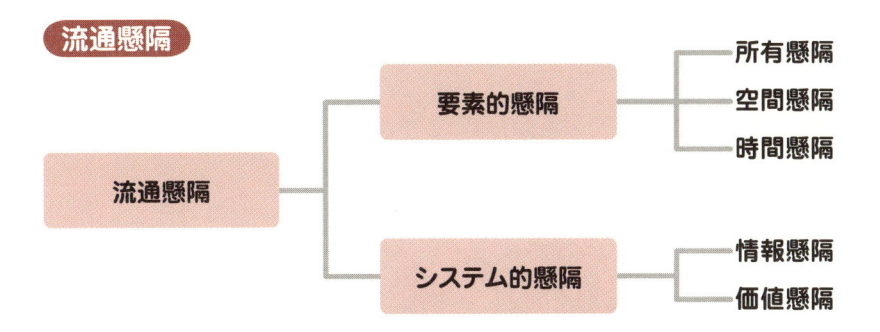

流通懸隔

- 流通懸隔
  - 要素的懸隔
    - 所有懸隔
    - 空間懸隔
    - 時間懸隔
  - システム的懸隔
    - 情報懸隔
    - 価値懸隔

3 流通業の役割

　流通業は生産と消費の間に介在することによって、社会的な流通コストを低下させる役割をもっています。これを説明するのが、以下の2つの原理です。

❶ **取引数極小**の原理…複数の生産者と複数の消費者がそれぞれ個別に取引するのではなく、間に卸売業が介在することで、取引総数が減少し、市場のトータルな流通費用が低下するという原理

❷ **集中貯蔵**の原理(不確実性プールの原理)…流通業が集中的に在庫を保有することで、個々の生産者が個別に在庫を保有するよりも市場全体における在庫の絶対量が減り、トータル的な市場全体の流通コストが低下するという原理

第1章 小売業の類型

取引数極小の原理

生産者1 — 消費者1
生産者2 — 消費者2
生産者3 — 消費者3

卸売業がいなければ
3×3=9回の取引

生産者1 — 卸売業 — 消費者1
生産者2 — 卸売業 — 消費者2
生産者3 — 卸売業 — 消費者3

卸売業が間に入ると
3+3=6回に減る

集中貯蔵の原理

各小売業がそれぞれ品切れリスクも考えて在庫する場合

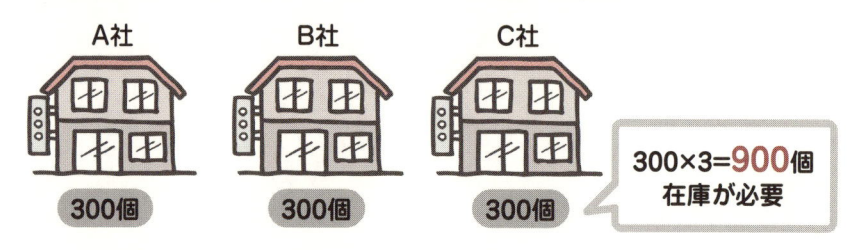

A社 300個　B社 300個　C社 300個

300×3=900個 在庫が必要

卸売業が400個在庫してくれる場合

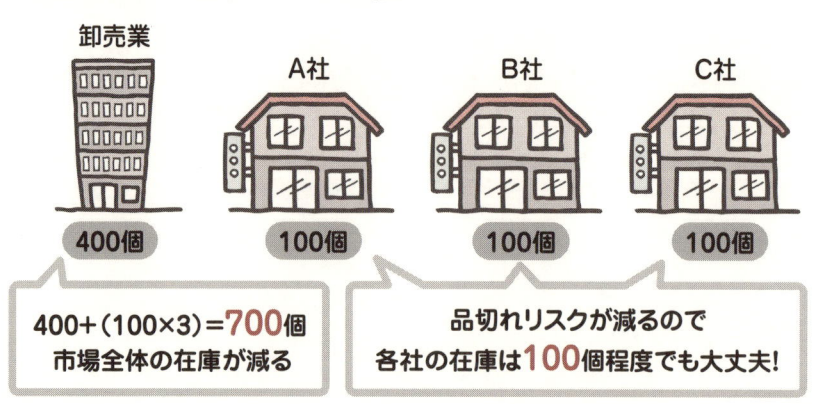

卸売業 400個　A社 100個　B社 100個　C社 100個

400+(100×3)=700個 市場全体の在庫が減る

品切れリスクが減るので各社の在庫は100個程度でも大丈夫！

4 商流・物流・情報流

　流通の流れ（フロー）は大きく3つあります。具体的には①商品の所有権が移転するフローである「商流」、②財の場所的、時間的移転のフローである「物流」、③生産者と消費者の情報交換フローである「情報流」です。

　商流とは、代金決済の際に後払いを容認することによって流通を促進する「流通金融」や、代金決済完了までのリスクを売り手が負担する「危険負担機能」といった商品の所有権が移転する流れ（フロー）です。

　物流には、生産から販売、使用、廃棄までの流れの中に、「調達物流」「生産物流」「販売物流」「回収物流」という4つの物流の流れがあります。最近の物流では、取引先全体で物流の標準化を目指す「ユニットロード・システム」が荷役（搬入作業）での物流の新しい動きとして注目されています。

　情報流には、「取引情報」「物流情報」「市場情報」「販売促進（プロモーション）情報」などがあり、生産者と消費者双方に適切な情報が供給されることが必要です。

5 小売の概念と社会的役割

　小売業とは、「最終消費者に対して直接販売することに含まれる諸活動」と定義されています。またマーケティング学者のコトラー（P. Kotler）は、「最終消費者の個人的、非営利的使用のために、財ならびにサービスを直接販売する活動」と定義しています。その機能には、「消費者に対する」機能と、「企業維持・管理活動に関する」機能があり、消費者に対する機能には、①所有権移転機能（商流機能）、②物的流通機能（物流機能）、③情報伝達機能（情報流機能）があります。一方、企業維持・管理活動に関する機能には、①資金の調達と運用、②資材調達・購買管理、③店舗設計・管理、④従業員教育・訓練、⑤職務編成・組織管理、⑥消費者行動や競争環境の把握・分析・予測、などがあります。

キーワード

☑流通懸隔　☑要素的懸隔　☑システム的懸隔　☑取引数極小の原理　☑集中貯蔵の原理　☑商流
☑物流　☑情報流

第1章　小売業の類型

Section 2
小売業の構造変化と業態変化

頻出度 A ★★★

🌸 重要ポイント

- ☑ 小売業の形態変化理論には、マクネアが提唱した「**小売の輪の理論**」とホランダーが提唱した「**アコーディオン理論**」がある
- ☑ **フォード効果**とは、イギリスのフォードが提唱した小売店舗構造変化に関する理論のことである
- ☑ 小売業は**大規模**店が増加する一方で、**中小企業**店が減少している

1 小売業の構造変化

　日本の小売業は昭和60(1985)年の商業統計調査以降、一貫して減少しています。販売額も平成11(1999)年の調査以降は減少を続けています。従業員数は増減を繰り返しながらも、過去20年間では増加傾向にあります。事業所数では、小規模食品小売業や、百貨店、総合品ぞろえスーパー(GMS)が減少するなかで、ドラッグストア、ホームセンターなどは増加傾向にあります。

　業態別小売業の店舗数と販売額の関係については、イギリスの経済学者フォード(P. Ford)による「**フォード効果**」という研究があります。これは「最寄品は、1店舗あたりの**販売額**の増加が売上の増加に寄与する傾向があり、買回品・専門品は、**店舗数**の増加が売上の増加に寄与します。また、**国民所得**の増加により、最寄品店は減少し、買回品・専門品店が増加する傾向がある」というものです。

2 小売業態変化に関する理論仮説

　小売業態はサイクル上に変化する傾向があり、マクネア(M. P. McNair)や、ホランダー(S. C. Hollander)などが、この小売業態の変遷傾向について研究しており、理論モデルを発表しています。

❶ **小売の輪**の理論

　小売業の形態は、低マージン・大量廉価販売から、次第に高マージン・高サービス販売の形態に変化し、価格競争型の新規業者の参入でまた低マージン・大量廉価販売に戻ります。そして、このようなサイクル状の循環のなかで、サイクルが回転するごとに革新業態が出現します。これが、1958年にマクネアによって提唱された小売形態変化を説明する理論です。

❷ **アコーディオン**理論

　小売業の形態は、浅く広いよろず屋的で総合的な品ぞろえから、次第に専門的な絞り込みと奥行をもつ専門的品ぞろえへと移行します。さらに、幅広い品ぞろえと深い専門性をもつ百貨店に移行して、専門化と総合化を繰り返すという説明をした理論がアコーディオン理論で、ホランダーが提唱しました。しかし、今日では、日本のように総合化（百貨店や総合品ぞろえスーパーが出現すること）と専門化（カテゴリーキラーやブティックが出現すること）が同時に進行し、並存する例もあることがわかっています。

小売の輪の理論

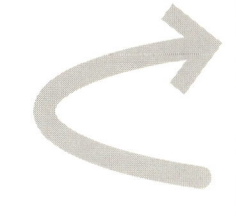

非価格訴求型 ⇅ 価格訴求型

アコーディオン理論

商品構成の総合化 ⇅ 商品構成の専門化

📝 **キーワード**

☑ フォード効果　☑ 小売の輪の理論　☑ アコーディオン理論

Section 3

世界の小売業の動向

頻出度 **A**

> ### 重要ポイント
> - ☑ グローバル・リテーラーの主力形態には「ハイパーマーケット」、「スーパーセンター」、「キャッシュ＆キャリー」、「ホールセールクラブ」などがある
> - ☑ 世界の小売業は、グローバル化や一国内でのシェア集中度が高まっている
> - ☑ 日本は分散購買傾向が強く、トップレベルの企業でも世界では20位以下のシェアであり、小規模店が多い

1 日本の大手小売業の市場地位と世界の主要小売業

　日本の小売業を世界のランキングで見てみると、トップ企業レベルでも世界20位以下の順位となります。大手小売業へのシェア集中度合いが低いことが特徴で、食品小売販売でいえば、上位3位へのシェア集中度は10%に満たない状況です。フランスやイギリスでは上位3社が占めるシェアは全体の50%前後にもなり、アメリカでも30%弱となっています。これは、日本の小売業が小規模かつ過多であることと、日本の消費者の購買行動の特徴として、多くの店で購買する消費の分散傾向があることを示しています。

2 グローバル・リテーラーの動向

　グローバル・リテーラーとは、自国の小売市場を支配し、さらに拡大を求めて海外進出を進めている小売業をいいます。欧米の大資本と強力な販売力を武器に低価格仕入を実現し、特徴的なビジネスシステムをもちます。グローバル・リテーラーの主力形態には以下のようなものがあります。

❶ ハイパーマーケット

　カルフールのグローバル戦略の核となった形態で、売場面積2,500㎡以上、食品にウェイトをおきつつ生活関連すべてを網羅し、価格訴求力をもつ店舗の規模が大型のセルフサービス形態の小売業です。

❷ スーパーセンター
　ウォルマートのグローバル戦略の核となった形態で、食品中心のスーパーマーケットと非食品中心のディスカウントストアをワンフロアに融合したものです。衣・食・住・遊のフルライン100,000品目を扱い、売場面積10,000㎡以上の大規模店舗でセルフサービス形態の小売業です。

❸ キャッシュ＆キャリー
　現金払い、お持ち帰りを基本としたセルフサービス形態の小売業です。中小小売事業者や飲食業、ホテルなどの事業者を中心とした会員限定の販売手法をもち、ドイツの大手メトロで主力となる形態の小売業です。

❹ ホールセールクラブ（会員制卸売クラブ）
　会員制、現金払い、お持ち帰りを基本としたセルフサービス形態の小売業ですが、事業者だけでなく、一般消費者も会員対象となっています。アメリカの大手コストコが展開するコストコ・ホールセールと、ウォルマートが展開するサムズが二大勢力となっています。

③ 日本市場におけるグローバル・リテーラーの課題

　グローバル・リテーラーにとって、日本市場での課題は、日本の消費者の高度な要求に応える「ローカライズ」（参入国の消費者ニーズに適応した品ぞろえや品質、価格にすること）です。
　日本の消費者の多頻度小口の購買傾向や、豊富な商品からの選択を好み、複数店舗で選択買いをする特性は、少品目、大規模店舗、大量販売でコストを低減化し、低価格を訴求するグローバル・リテーラーの世界戦略モデルとは一致しません。また、日本の流通の多段階性や閉鎖的な取引慣行なども課題となっており、参入障壁となっています。

キーワード

☑ハイパーマーケット　☑スーパーセンター　☑キャッシュ＆キャリー　☑ホールセールクラブ

Section 4
流通経路とメーカーのチャネル戦略

頻出度 A

🌸 重要ポイント

- ☑ 流通経路とは、商品が生産者から消費者へ渡るまでの仕組みのことで、「流通チャネル」ともいわれる
- ☑ 日本の流通経路は、長く、多段階であるため、非効率と指摘されることが多い
- ☑ メーカーの流通系列化の種類について理解すること
- ☑ メーカーは、流通系列をコントロールし、自社に有利な仕組みを構築している

1 流通経路とは

　流通経路とは、商品が生産者から消費者へ渡るまでの仕組みのことで、「流通チャネル」ともいわれています。広義の流通経路は、「商流」「物流」「情報流」すべてを包含した経路を指しますが、狭義では、「商流」の経路を指します。

生産者（メーカー）の流通経路

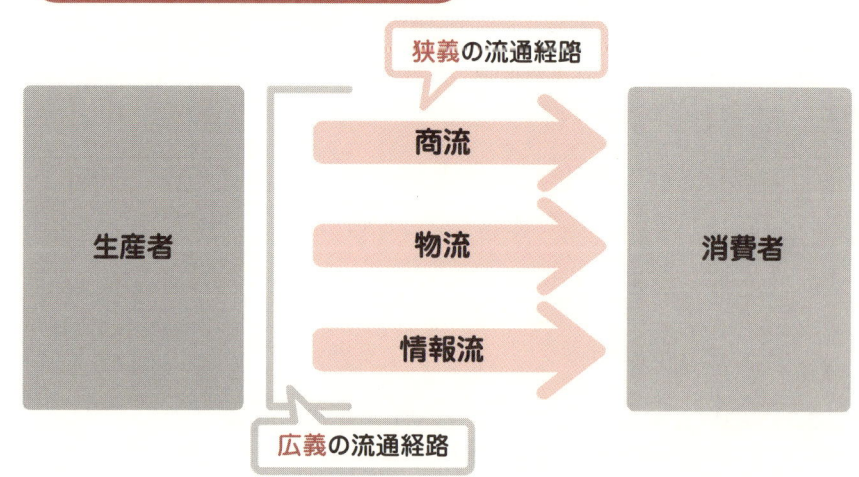

生産者 → [狭義の流通経路：商流／物流／情報流] → 消費者

広義の流通経路

2 直接流通と間接流通

直接流通は、「生産者→消費者」という経路のことで、**間接流通**では「生産者→**小売業者**→消費者」、または「生産者→**卸売業者**→**小売業者**→消費者」というかたちで途中に商業者が介在します。

流通経路の基本的な流れ

❶ 直接流通チャネル

生産者 → 消費者

❷ 間接流通チャネル

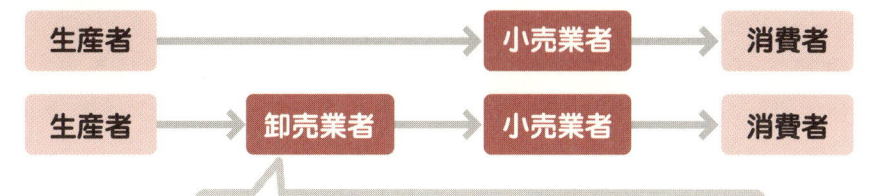

生産者 → 小売業者 → 消費者

生産者 → 卸売業者 → 小売業者 → 消費者

日本の流通経路は欧米と比べて、卸売業者が介在する段階が多いという「**多段階**」の特徴がある

3 流通チャネルの構築とコントロール

流通チャネルのポイントは以下の4つです。

❶ 3つのチャネル構築基準

チャネル戦略の判断基準には「**広狭**基準」「**長短**基準」「**開閉**基準」の3つがあります。

❷ 効率的販売と経路販売額の達成

チャネルを有効にコントロールするためには、「**取扱店数**」、「**販促協力度**」、「**小売価格**」などを統制する必要があります。

❸ 結合産出が生み出される構造

結合産出とは、メーカーと小売業のそれぞれの市場行動が共同して産出する**経路販売額**(特定メーカーの製品の小売販売額)のことです。メーカーは「製品差別化」、「品質向上」、「全国広告」および、「営業体制整備」、「ロジスティッ

クス整備」、「リベートなど販売促進強化」、「価格政策」によって、「取扱店数」、「販促協力度」、「小売価格」という3要素を具体的に統制し、成果の最大化を目指します。

❹ 流通チャネルコントロールの限界

取扱店数を増やすと、販売額総額が増加する傾向となりますが、取扱店どうしの競争が激化して、価格が下落するリスクもあります。また小売マージンをあげると、販売協力が得られますが、小売価格が上昇して販売額が減少するリスクがあります。このようなバランスをうまく取ることが戦略上重要です。

4 流通系列化政策

メーカーが卸売業や小売業を組織化し、管理、統制することを「流通系列化」といいます。流通系列化の主要形態は以下の4つです。

❶ 販社型…メーカーが卸売業を資本統合し、小売業とは幅広く取引します。
❷ 直販型…メーカーが卸売段階を内在させ、メーカーと小売業とが直接取引をします。
❸ 一貫型…販社型と同様、メーカーが卸売業を資本統合し、小売業もゆるやかに組織化します。
❹ 代理店・特約店制度…メーカーが卸売業や小売業と契約を結び、ゆるやかな組織化を図ります。

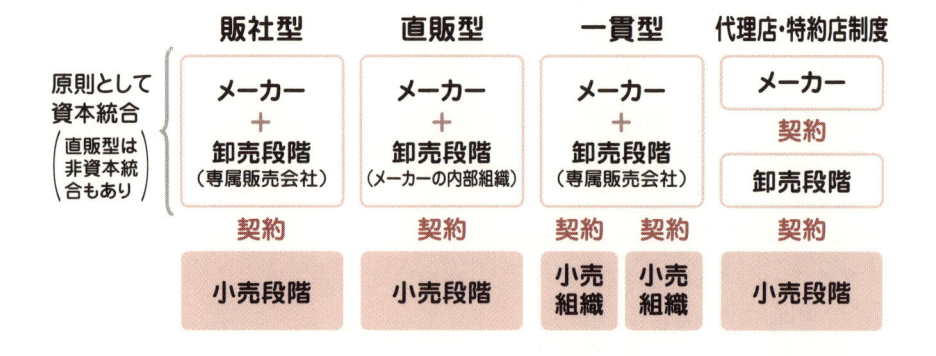

	販社型	直販型	一貫型	代理店・特約店制度
原則として資本統合（直販型は非資本統合もあり）	メーカー ＋ 卸売段階（専属販売会社）	メーカー ＋ 卸売段階（メーカーの内部組織）	メーカー ＋ 卸売段階（専属販売会社）	メーカー／契約／卸売段階
	契約	契約	契約／契約	契約
	小売段階	小売段階	小売組織／小売組織	小売段階

5 流通系列化を推進する制度

流通系列化を推進する取引制度の主なものは以下のとおりです。

❶ 一店一帳合制…卸売業と小売業の取引相手をメーカーが確定し、取引先選択権を与えないことにより、メーカーの強いコントロールが維持できます。

❷ テリトリー制…メーカーが販売業者ごとに販売地域の制限をかけます。クローズド・テリトリー（一地区一業者）、オープン・テリトリー（一地区複数業者）、ロケーション（販売業者の営業拠点を一定地区に制限）など、いくつかの形があります。

❸ 専売店制…メーカーが販売業者に競合他社商品の扱いを禁止、制限します。メーカーは競争業者の排除、小売店は特定テリトリーでの一手販売権をもつというメリットがあります。

❹ 店会制…メーカーが販売業者を横断的に組織化し、その行動を管理、統制します。競争メーカーの排除とブランドロイヤルティ維持に役立ちます。

❺ 建値制…流通段階での標準取引価格維持に協力させる代わりに、所定のマージンを与える約束をします。

❻ リベート…メーカーが販売代金を一旦徴収したあとに、一定の期間をおいてその一部を卸売業、小売業に戻す制度です。

いずれの制度も、寡占的なシェアをもつ有力企業が行う場合は、独占禁止法の「不公正な取引」に該当し、違法となる場合があります。

📝 **キーワード**

☑商流　☑物流　☑情報流　☑直接流通　☑間接流通　☑販社型　☑直販型　☑一貫型
☑代理店・特約店制度　☑一店一帳合制　☑テリトリー制　☑専売店制　☑店会制　☑建値制
☑リベート

Section 5

卸売業の構造と機能変化

頻出度 C

🌸 重要ポイント
- ☑ 卸売業に求められる今日的な対応について理解すること
- ☑ 卸売業は、流通を効率化する役目をもっている
- ☑ POSシステムの情報強化などにより、卸売業者が、取引先の小売店の経営効率向上のために支援することをリテールサポートという

1 卸売業の構造変化

　卸売業全体の事業所数は減少傾向にあります。規模構造では、中規模事業所(従業員5～99人)が事業所数、年間商品販売額ともに過半数以上を占める一方、事業所数では1％未満の大規模事業所(従業員100人以上)の売上が全体の3分の1以上を占めるという二重構造になっています。

　また、卸売販売額(Wholesale)を小売販売額(Retail)で割った比率であるW/R比率が日本は欧米に比べて高く、その原因として、①輸出向け卸売販売額が多い、②卸売段階数が多い、③卸売業者どうしの取引が多い、などがあります。卸売業は、メーカーと小売業の直取引が増えるなかで、その存在意義を示すためには情報システムを強化したり、リテールサポートシステムを強化したりすることが必要です。

W/R比率

$$\text{W/R比率} = \frac{\text{卸売全体の売上}}{\text{小売全体の売上}}$$

2 卸売業に求められる重点的機能

卸売業には、以下のようなメーカーや小売業の変化に対応した取り組みが必要です。

❶ **物流機能の強化**…多頻度小口配送、一括納品、共同配送、ノー検品、リードタイム短縮、ジャストインタイムなどへの対応
❷ **情報伝達機能の強化**…業界VAN、地域流通VANへの対応による効率化
❸ **リテールサポートシステムの強化**…小売経営支援のためのアドバイザーとしての役割

3 卸売業の再編成

卸売業は、業態化した小売業に対応したフルラインの品ぞろえ対応、「窓口問屋制」など小売業の物流集約化に対応した一括納品体制への対応、建値制、リベートの廃止、特約店の形骸化などメーカーの支援減少への対応など、多くの変化への対応が必要です。今日では大手への吸収合併も含む再編成が起きています。

キーワード
☑ W/R比率　☑ リテールサポート

Section 6
サプライチェーンの効率化とパートナーシップ

頻出度 **A**

重要ポイント
- ☑ **サプライチェーン**は、生産から消費までの一連の流れを最適化する仕組みである
- ☑ サプライチェーンを効率化する仕組みについて理解しておくこと

1 サプライチェーンの効率化と流通情報

　原材料から、生産段階や流通過程を経て、最終消費者に届くまでの複数の企業間の供給連鎖を「サプライチェーン」といいます。逆に消費者の視点からみて、小売業がイニシアティブをとってメーカーまでの流通合理化を図る需要連鎖を「ディマンドチェーン」といいます。

　これらの効率化のためには、①「取引情報（受発注情報、代金決済情報、EOSへの対応など）」、②「物流情報」、③「市場情報（POSデータなど）」、④「販売促進情報（広告、店頭販促情報など）」の4つの情報を、チェーン全体で共有できることが望ましい環境といえます。

2 流通情報化インフラとしてのEDI

　EDI（電子データ交換：Electronic Date Interchange）とは「異なる企業間で、商取引のためのデータを、通信回線を介して標準的な規約を用いてコンピュータ間で交換すること」です。「標準規約」という共通データ形式を用いることにより、各企業は、この共通データ形式にデータを変換すればよくなり、複数の企業がそれぞれ1対1の対応でデータの変換をする必要がなくなりました。

3 チェーンストアにおけるEDI展開

　チェーンストアでは、発注担当者が「EOS端末」で発注情報を入力すると、チェーン本部が「受発注EDI」でサプライヤーにデータを送信します。サプライヤーは物流センターに納品し、物流センターで検品がされたものが店舗に

送られるため、店舗ではノー検品で荷受けされます。

「物流EDI」では、さらなる効率化を図るために、サプライヤーは納品する単品集合単位ごとのダンボールに、ITFコード（商品の梱包状態がわかる：Interleaved Two of Five）を印字し、混載ダンボールにはSCMラベル（店・取引先コード、納品指定日などがわかる：Shipping Carton Marking）を貼り、ASN（事前出荷明細：Advanced Shipping Notice）をあらかじめチェーン本部にデータ送信しておきます。これらにより、物流センターでは機械による検品が可能になります。さらに、「決済情報EDI」も決済事務の効率化を図るために活用されています。

物流EDIの基本的な仕組み

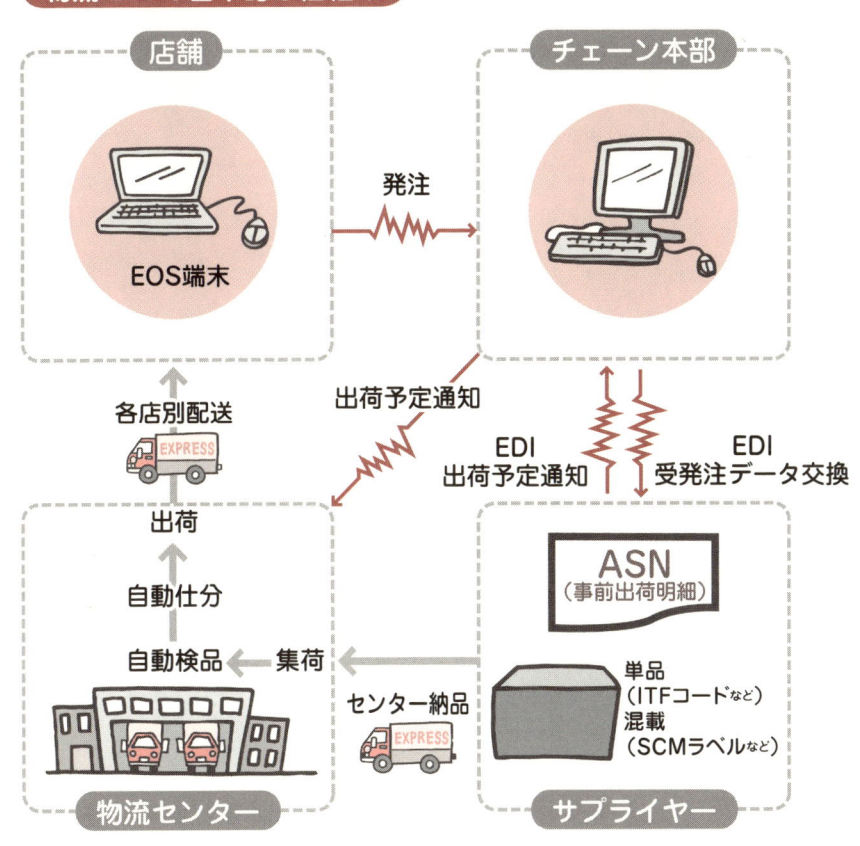

店舗
EOS端末 → 発注 → **チェーン本部**

各店別配送 ← 出荷予定通知

物流センター
出荷 ← 自動仕分 ← 自動検品 ← 集荷 ← センター納品

EDI 出荷予定通知 / EDI 受発注データ交換

サプライヤー
ASN（事前出荷明細）
単品（ITFコードなど）
混載（SCMラベルなど）

出典：「販売士検定試験2級ハンドブック」

4 QR、DCMへの進展とパートナーシップ

　EDIの進展を背景に、POSデータから店頭での売れ筋商品を把握して、生産計画までを効率化するクイックレスポンス（QR：Quick Response）（P75参照）や、消費者ニーズへの対応をベースに、小売業が主導で生産段階までを効率化するディマンドチェーン・マネジメント（DCM：Demand Chain Management）といった、経営の手法の発展があります。これは、生産者が流通の主導権を握るプロダクトアウトから、消費者ニーズへの最適対応を図るマーケットインに変化した現れともいえます。

　この変化のなかでは、サプライヤーと小売業とが、共存共栄を図るパートナーシップの関係を目指すべきといえます。

キーワード

☑サプライチェーン　☑ディマンドチェーン　☑EDI　☑EOS　☑ITFコード　☑SCMラベル　☑QR

Section 7 組織形態別小売業の運営特性

頻出度 C

> **重要ポイント**
> ☑ **組織小売業**とは、複数の店が同じ**店舗名**の看板を掲げ、**規格化**された共通方式で経営を行う形態である

1 組織小売業の分類

組織小売業は、❶**店舗数**、❷**組織の所有権**、❸**店舗運営の形態**、❹**販売商品の特性**、などごとに分類することができます。

- ❶ 店舗数
  - 独立系
  - チェーンストア
- ❷ 組織の所有権
  - ボランタリーチェーン…P20参照
  - フランチャイズチェーン…P22参照
  - COOP…P24参照
  - レギュラーチェーン…P26参照　など
- ❸ 店舗運営の形態
  - ゼネラル（総合化）マーチャンダイズ組織
  - リミテッド（限定的）マーチャンダイズ組織
- ❹ 販売商品の特性
  - 業種別（食品、衣料品など）

2 組織小売業の動向

代表的な組織小売業の動向について押さえましょう。

総合品ぞろえスーパー（GMS） P28参照
最近の小売業でいわれる集客力の低下を深夜営業をすることなどで補っている

スーパーマーケット（SM） P30参照
深夜営業の都市型SMは成功している。調達のグローバル化、出店のグローバル化への対応が課題である

コンビニエンスストア（CVS） P32参照
既存店の売上減をカバーするために、通行量や商圏内購買力といった出店立地条件を下げて都心部での出店を加速している

ドラッグストア（DgS） P38参照
ヘルス＆ビューティケアの定着により堅調に成長しているが、顧客の来店頻度を上げるために食品の取り扱いを強化している

📄 **キーワード**

☑ ボランタリーチェーン　☑ フランチャイズチェーン　☑ COOP　☑ レギュラーチェーン

第1章 小売業の類型

Section 8

組織形態別小売業の運営特性①
ボランタリーチェーン（VC）

頻出度 **B** ★★★

🌸 重要ポイント

☑ ボランタリーチェーン（VC）は、規模の小さな独立した小売業が規模の力を手に入れるために共同組織をつくるものである

1 ボランタリーチェーンの定義

　ボランタリーチェーン（VC）とは、資本的に独立した複数の小売業が、主に商品の共同仕入によるスケールメリットを目的として結成する共同組織のことです。

ボランタリーチェーンの仕組み

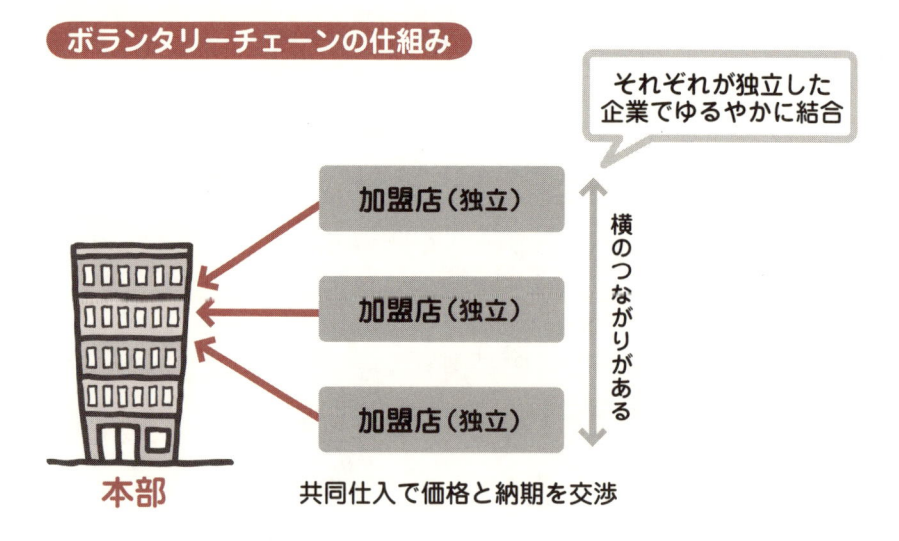

それぞれが独立した企業でゆるやかに結合

加盟店（独立）
加盟店（独立）
加盟店（独立）

本部

横のつながりがある

共同仕入で価格と納期を交渉

2 ボランタリーチェーンの目的

ボランタリーチェーンは、以下の3つの目的を実現するために結成されています。
❶ 共同の努力によって垂直的統合の利益を追求する
❷ チェーンオペレーションにより、加盟店の競争力を高める
❸ 消費者ニーズの変化に的確、かつ迅速に対応し、顧客満足度を高める

3 ボランタリーチェーンの運営特性

ボランタリーチェーンは、独立経営の加盟店の集合体であり、加盟店それぞれの利益のための共同化を図っています。このため加盟店のための本部組織となっており、本部での利益蓄積も少ないのが一般的です。一方、フランチャイズチェーン(FC)(P22参照)との比較でみると、フランチャイズチェーンは加盟店と本部との1対1の契約となっており、加盟店どうしの横のつながりはなく、ロイヤルティによる本部の利益蓄積度合いが高いのが特徴です。

4 ボランタリーチェーン本部と加盟店の関係

ボランタリーチェーン本部と加盟店は、共同の利益を目的とした組織化することを前提に、相互補完的な関係をつくっています。本部は①仕入集中管理、②スケールメリットの追求、③情報の本部集中と加盟店へのフィードバック、④加盟店の業績把握などを通じて、加盟店の共同の利益の向上を図っています。

5 ボランタリーチェーンの課題

ボランタリーチェーンは、加盟店から本部へ支払う運営費の額が低く、本部のIT化、人員体制の強化などが図りにくいといわれています。今後は本部体制の充実によるチェーン競争力の向上が課題です。

キーワード

☑ ボランタリーチェーン ☑ フランチャイズチェーン

Section 9

組織形態別小売業の運営特性②
フランチャイズチェーン（FC）

頻出度 B

重要ポイント

- ☑ **フランチャイズチェーン**は、**フランチャイザー**（本部）と**フランチャイジー**（加盟店）の**契約**によって成立するシステムである
- ☑ フランチャイズ・システムでは、本部の**成功ノウハウ**や**システム**を、フランチャイジー（加盟店）が**ロイヤルティ**を払うことにより使用できるため、成功実績のあるビジネスを行うことができる

1 フランチャイズチェーンの定義

　フランチャイズチェーン（FC）とは、**フランチャイザー**（本部）が開発した成功ノウハウと店舗スタイルを、独立資本の**フランチャイジー**（加盟店）に対して契約によって提供するシステムです。

フランチャイズチェーンの仕組み

すぐれたノウハウをもつ本部と各店が個々に契約をしてノウハウを使わせてもらうシステム。ロイヤルティを払う

フランチャイザー（本部） ←契約→ フランチャイジー（加盟店）
フランチャイザー（本部） ←契約→ フランチャイジー（加盟店）
フランチャイザー（本部） ←契約→ フランチャイジー（加盟店）

横のつながりはない

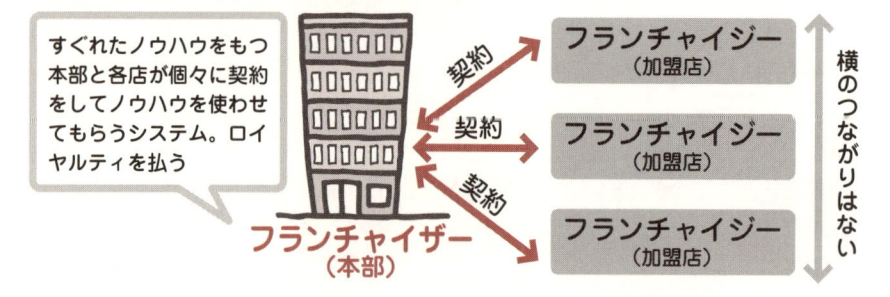

2 フランチャイズビジネスの動向

　フランチャイズビジネスは小売業界全体としては店舗数は増加しています。地方の小売業が業態転換したり、サラリーマンが脱サラで始めたりするケースが増えています。24時間体制のビジネスモデルが現代人の生活スタイルやニーズとマッチし、**物流**システムと販売情報を管理する**情報**システムを強力な武器にしています。

3 フランチャイズビジネスの仕組み

フランチャイジーが契約によってフランチャイザーから提供を受ける内容(フランチャイズ・パッケージ)は以下のとおりです。
① フランチャイザーの商標、サービスマーク、チェーン名称の使用権
② フランチャイザーが開発した商品、経営ノウハウの使用権
③ フランチャイザーによる継続的な経営指導を受ける権利

フランチャイザーが特定地域内のエリアフランチャイズ権をほかの事業者にまかせ、まかされた業者がそのエリア内のフランチャイジーの店舗開発や教育を行うという「サブ・フランチャイズ」という形態もあります。

4 フランチャイズ・システムの問題点

❶ フランチャイザーの問題点
加盟店募集時のリスク説明不足、加盟店の能力不足に対するコントロールの限界など

❷ フランチャイジーの問題点
本部経営指導力の担当レベルでのバラツキ、高いロイヤルティを払うことのできる利益の確保など

フランチャイズ・システムのメリットとデメリット

	メリット	デメリット
フランチャイズ・システムの社会・経済的意義	事業機会の拡大による経済活性化・成功モデルの普及	本部と加盟店の力関係の違いによる不公正な取引の発生リスク
フランチャイザー側	他人資本の活用による早期ビジネスの拡大と、規模の利益の享受	意識・能力が低い加盟店によるイメージダウン、ノウハウの漏洩など
フランチャイジー側	成功ノウハウとブランド利用により、小資本でも少ないリスクで事業開始が可能	高いロイヤルティと、本部規制による経営自由度への制限があること

📝 キーワード
☑ フランチャイズチェーン　☑ フランチャイザー　☑ フランチャイジー　☑ ロイヤルティ
☑ フランチャイズ・システム

Section 10

組織形態別小売業の運営特性③
COOP（消費生活協同組合）

頻出度 C

> **重要ポイント**
> - ☑ COOP（消費生活協同組合）は、会員（組合員）に対するサービスを行う
> - ☑ COOPは、消費生活協同組合法に基づく組織である

1 COOPの概要

COOP（消費生活協同組合）は、消費生活協同組合法に基づいて購買組織をつくり、共同購入によるメリットを得る組織のことで、消費者が職場や地域で出資金を出し合い、「協同」「助け合い」の精神のもとで運営されています。

2 COOPの運営特性

組合員が「出資」「利用」「運営」のすべてを行います。

COOPの運営

- みんなで出資 — 消費者（組合員）が出資金を出し合う
- みんなで利用 — 共同購入の利用やさまざまなサービスを受ける
- みんなで運営 — 商品カタログから店舗運営などまでさまざまな意見を出し合う

三位一体の組織

第1章 小売業の類型

3 COOPの運営組織

最高意思決定機関の「総代会」、総代会の意思に基づく執行管理を行う「理事会、監事会」、組合員組織の意思決定と実践の中心機関である「組合委員会」を中心に下部組織として、「ブロック別協議会」「区・市組合員委員会」「コープ委員会」「商品委員会」「班」「グループ」などによって構成されています。

4 COOPの事業運営

「共同購入」に加え、最近では「個配(個人配達)」を行うことで組合員の利便性を高めています。また、地域生協がそれぞれ出資して「コープネット」というさらに規模の大きいネットワークを形成することで、購買力とコスト低下を図っています。

今後は組合員のための「安心、安全」な商品を原料・加工段階からチェックしていくことや、環境やリサイクルに配慮したシステムを構築することなどが課題です。

COOPの仕組み

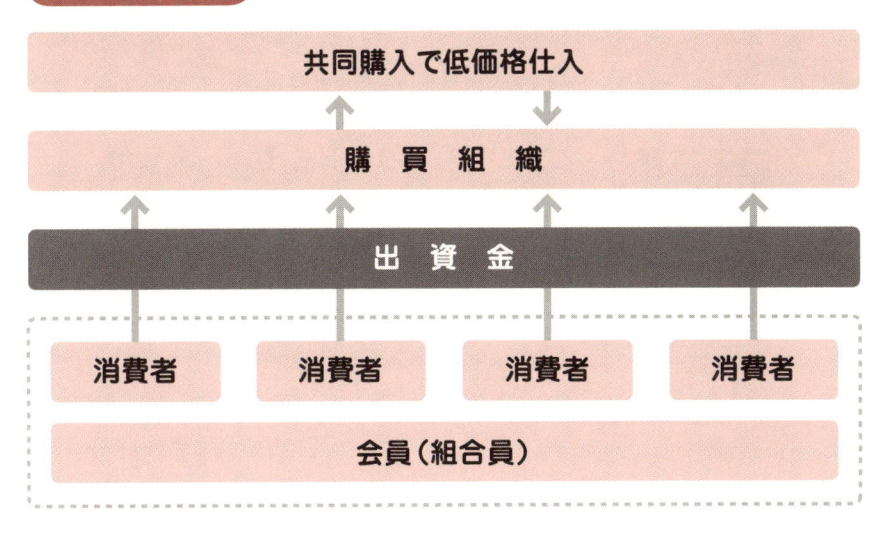

```
        共同購入で低価格仕入
              ↕
            購買組織
         ↑  ↑    ↑  ↑
            出資金
     ↑      ↑      ↑      ↑
   消費者  消費者  消費者  消費者
          会員(組合員)
```

キーワード

☑ COOP

Section 11

組織形態別小売業の運営特性④
レギュラーチェーン（RC）

頻出度 B ★★☆

> **重要ポイント**
> ☑ レギュラーチェーンは、11店舗以上の店舗が本部による中央コントロール形式で運営される小売業の形態である

1 レギュラーチェーンの定義

　レギュラーチェーン（RC）とは、同一の資本系列で結ばれた複数店舗（通常11店舗以上）が、中央本部の規制のもとに規格化された経営原則に基づいて商品、サービスの提供を画一的直営店舗運営で行う小売形態のことです。

レギュラーチェーンの仕組み

同一資本で運営をしている

本部　→　画一的直営店舗運営　→　11店舗以上の直営店

2 レギュラーチェーンのチェーンオペレーション

　出店、撤退も含め、基本的に本部主導で行われます。ドミナント展開(特定地域集中出店戦略)を取り、集中立地効果を目指すとともに、多店舗の大量購買力によるバイイングパワーで仕入コストの低減化を図ります。IT化、物流システム化とパートタイマーの活用により、ローコストオペレーションを目指しています。

3 レギュラーチェーンの運営特性

　レギュラーチェーンは本部集権型の経営コントロール、店舗およびチェーンオペレーションの標準化と、大量発注による低価格仕入がメリットでした。しかし、市場環境の変化が激しい今日では、変化する市場ニーズや、地域固有のニーズに対応しにくいこと、店舗裁量部分がないことによる従業員のモチベーションダウン、顧客対応がマニュアル対応であることによる顧客の不満などが問題となってきており、これらを解決するために、本部集権型から、各店舗主体型の経営へ移行する動きがあります。

キーワード

☑レギュラーチェーン　☑ドミナント展開　☑バイイングパワー

Section 12

店舗形態別小売業の運営特性①
総合品ぞろえスーパー（GMS）

頻出度 B

> 🌸 **重要ポイント**
> ☑ 総合品ぞろえスーパー（GMS）では、**衣食住**に関わる生活に必要な商品を総合的に扱っている
> ☑ 総合品ぞろえスーパーは、**ワンストップショッピング**機能を満たすために店舗を大型化する

1 概要

　総合品ぞろえスーパー（GMS）は、大型店舗を設営し、衣食住に関わる生活に必要な商品を総合的に品ぞろえし、顧客による**セルフサービス**方式で**ワンストップショッピング**（その店舗で必要な買い物をすべて一度にすませること）をさせる店です。

2 運営の特徴

　チェーンオペレーションを基本とし、店舗を集中管理するための本部と、本部の指示で販売を行う各店舗という分業体制で成長してきました。

3 組織

　レギュラーチェーンと同様、店舗数11店舗以上のチェーンストア形態を取り、本部が基本戦略を練り、店舗が運営実践を行います。商品部では、専任の仕入担当者であり、仕入商品のディスプレイまでを企画する「バイヤー」と、自社の商品開発を専門とし、国内、海外での商品開発業務と販売促進を企画する「マーチャンダイザー」が大量・低価格仕入を行い、店舗運営部がこれを低価格で販売します。

4 店舗・立地特性

　GMSは、衣食住のワンストップショッピング機能を満たすために店舗を大型化する特徴があります。大規模店舗の出店による小規模店への経営的影

響を制限するために、「百貨店法」(1937年)、「大規模小売店舗法」(1973年)などが制定されましたが、「大規模小売店舗立地法」(2000年)により、小規模店保護の方針から、大規模店と小規模店が共生する方向へと転換されました。

5 商品政策

今日では、低価格一辺倒の戦略に翳りが見えはじめていることから、不採算部門への専門店との提携によるてこ入れ、PB商品（小売業、卸売業などの流通業が開発・販売する）の開発販売、ストアブランド商品導入による粗利益率アップなどが課題となっています。

6 今後の課題

総合商社との提携によるサプライチェーンの強化や、消費者の利便性に応えるワンストップショッピング機能の強化が課題となっています。

総合品ぞろえスーパーの組織

- チェーンオペレーションで低価格化を実現
- セルフサービス
- ワンストップショッピング
- 衣食住に関わる商品を総合的に品ぞろえ

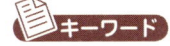

第1章　小売業の類型

キーワード
☑ 総合品ぞろえスーパー　☑ ワンストップショッピング　☑ バイヤー　☑ マーチャンダイザー
☑ 大規模小売店舗立地法

Section 13

店舗形態別小売業の運営特性②
スーパーマーケット（SM）

頻出度 C

> 🌸 **重要ポイント**
> ☑ スーパーマーケット（SM）は、食品スーパーと呼ばれ、生鮮食料品を中心に品ぞろえをし、ローコストオペレーションによる低価格・大量販売を行っている

1 概要

　スーパーマーケット（SM）は、食品スーパーと呼ばれ、生鮮食料品を主体として、毎日の食生活を支える商品を中心に総合的な品ぞろえをしています。ローコストオペレーションによる低価格・大量販売を行う店です。

スーパーマーケットの基本戦略

生鮮食料品 ＋ 毎日の食生活を支える商品

ローコストオペレーション

2 運営の特徴

　スーパーマーケットは食料品のワンストップショッピングを実現した業態です。直営によるチェーン展開のため、最大手でも店舗数は200店舗であり、コンビニの10,000店舗と比べ店舗数の増加が困難になっています。これは食生活の地域差が大きいこと、生鮮食品中心の鮮度中心の物流体制が整備されていないことが原因です。24時間営業体制も課題といえます。

3 組織

　本部集中型オペレーションであることは、総合品ぞろえスーパーと同様ですが、商品部が食品関連商品のなかで細分化されていることが特徴です。

4 店舗・立地特性

近隣最寄型の**スーパーレット**（売場面積330㎡以内）、住宅地に隣接する準郊外型の**スーパーマーケット**（売場面積330〜2,000㎡以内）、郊外立地型の**スーパーストア**（売場面積2,000㎡以上）や、医薬品と結合した**コンビネーションストア**など売場面積と立地によりいくつかの種類があります。

スーパーマーケットの業態分解図

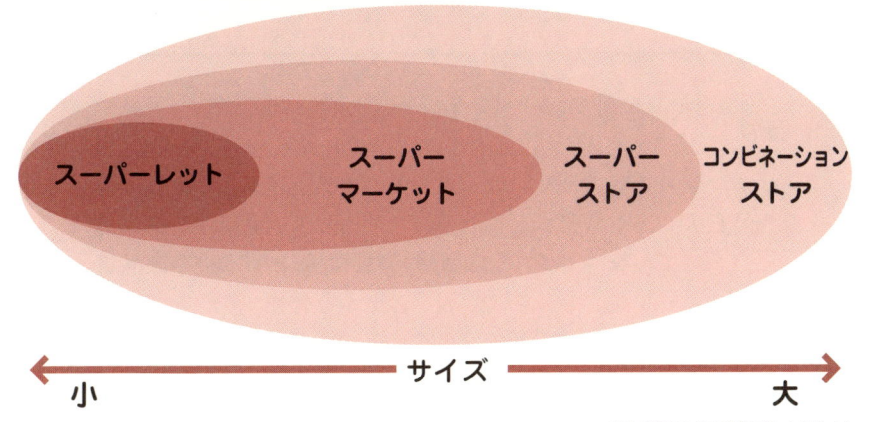

| スーパーレット | スーパーマーケット | スーパーストア | コンビネーションストア |

←小　　　　　サイズ　　　　　大→

出典:「販売士検定試験2級ハンドブック」

5 商品構成・商品政策

商品構成としては通常は50％以上が生鮮食品であり、**ミールソリューション**（食料品の買物解決）として惣菜を強化する店や、PB商品に力を入れる店も多くなってきています。最近では「食の安全」のためのトレーサビリティなど生産地から販売までの管理体制の強化が進んでいます。

6 今後の課題

今後は地域への密着をより高めて、全国展開を進めることや、海外から参入する小売業との競争への対応も必要です。

キーワード
- ☑ スーパーマーケット
- ☑ 食品スーパー
- ☑ スーパーレット
- ☑ スーパーストア
- ☑ コンビネーションストア
- ☑ ミールソリューション

Section 14

店舗形態別小売業の運営特性③
コンビニエンスストア(CVS)

頻出度 B

> **重要ポイント**
> ☑ コンビニエンスストアは、24時間の営業体制と情報システムを駆使し、徹底的に死に筋商品を排除する単品管理で大きく成長した

1 概要

　コンビニエンスストア(CVS)は、顧客の利便性を追求し、毎日の生活に不可欠な商品を広く浅く品ぞろえしたセルフサービス店舗です。基本的にフランチャイズ契約で展開されます。30坪の売場面積に約3,800の商品アイテムという基本フォーマットをもち、情報システムを駆使することで死に筋商品を徹底的に排除しています。また、多頻度小口配送の物流システムで、店舗内在庫を最小限にとどめ、高効率の経営システムをもっています。日本では中小小売店の業態転換によって急速に店舗数が拡大しましたが、近年は既存1店舗あたり売上高が減少傾向になりつつあります。

2 運営の特徴

　コンビニエンスストアのコンセプトは「利便性」であり、深夜まで活動するようなライフスタイルをもつ現代人の「24時間開いていてほしい」というニーズに24時間営業体制で対応しています。
　経営ノウハウや商標、情報システムによる商品・経営情報の提供、物流システムなどを提供する本部であるフランチャイザーと、契約によって加盟店となるフランチャイジーで構成されます。加盟店はロイヤルティを支払うことで、本部のサポートを総合的に受けることができます。

3 組織

　本部は加盟店を募集するリクルーターと、加盟店の運営を助けるフィールド担当者、各種システム（商品、情報、運営、物流）管理者で構成されます。

加盟店は自己責任で経営を行います。

4 店舗・立地特性

　基本フォーマットである売場面積30坪は、商圏人口300世帯でも存立できるといわれ、住宅地、商店街、郊外、ビジネス街など多彩な立地での出店が可能です。

5 商品政策

　情報システムを駆使して、徹底的に死に筋商品を排除しながら、1年間で全商品の約3分の2は入れ替わるという高速回転を特徴としています。最近では金融サービスや薬剤の提供もはじまっています。

6 今後の課題

　商社との資本提携の強化や、なお一層のシステム化の推進で、海外出店といったグローバル化への対応を図ります。

コンビニエンスストアの仕組み

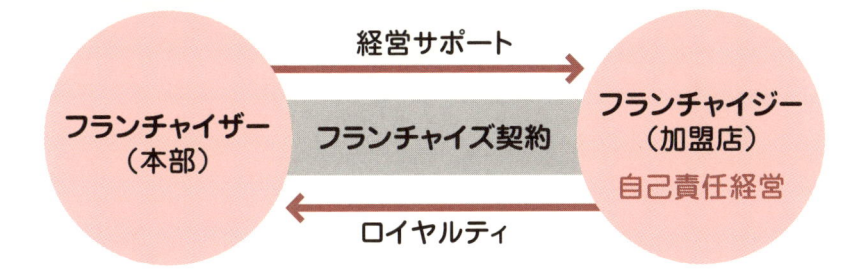

フランチャイザー（本部） —経営サポート→ フランチャイジー（加盟店）自己責任経営
フランチャイズ契約
←ロイヤルティ—

コンビニエンスストアはフランチャイズ契約で結ばれたシステム

キーワード

☑コンビニエンスストア　☑フランチャイズ契約　☑死に筋商品　☑フランチャイザー　☑フランチャイジー
☑ロイヤルティ　☑リクルーター

Section 15
店舗形態別小売業の運営特性④
スーパーセンター（SuC）

頻出度 C

> **重要ポイント**
> ☑ スーパーセンターは、ワンフロアの広大なローコスト型店舗を設営し、恒常的に超低価格で商品を販売するセルフサービス業態である

1 概要

スーパーセンター（SuC）は、平屋建てでワンフロアの広大なローコスト型店舗を設営し、毎日の生活を支える必需品を中心に幅広く品ぞろえし、恒常的に超低価格で商品を販売するセルフサービス業態です。アメリカ最大手の小売業ウォルマートストアーズが開発した店舗形態です。

2 運営の特徴

エブリディロープライス（毎日が安売り：EDLP）がスーパーセンターの基本的な特徴です。EDLPのなかで利益を確保するためには、安売りの常態化で集客を図るとともに運営にコストをかけないローコスト運営を追及しています。

3 組織

基本は通常のチェーンストアと同様です。ただし巨大な購買力をもつ仕入部門と徹底的なローコストを追及する店舗運営部門で、より強固な体制を確立しています。

4 店舗・立地特性

1階建てのワンフロアで大型カートにより効率的に買い物ができるのがポイントです。土地の値段が高いと巨大なワンフロア店舗を出店するのは困難なため、過疎地（ルーラルエリア）を中心に立地するという立地特性があります。

5 商品政策

商品構成はフルライン型ですが、カテゴリーごとにプライスラインを設定し、それ以上の商品を取り扱わないという徹底した商品政策の特徴があります。

6 今後の課題

スーパーセンターは、今後のホームセンターや総合品ぞろえスーパー（GMS）の向かう方向性として注目されています。

米国のスーパーセンターの特徴

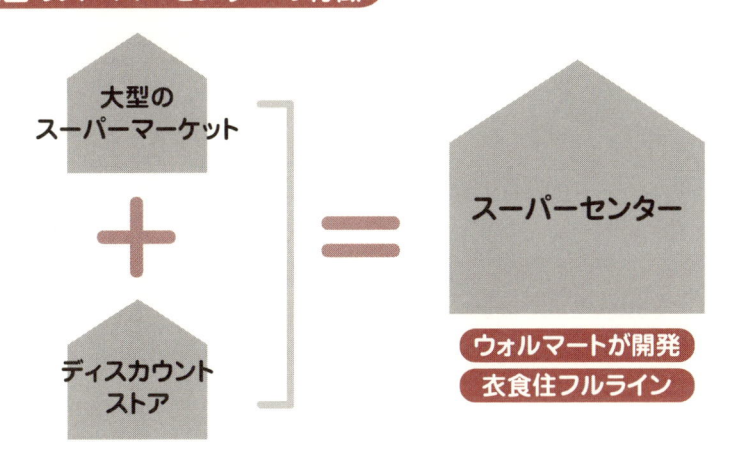

大型の
スーパーマーケット
＋
ディスカウント
ストア
＝
スーパーセンター

- ウォルマートが開発
- 衣食住フルライン

日本はスーパーマーケットとホームセンターを融合した形態が多く出店している

キーワード

☑スーパーセンター ☑ワンフロア ☑ローコスト型店舗 ☑エブリディロープライス（EDLP）
☑大型カート

Section 16

店舗形態別小売業の運営特性⑤
ホームセンター（HC）

頻出度 C

重要ポイント

- ☑ ホームセンターは、バラエティ型と、本格的DIY型の2つに大別される
- ☑ ドラッグストアとの競争が激しくなっているバラエティ型と比べ、本格DIY型は、工務店、リフォーム、農業の分野まで対象を広げ、大型化している

1 概要

　ホームセンター（HC）は、日曜大工ニーズに対応したDIY（自分で補修するための道具、材料を売る店：Do It Yourself）指向店舗として誕生し、今日では「バラエティ型」と、「本格的DIY型」の2つに大別されます。バラエティ型は特性上、ドラッグストアとの競争が激しくなっていますが（下図参照）、本格的DIY型は、工務店といったプロの仕事に対応する需要やリフォーム需要、農業需要にまで対象を拡大して大型化しています。

ホームセンターの商品構成

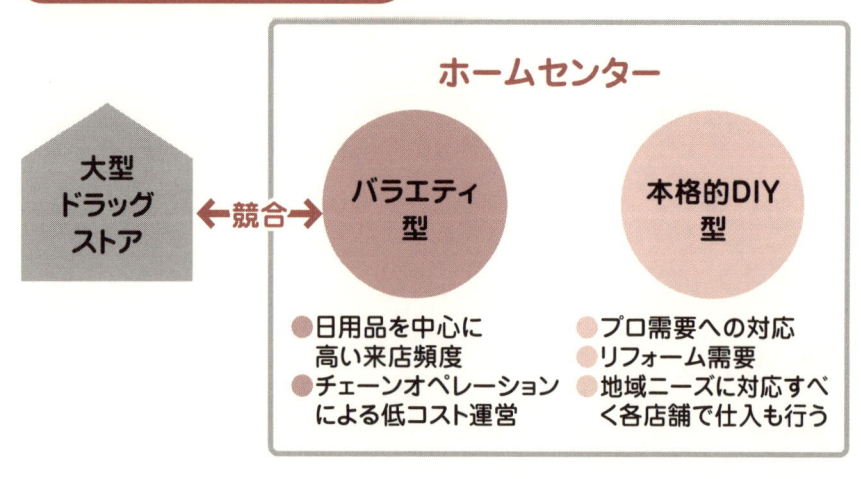

ホームセンター

大型ドラッグストア ←競合→ バラエティ型　本格的DIY型

バラエティ型
- 日用品を中心に高い来店頻度
- チェーンオペレーションによる低コスト運営

本格的DIY型
- プロ需要への対応
- リフォーム需要
- 地域ニーズに対応すべく各店舗で仕入も行う

2 運営の特徴

　バラエティ型は、消耗雑貨、飲料水など日用品を中心にした品ぞろえで顧客の来店頻度を高め、チェーンオペレーションで低コスト低価格販売を進めてきました。一方、本格的DIY型は、本部だけでなく店舗でも仕入を行い、より地域ニーズに合った専門性の高い接客をすることで、業績を上げています。

3 組織

　バラエティ型はチェーンオペレーション推進型、本格的DIY型は店舗での仕入権限強化を推進しています。

4 店舗・立地特性

　ロードサイドに売場面積平均1,000坪以上の巨大な店舗をもちます。

5 商品政策

　バラエティ型は、日用品を中心に住宅関連商品などを低価格の値付けで訴求します。本格的DIY型は、金物などDIY商品中心の品ぞろえで、粗利益率の高いDIY資材の仕入なども強化しています。

6 今後の課題

　バラエティ型は、ドラッグストアなど競争業者の増加でDIY化するか、チェーンストア企業になるかの選択をせまられています。本格的DIY型は、チェーンオペレーションのノウハウ確立やリフォームなど、プロ需要に対応するマーチャンダイジングが課題です。

キーワード

☑ ホームセンター　　☑ DIY型　　☑ バラエティ型

Section 17

店舗形態別小売業⑥
ドラッグストア（DgS）

頻出度 C

> **⚙ 重要ポイント**
> ☑ ドラッグストアは、ヘルス＆ビューティケアカテゴリー商品を中心とした品ぞろえをもつセミ・セルフサービス店で、調剤を行わない店もある

1 概要

ドラッグストア（DgS）は、調剤を基本として、ヘルス＆ビューティケアカテゴリー商品を中心とした品ぞろえをもつセミ・セルフサービス店のことです。調剤を行わない店もあります。1990年代以降に急成長した業態です。

2 運営の特徴

改正薬事法（2006年6月）により、副作用のない医薬品販売は「登録販売者」の資格を取得すれば薬剤師がいなくても販売できるようになりました。今後は、チェーンオペレーションのバイングパワーを高めるために出店スピードをあげ、セルフサービス販売と対面販売の両方の販売手法をもつ運営方法を模索していくこととなります。

3 組織

本部主導のチェーンオペレーションが基本となってきていますが、調剤部門（処方箋調剤を行う）と学術部門（製薬メーカーからの情報収集、薬事行政動向把握、薬剤師による調剤およびカウンセリングを行う）をもつことが特徴的です。

4 店舗・立地特性

売場面積100～300坪の中型タイプが伸びています。このタイプは医薬品、化粧品に加えて、コンビニエンスニーズに応える日用雑貨、飲料、加工食品も扱います。

5 商品政策

基本的にヘルス＆ビューティケアカテゴリー商品を中心とした品ぞろえです。

6 今後の課題

改正薬事法により出店チャンスが増えています。コンビニエンスストア、スーパーマーケット、ディスカウントストアなどとの競争も考慮していく必要があります。

薬剤師
ヘルス＆ビューティケア
調剤
許可営業

キーワード

☑ ドラッグストア　☑ ヘルス＆ビューティケア　☑ 調剤　☑ 改正薬事法　☑ 登録販売者

Section 18

店舗形態別小売業の運営特性⑦
専門店

頻出度 B ★★☆

重要ポイント

- ☑ 専門店では、顧客ニーズによる専門的な品ぞろえを深く追求する店が増え、郊外型の専門チェーンも伸びている
- ☑ 専門店では、業種専門店よりも業態専門店が伸びている

1 概要

専門店には、業種としての専門店（一般に○○屋さんと呼ばれる店）と業態としての専門店（大型専門店チェーン）があり、業種専門店は衰退していますが、業態専門店は成長しています。

専門店の区分

```
                    ┌─ 業種専門店 ─（どのような商品を売るか）─┬─ 肉屋
                    │                                          ├─ 魚屋
専門店 ─┤                                          └─ 本屋 など
                    │
                    └─ 業態専門店 ─（どのような売り方で売るか）─┬─ 家電
                                                                ├─ 紳士服
                                                                ├─ カジュアルウエア
                                                                ├─ 眼鏡
                                                                ├─ スポーツ用品
                                                                └─ ベビー用品 など
```

出典：「販売士検定試験2級ハンドブック」

2 店舗形態別専門店の動向

業種専門店は減少を続けています。家電、書籍、宝飾品など中堅以上の専門チェーンは、大手に買収されるケースも増えていますが、小回り機能の強化、インターネット活用、郊外型ショッピングセンターへの参加、顧客サービス体制への強化といった環境変化への対応も行っています。

3 店舗・立地特性

郊外型専門店が伸びています。以前は都市型立地が中心でしたが、ドーナツ化減少により郊外へ人口が移動した現在では、広い駐車場と、大きな店舗をローコストで運営する郊外型専門店が成長しており、家電、紳士服、カジュアルウエア、眼鏡、スポーツ用品、ベビー用品など専門業態が乱立しています。

4 商品政策

専門店の商品政策の特徴はPB開発商品の育成にあり、中国などに生産委託した低価格のオリジナル商品が競争力の源泉です。商品政策は、「ライフスタイルアソートメント型」（品種数は多く、広く顧客ニーズに対応し、色、サイズなど品目数は絞り込む）と、「リミテッド＆ディプス型」（品種を限定し、品種ごとの品目を深く設定する）の大きく2種類があります。

5 今後の課題

大規模店では、市場の奪い合いが激化するなかでサービス方法や販売員の質の向上を競争力にしはじめています。中小専門店は、ライフスタイル提案を前提とした品ぞろえで利便性を高め、ライフシーンを限定した深い品ぞろえをするなど専門性を高める必要があります。

キーワード
☑ 業種専門店　☑ 業態専門店

Section 19

店舗形態別小売業の運営特性⑧
百貨店

頻出度 B

重要ポイント
- ☑ 百貨店は、新たな業態との厳しい競争にさらされ変化に直面しており、**買取仕入**や、**PB商品**開発、専門性のある**店員**の育成などが必要となっている
- ☑ 百貨店は、従来のやり方から、環境変化への対応を強く迫られている

1 概要

百貨店は、当初上級階層をメインターゲットに高級な非食品を売る店で、呉服屋（白木屋、髙島屋、松屋、松坂屋、そごう）が組織変更して進展してきました。しかし、関東大震災以降は、電鉄会社や地域取り組みによる業界への新規参入もあり、食品を含む総合商材を扱いはじめるとともに大衆化が進みました。

2 店舗形態の特徴

初期の日本の百貨店は、よろず屋が最寄品を扱う小規模商店であるのに対して買回品を扱う大規模商店であり、科学的な経営をする店と認識されていました。しかし、今日では、郊外化、部門細分化、商品構成の専門化などをポイントとするアメリカ流のデパートメントストアへの脱却が求められています。

3 運営政策

以前の百貨店は、値引きなし、店舗個別仕入というシステムでしたが、今日では値ごろ感のある販売価格、チェーンオペレーション、地域一括仕入などが取り入れられ、ローコストオペレーションが常識となりつつあります。

4 組織

百貨店の基本組織は、販売部門、**外商**部門、**商品本部**、**販売推進**部門、**経営企画**部門などで構成されています。

5 商品政策

売場は仕入の方法によって、**買取仕入**、**委託仕入**、**消化仕入**、**テナント**と分かれています。最近では在庫リスクをもつ「自主マーチャンダイジング」に力を入れており、自らが「仕入れて売る力」をもとうとしています。

6 今後の課題

「ファッション領域主体のライフスタイルの創造」をテーマに、より専門性を高めていくことが求められています。

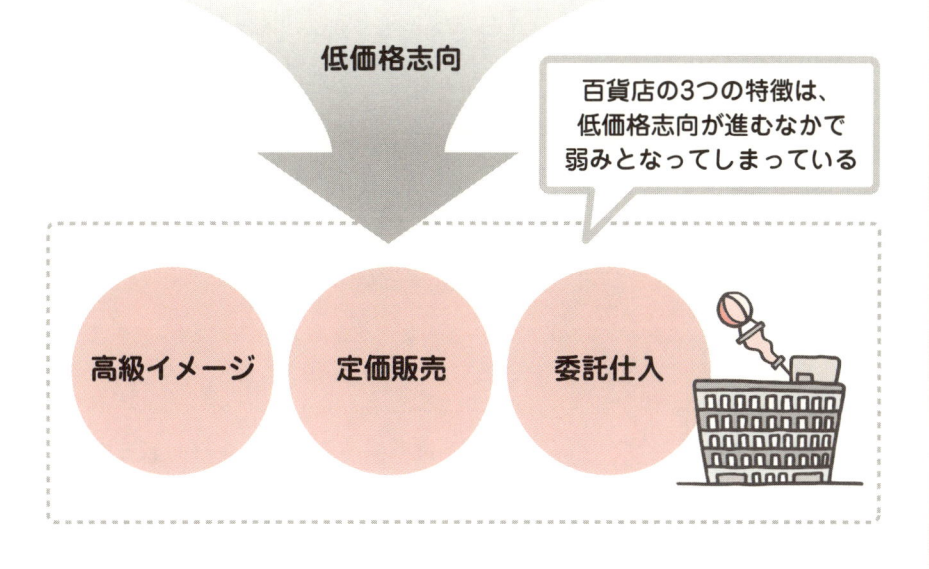

低価格志向

高級イメージ　定価販売　委託仕入

百貨店の3つの特徴は、低価格志向が進むなかで弱みとなってしまっている

第1章　小売業の類型

キーワード

☑百貨店　☑外商部門　☑商品本部　☑販売推進部門　☑経営企画部門　☑買取仕入　☑委託仕入　☑消化仕入　☑テナント

Section 20

チェーンストアとは何か

頻出度 B

> **重要ポイント**
> ☑ **チェーンストア**は、**規格**化、**標準**化、**単純**化をポイントに経営をしている
> ☑ チェーンストアは**11**店舗以上を**同一**フォーマットで**本部**コントロールする業態である

1 目的と使命

　チェーンストアとは、一定の原則に基づいて多数の店舗を連結し、**規格化**された経営システムを駆使することによって、1店舗では達成が難しい、百貨店を追い抜くようなマス・マーチャンダイジングの実現や新市場開拓を実現しようとする経営形態です。

　国際チェーンストア協会では、**規格**化、**標準**化、**単純**化をポイントに**11**店舗以上を直営する小売業やフードサービスと定義しており、本部は各店舗に**スーパーバイザー**（店舗運営監督者）を派遣して、マネージャースタッフとしてサポート活動をさせます。

2 組織の特徴

　チェーンストアの組織には、単純で合理的な組織づくりのための5つの原則があります。

❶ **専門化**（スペシャライゼーション）…従業員の業務を1～2に絞って専門性を高めます。
❷ **責任と権限の明確化**…店舗では売上、利益確保、部下の育成を店舗の管理者が行い、仕入やプロモーションは専門スタッフが行うという分業体制が明確化しています。
❸ **命令系統の統一化**…管理者と部下の関係を良好なものとし、部下の逸脱行動を防ぎます。
❹ **管理・調整範囲の確定**…管理者1人あたりの部下を制限し、人事生産性

を高めます。
❺ **店舗運営責任の決定**…オペレーティングマネージャーが日々の業務執行に責任をもち、総務担当マネージャーがこれを支援します。

また、集中型管理組織では、専門性のある人材を少人数で本部に集中させることができ、バイイングパワーで、チラシコスト、仕入コスト、店舗コストなどを下げられるというメリットがある一方、店舗を拡大する際には専門性のある人材の人数を補強する必要が生じるという課題もあります。

チェーンストア5つの原則

チェーンストア
単純で合理的な組織づくり

1 専門化（スペシャライゼーション）
2 責任と権限の明確化
3 命令系統の統一化
4 管理・調整範囲の確定
5 店舗運営責任の決定

キーワード

☑チェーンストア ☑スーパーバイザー ☑専門化(スペシャライゼーション)

Section 21

チェーンオペレーションの原則

頻出度 B

重要ポイント

☑ **チェーンオペレーション**とは、**本部**の指導による**マニュアル化**された店舗運営システムのことである

1 チェーンオペレーションとは

チェーンオペレーションとは、チェーンストア全店舗の経営活動を標準化し、本部による徹底した集中型管理運営に基づいた<u>多店舗展開</u>を可能にすることであり、以下の4つの特徴をもちます。

チェーンオペレーションの4つの特徴

チェーンオペレーション

1. 多店舗展開で市場シェアの拡大を目指す
2. 本部による店舗統一管理と集中仕入でバイイングパワーを発揮
3. 統一化された顧客ターゲットに対してマニュアル化された店舗運営システム
4. 本部がマーチャンダイジングを担当し、各店舗は販売機能を担当する

2 ローコストオペレーションの実際

　ローコストオペレーションとは、経済の低成長化にあっても利益が出せる企業構造、つまり、コストをおさえて生産性を高める仕組みを構築することです。

　ローコストオペレーションの基本は店舗規模、店舗形状、品ぞろえ、ゾーニング・レイアウト（P207参照）、運営方法などを標準化することですが、また物流システムの構築や納品関連業務の効率化、照明、通路幅、従業員の配置やタイムスケジューリング、ディスプレイや補充方法などあらゆる点で工夫が必要です。

　このローコストオペレーションにセントラルバイイングによる低価格仕入が加わって、低価格でも利益が出ることになりますが、商品の性格により地域ニーズに対応するための品ぞろえも必要となってくるので、バランスをとる必要があります。

キーワード

☑チェーンオペレーション　☑マニュアル化　☑多店舗展開　☑ローコストオペレーション

Section 22

チェーンストアの成長要因

頻出度 C

🔩 重要ポイント

- ☑ 今後、チェーンストアが発展する方向性としては、①仕入先メーカー、卸売業者とのコラボレーション強化による**共同仕入**システムの確立、②**M&A**への対応、③**コングロマリット化**の方向、④セントラルバイイングに加え、**エリアニーズ**に対応する仕入システムを導入することなどがある
- ☑ チェーンストアは**大量消費**、**セルフサービス**方式、**低価格**販売が成長の要因となった

1 チェーンストアの成長要因

　チェーンストアが成長した外部的な要因としては、①大量生産体制の確立、②大量消費時代の到来、③人口の郊外への拡散現象などが成長要因となっています。

　一方、内部的な成長要因としては、①管理の集中、②販売の分散、③店舗網の拡大、④集中大量仕入、⑤セルフサービス方式の採用、⑥低価格政策などが挙げられます。

2 チェーンストア経営戦略の再検討

　チェーンストアは、成長の鈍化や、経営環境変化への対応策が求められており、経営戦略の再検討を迫られています。まず、「セントラルバイイング」による大量仕入においては、仕入先企業に多頻度小口配送などの無理を強いている場合があり、仕入企業自体の合理化を手助けするといった共存の道を検討する必要があります。

　また、「出店対策」では、借入れに頼った無秩序な新規大型出店が重なり、自己資本比率の低下を招いているため、戦略的かつ計画的な出店をする考え方への転換が必要です。「セルフサービス方式」では、継続的な低価格の実現のために、売場だけでなく経営各部門の人員の省力化の検討が必要となって

きています。

3 チェーンストアの今後の方向

今後、チェーンストアが発展していくための方向性としては、以下の4つがあります。

❶ 仕入先メーカー、卸売業者とのコラボレーション強化による効率的な共同仕入システムの確立
❷ M&Aへの対応
❸ 買収や合併により、直接関係のない事業を複数抱える複合企業としてのコングロマリット化の方向
❹ セントラルバイイングに加え、エリアニーズに対応する仕入システムを導入する方向

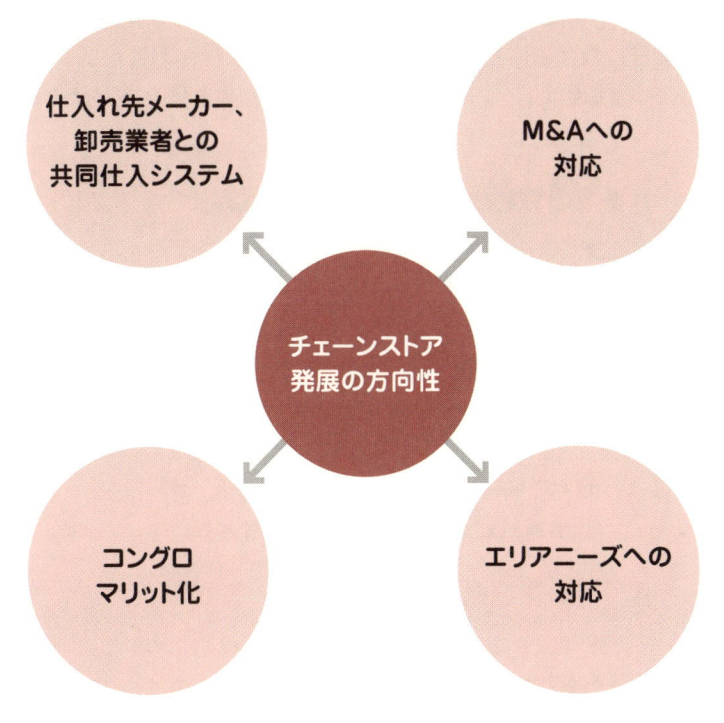

```
          仕入れ先メーカー、                M&Aへの
          卸売業者との                      対応
          共同仕入システム

                      チェーンストア
                      発展の方向性

          コングロ                          エリアニーズへの
          マリット化                        対応
```

キーワード
☑ M&A　☑ エリアニーズ

Section 23

中小小売業の課題

頻出度 C

> **重要ポイント**
> ☑ 中小小売業の課題と求められる取り組みには、①**顧客購買履歴**のデータベース化、②**インターネット**などの活用③商品の仕入、販売を効率化するための**システム化**などがある

1 小売業を取り巻く環境

　小売業のうち、従業員49人以下の中小企業が事業所数全体の98％以上です。また、従業員の数は恒常的な減少傾向にあります。従業員数50人以上の大規模事業所は増加傾向にあるため、中小小売業は生き残りをかけた取り組みが求められています。

2 中小小売業の課題と求められる取り組み

　中小小売業では、変化する消費者のニーズをとらえ、どのようなサービスが求められているかを分析することが必要とされています。
❶ どんな客層が中心となって、どのような商品を、どのような理由で買っているかのデータベース化
❷ 顧客ニーズに応える商品を探索するための外部情報（インターネットなど）の活用
❸ 商品の仕入、販売を効率化するためのシステム化
　（情報システム、地域的連携、水平的連携など）

3 中小小売業の存立基盤

　中小小売業が生き残りをかけて存立するためには以下のような存立基盤を再構築する必要があります。
❶ **経営スタイル**の確立
❷ 業態の確立
❸ 計画的で継続的な店舗改装

❹ 商店街の活性化

4 大手小売業の出店攻勢への対応

　中小小売業は大資本との競争が激化しています。中小小売業どうしの共同化によるバイイングパワーの獲得や、ネットショッピングへの対応強化など、生き残りをかけた取り組みが求められています。中小小売業のうち、買回品店が減少した要因は、大手チェーンストアの出店攻勢です。過去の大規模小売店舗法のような規制がなくなった今日では、小商圏でもチェーンストアやコンビニエンスストアとの競争にさらされています。

5 求められる情報化への対応

　中小小売業は、**情報化**、**共同化**、**ドメイン**（事業領域）の明確化などにより、差別的優位性のある生き残りの道を探索する必要があります。情報システム化を強化する試みは、チェーンストアやコンビニエンスストアへの対抗手段のひとつです。ボランタリーチェーンとの協業組織やメーカー、卸売業のリテールサポートシステムへの参加も重要ではありますが、投資効果に見合う業績をあげていかなければ手厚いサポートを受けることはできません。インターネットマーケティングや商店街との一体的なコラボレーションなども活用した積極的な経営改善が求められています。

📝 **キーワード**

☑経営スタイルの確立　☑インターネットの活用　☑情報化　☑共同化　☑ドメイン

Section 24

商店街の運営特性

頻出度 A

重要ポイント

☑ 自然発生的な商店街は全国で停滞しており、後継者や空き店舗対策、駐車場対策など課題が山積みである

1 商店街の環境変化の実態

　中小企業庁の実施している「商店街実態調査」(2003年、全国商店街振興組合連合会)によると、全国にある商店街の95％以上の商店街が「衰退、または停滞している」という印象をもっています。商圏の狭い近隣型・地域型の商店街の方が衰退の影響が強く、空き店舗が多く、後継者やリーダー的人材が不足していることなどにより、具体的な改善が難しい状況にあります。

2 商店街の組織と取り組み

　自然発生的に築かれてきた商店街はその多くが衰退してきています。商店街の各店舗メンバーが協力して活性化を進める場合に、国や地方公共団体がサポートする仕組みが整備されてきましたが、アーケードの設営といったハード事業やイベント開催といったソフト事業なども大きな回復につながらない場合が多く、今後のさらなる取り組みが必要となっています。
　商店街を運営する組織には、以下の４つのものがあります。
❶ 商店街振興組合…「商店街振興組合法」に基づく法人で、共同のハード事業(アーケード設営など)や共同のソフト事業(イベント開催など)を行います。近接する「30人以上の事業者」がいることが条件です。
❷ 商店街振興組合連合会…商店街振興組合が２つ以上集まったものです。
❸ 事業協同組合…「中小企業協同組合法」に基づく法人で、「４人以上の事業者」がいることが条件です。相互扶助の精神に基づく共同事業を行います。
❹ 事業協同組合連合会…事業協同組合が２つ以上集まったものです。

3 商店街が実施する共同事業

　共同事業の種類としては、ハード事業として「環境整備事業」があり、ソフト事業としては「イベント・販売促進事業」、「組織運営事業」などがあります。

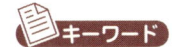

キーワード

☑商店街　☑商店街振興組合　☑商店街振興組合連合会　☑事業協同組合　☑中小企業協同組合法
☑事業協同組合連合会　☑環境整備事業　☑イベント・販売促進事業

Section 25
ショッピングセンターの今日的課題と方向

頻出度 A

> **重要ポイント**
> ☑ これからのショッピングセンターは、海外のグローバルカンパニーを研究し、競争に勝っていく方向性を見出す必要がある

1 ショッピングセンターの種類

ショッピングセンターにはさまざまな種類がありますが、基本的には以下の4つです。

❶ NSC（ネイバーフッドSC）…近隣型でスーパーマーケットやドラッグストアを核店舗とします。
❷ CSC（コミュニティSC）…ディスカウントストア、総合品ぞろえスーパー、スーパーストアを核店舗とします。
❸ RSC（リージョナルSC）…ディスカウントストア、総合品ぞろえスーパー、百貨店、大型専門店を核店舗とします。CSCに比べ、買回品店が多く、専門店も多いのが特徴です。
❹ SRSC（スーパーリージョナルSC）…複数のディスカウントストア、総合品ぞろえスーパー、百貨店、大型専門店を核店舗とし、アミューズメント施設やホテルを併設する場合もあります。

ショッピングセンターの種類	テナント構成	商圏
NSC（ネイバーフッドSC）	日用品、食品を中心とした近隣ニーズ対応のテナントが中心	3万人
CSC（コミュニティSC）	核店舗に加え、ファーストフード、買回品、アミューズメントなど	10万人
RSC（リージョナルSC）	核店舗に加え、大型専門店、フードコート、アミューズメントなど	15～30万人
SRSC（スーパーリージョナルSC）	RSCの構成で核店舗やテナント数がさらに増加した形態	50万人

2 ショッピングセンターの形態

ひとつの建物の中に通路があり店が通路を囲む「モール」と、駐車場を前面にして各店舗が独立して並ぶ「ストリップセンター」とがあります。

3 ショッピングセンターの立地

アメリカでは、「NSC」は近隣、「CSC」は住宅地と高速道路の間の道路ぞい、「RSC」は高速道路の出入口付近、「SRSC」は高速道路のインターチェンジ付近につくられています。日本では電車路線を高速道路と差し替えたような立地になっています。

4 日本型ショッピングセンター

「駅ビル型SC」、「地下街型SC」、「ファッションビル型SC」などは日本固有のショッピングセンターです。

5 パワーセンター

カテゴリーキラーやディスカウントストアなど、低価格訴求型の大型小売業態を集めたショッピングセンターをパワーセンターといいます。「カテゴリーキラー型」「総合ディスカウント型」「オフプライスストア型」「リテイルアウトレット型」の4種類があります。

6 アウトレットセンター

過剰在庫品やB級品を格安で販売する小売業態の集積のことをアウトレットセンターといいます。主にブランド品を低価格で買いたいというニーズに対応しています。

7 ライフスタイルセンター

リッチな生活提案型店舗が集積する中規模のショッピングセンターです。

キーワード

☑ショッピングセンター　☑NSC（ネイバーフッドSC）　☑CSC（コミュニティSC）
☑RSC（リージョナルSC）　☑SRSC（スーパーリージョナルSC）　☑パワーセンター
☑アウトレットセンター

第1章 小売業の類型 チャレンジ問題

第1問 次の文章は、卸売業に求められている機能について述べたものです。文中の〔　〕の部分に、下記の語群のうち最も適当なものを選んで、対応するア～オの解答欄に記入しなさい。

〔　ア　〕の要請に応えることのできる物流・情報システムの構築は、卸売業が厳しい環境変化を乗り切っていくために極めて重要であるといわれる。それは、〔　イ　〕を一層強化するためにほかならず、そのためには、アに対して〔　ウ　〕を行えるすぐれた発想をもつことと、製品流通の合理化から〔　エ　〕や情報までを含むロジスティクスを効率的に行うための〔　オ　〕が不可欠であるといわれている。

【語群】
1．消費者　　　　　　2．生産要素　　　　3．中間マージン
4．リテールサポートシステム　　5．情報武装　　　6．取引慣行
7．メーカー　　　　　8．売り方の提案　　9．卸中抜き　　　10．小売業

解答欄	ア	イ	ウ	エ	オ

第2問 次の事項は、コンビニエンスストアについて述べたものです。正しいものには1を、誤っているものには2を、対応するア～オの解答欄に記入しなさい。

ア　コンビニエンスストアは、基本的にフランチャイズ契約で展開される。
イ　コンビニエンスストアの競争力は情報システムから生まれる。
ウ　30坪の売場面積に約3,800の商品アイテムがコンビニエンスストアの基本フォーマットである。
エ　コンビニエンスストアは、本部直轄のチェーンシステムである。
オ　コンビニエンスストアのフランチャイジー（加盟店）はロイヤルティを支払うことで、フランチャイザー（本部）の総合的なサポートを受ける。

解答欄	ア	イ	ウ	エ	オ

第3問 次の事項は、組織小売業の分類について述べたものです。正しいものには1を、誤っているものには2を、対応するア〜オの解答欄に記入しなさい。

ア 独立系とチェーンストアに分類するのは契約形態による分類である。
イ レギュラーチェーン、フランチャイズチェーン、ボランタリーチェーン、COOPなどに分類するのは、組織の所有権による分類である。
ウ ゼネラルマーチャンダイズ組織とリミテッドマーチャンダイズ組織に分類するのは、店舗運営の形態による分類である。
エ 食品、衣料品に分類するのは、販売商品の特性による分類である。
オ 業種別に分類するのは、販売商品の特性による分類である。

解答欄	ア	イ	ウ	エ	オ

第4問 次の文章は、フランチャイズシステムについて述べたものです。最も関係の深いものを、下記の語群から選んで、対応するア〜オの解答欄に記入しなさい。

ア フランチャイザーとフランチャイジーとの間において、コンサルティング、コントロール、カウンセリングなどのコミュニケーション機能を担う。
イ フランチャイザーが、ほかの事業者にエリアフランチャイズの権利を与え、その事業者がフランチャイジーの店舗開発や教育訓練などを行う。
ウ 契約によって、フランチャイザーがフランチャイジーに対して一定の経営システムやプログラムの提供を約束する。
エ フランチャイジーがフランチャイザーから商標使用権や経営指導を受ける見返りとして対価を支払う。
オ フランチャイジーの募集、応募者の適性の見極め、店舗開発、フランチャイズ契約の締結などの役割を担う。

【語群】
1．フランチャイズ・パッケージ
2．サブ・フランチャイズ　　3．リクルーター　　4．メガフランチャイジー
5．ロイヤルティ　　　　　　6．マニュアル　　　7．スーパーバイザー

解答欄	ア	イ	ウ	エ	オ

第5問 次の文章は、チェーンストアについて述べたものです。文中の〔　〕の部分に、下記の語群のうち最も適当なものを選んで、対応するア〜オの解答欄に記入しなさい。

チェーンストアとは〔　ア　〕店舗以上を展開する小売業であると、国際チェーンストア協会によって定義されている。チェーンオペレーションとは、チェーン全体の経営活動を〔　イ　〕し、本部による〔　ウ　〕的な管理・運営などを行うことである。なお、チェーンストアの経営形態としては、中小小売業などの店舗を組織化したフランチャイズチェーンや〔　エ　〕チェーンと、同一資本が直接多店舗展開する〔　オ　〕チェーンに区別できる。

【語群】
1．ボランタリー　2．集中　3．レギュラー　4．セルフサービス化
5．10　　　　　6．IT活用　7．標準化　　8．11
9．大量仕入　　10．ディマンド

解答欄	ア	イ	ウ	エ	オ

第6問 次の事項は、チェーンストアの組織の特徴について述べたものです。正しいものには1を、誤っているものには2を、対応するア〜オの解答欄に記入しなさい。

ア　専門化（スペシャライゼーション）とは、従業員の業務範囲を広くしてなんでもできるようにさせることである。
イ　責任と権限の明確化とは、店舗では売上、利益確保、部下の育成を行い、仕入やプロモーションは専門スタッフが行うという分業体制が明確化していることである。
ウ　命令系統の統一化とは、管理者と部下の関係を良好なものとし、部下の逸脱行動を防ぐことである。
エ　管理・調整範囲の確定とは、管理者1人あたりの部下の数を制限し、人事生産性を高めることである。
オ　店舗運営責任の決定とは、オペレーティングマネージャーが日々の業務執行に責任をもち、総務担当マネージャーがこれを支援することである。

解答欄	ア	イ	ウ	エ	オ

第7問 次の事項は、総合品ぞろえスーパー(GMS)について述べたものです。正しいものには1を、誤っているものには2を、対応するア〜オの解答欄に記入しなさい。

ア　GMSは、大型店舗で総合的な品ぞろえを特徴とする。
イ　GMSは、セルフサービス方式でワンストップショッピング方式である。
ウ　GMSは、食品を中心とした大型店舗である。
エ　GMSは、店舗数11店舗以上のチェーンストア形態を取る。
オ　GMSは、本部が基本戦略を立て、店舗が運営実践を行う。

解答欄	ア	イ	ウ	エ	オ

第8問 次のア〜オの説明文について、最も関係の深いものを、下記の語群から選んで、対応するア〜オの解答欄に記入しなさい。

ア　フランチャイズ方式による出店が圧倒的に多く、業界全体としての店舗数や売上は伸びているが、近年は既存店舗1店あたり売上高が減少傾向にある。
イ　取扱商品点数を絞り込み、ローコストオペレーションで低価格を訴求する会員制の小売形態。
ウ　一定の地域または職域単位で組織され、運営される小売業の形態。
エ　米国ではスーパーマーケットとディスカウントストアを融合した形態として成立しているが、日本ではスーパーマーケットとホームセンターを融合した形態が多く出現している。
オ　委託販売や消化仕入といった取引が主で、それと比較して買取仕入は少ない小売形態。

【語群】
1．ドラッグストア　　　2．COOP(消費生活協同組合)
3．パワーセンター　　　4．コンビニエンスストア
5．ホールセールクラブ　6．百貨店　　　7．スーパーセンター

解答欄	ア	イ	ウ	エ	オ

第9問

次の文章は、ボランタリーチェーンについて述べたものです。文中の〔　〕の部分に、下記の語群のうち最も適当なものを選んで、対応するア～オの解答欄に記入しなさい。

多数の小規模小売業が企業としての〔　ア　〕を保ちながらも、ひとつの組織体として共同活動を行うチェーン組織形態をボランタリーチェーンという。
チェーン本部組織を〔　イ　〕が主宰してイの取引先の〔　ウ　〕に参加を呼びかけて構成するものと、ウどうしが集まって組織するものとがある。
ボランタリーチェーンとフランチャイズチェーンの大きな違いは、フランチャイズチェーン本部が加盟店を勧誘して〔　エ　〕によって関係が成立しているのに対し、ボランタリーチェーンは加盟店が〔　オ　〕に組織を結成し、加盟していることである。

【語群】
1．契約　　　　　　2．独立性　　　　3．レギュラーチェーン　　4．標準的
5．自発的　　　　　6．卸売業　　　　7．第三セクター　　　　　8．小売業
9．商店街振興組合　10．協議

解答欄	ア	イ	ウ	エ	オ

第10問

次の文章は、専門店の商品政策について述べたものです。文中の〔　〕の部分に、下記の語群のうち最も適当なものを選んで、対応するア～オの解答欄に記入しなさい。

専門店は、専門サービスに対する顧客の要望に応えるため、2つの方向から専門性を強化していく。ひとつは〔　ア　〕に関しては、店全体が来店客に提供しているさまざまな〔　イ　〕の間口の〔　ウ　〕を行う方向性、そしてもうひとつは取り扱う〔　エ　〕の〔　オ　〕のウを強化する方向性である。

【語群】
1．種類　　2．拡大　　3．立地　　4．品ぞろえ　　5．価格
6．効用　　7．返品　　8．商品　　9．店舗面積　　10．絞り込み

解答欄	ア	イ	ウ	エ	オ

第1章 小売業の類型 チャレンジ問題 解答&解説

第1問

解答欄	ア	イ	ウ	エ	オ
	10	4	8	2	5

解説

消費者の多頻度小口購買の習慣に対応するため、小売業は卸売業に高度な物流・情報システムの構築を要請しています。その要請を受けて、卸売業は物流・情報システムを構築し、データを活用しています。小売業は卸売業からの経営サポート（リテールサポート）を期待しています。

第2問

解答欄	ア	イ	ウ	エ	オ
	1	1	1	2	1

解説

ア、イ、ウ、オは問題文のとおりです。エは間違いで、本部直轄のチェーンシステムではなく、フランチャイザー（本部）とフランチャイジー（加盟店）が契約で結ばれているシステムです。

第3問

解答欄	ア	イ	ウ	エ	オ
	2	1	1	1	1

解説

イからオは問題文のとおりです。アは間違いで、独立系とチェーンストアに分類するのは、契約形態ではなく店舗数による分類です。

第4問

解答欄	ア	イ	ウ	エ	オ
	7	2	1	5	3

解説

フランチャイザー（本部）からフランチャイジー（加盟店）への経営アドバイスを行う際に、現場のコンサルタントとして動くのが「スーパーバイザー」です。
フランチャイザーが、さらにその下請販売店として、その地域内のエリアをまかせる契約をするのが「サブ・フランチャイズ」です。
フランチャイジーは、契約によってフランチャイザーの経営ノウハウやシステムを使用できるようになりますが、これを「フランチャイズ・パッケージ」といいます。
フランチャイジーはサポートの見返りとして「ロイヤルティ」をフランチャイザーに支払います。
新しい加盟店となるフランチャイジーをさがすのは「リクルーター」の役目です。

第5問

解答欄	ア	イ	ウ	エ	オ
	8	7	2	1	3

解説

国際チェーンストア協会の定義によると、チェーンストアとは11店舗以上を展開する小売業のことをいいます。店舗運営システムの標準化を進め、本部による集中管理をしています。経営形態としては契約によるフランチャイズチェーン、自発的集合組織であるボランタリーチェーンと、同一資本のレギュラーチェーンがあります。

第6問

解答欄	ア	イ	ウ	エ	オ
	2	1	1	1	1

解説

イからオまでは問題文のとおりです。アは間違いで、専門化とは、従業員の業務範囲を狭くして、早くプロとして育てることをいいます。

第7問

解答欄	ア	イ	ウ	エ	オ
	1	1	2	1	1

解説

ア、イ、エ、オは問題文のとおりです。ウは間違いで、食品だけでなく総合的な品ぞろえをすることが特徴です。

第8問

解答欄	ア	イ	ウ	エ	オ
	4	5	2	7	6

解説

アはコンビニエンスストアの説明です。店舗数が飽和状態になってきたため、店舗ごとの売上が減少し、独立オーナーであるフランチャイジーたちの不満が高まってきています。イはホールセールクラブの説明で、会員制というところがポイントです。ウはCOOP（消費生活協同組合）の説明で、一定の地域や職域単位で組織されるというところがポイントです。エはスーパーセンターの説明で、大規模店としてスーパーマーケットとほかの業態が融合しているところがポイントです。オは百貨店の説明で、委託販売、消化仕入など独特な商慣習がポイントです。

第9問

解答欄	ア	イ	ウ	エ	オ
	2	6	8	1	5

解説

ボランタリーチェーンは、それぞれが独立した企業が共同仕入などの規模の利益を目的として協力している組織体です。卸売業が呼びかけて小売業をまとめる形と、小売業どうしが集まった形があり、フランチャイズチェーンのように契約で繋がった関係ではなく自発的に集まっている組織のことをいいます。

第10問

解答欄	ア	イ	ウ	エ	オ
	4	6	10	8	1

解説
専門店の専門化の方向には、品ぞろえについて顧客に提供している効用を絞り込む方向と、取扱商品の種類の絞り込みを強化する方向の２つがあります。

第2章
マーチャンダイジング

この科目では、経営環境の変化と進化するマーチャンダイジングの手法、商品知識の活用方法、仕入計画の立案と運用システム・戦略的商品管理の立案を学び、より具体的な価格設定の方法や商品管理の実際、販売管理の立案と管理、小売業の物流システムなどについて学びます。

Section 1

マーチャンダイジングの概念

頻出度 B

> **重要ポイント**
> ☑ マーチャンダイジングでは「適正な商品」、「適正な場所」、「適正な時期」、「適正な数量」、「適正な価格」という5つの適正が求められている

1 マーチャンダイジングの定義

　アメリカ・マーケティング協会（AMA）の1961年の定義改定によると、マーチャンダイジングとは、「企業のマーケティング目標を実現するのに最も適する場所・時期・価格・数量で、特定の商品やサービスを市場に提供する計画と管理」といわれています。
　この定義に貫かれているのは「5つの適性」と呼ばれるものであり、その内容は「適正な商品」、「適正な場所」、「適正な時期」、「適正な数量」、「適正な価格」とされています。

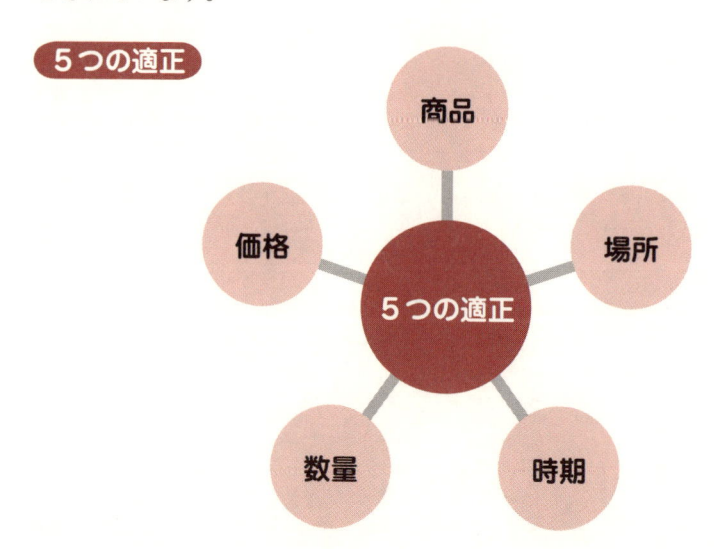

5つの適正

- 商品
- 場所
- 時期
- 数量
- 価格

（中央：5つの適正）

2 マーチャンダイジングの領域

狭義のマーチャンダイジングは商品管理を指しますが、販売士試験ではマーチャンダイジングは仕入から販売活動までを含む一連のサイクルとする広義の定義で考えられており、その要素は、以下の9つです。

マーチャンダイジング構成要素

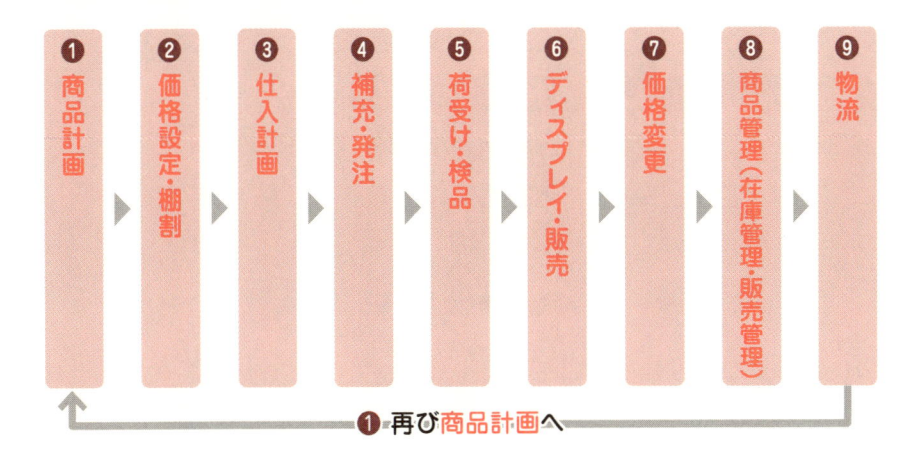

❶ 商品計画 → ❷ 価格設定・棚割 → ❸ 仕入計画 → ❹ 補充・発注 → ❺ 荷受け・検品 → ❻ ディスプレイ・販売 → ❼ 価格変更 → ❽ 商品管理（在庫管理・販売管理）→ ❾ 物流 → ❶再び商品計画へ

❶ **商品計画**…ターゲット顧客およびそのニーズに対応する商品を、部門単位、商品カテゴリー別に1ヵ月、1週間単位で計画します。
❷ **価格設定・棚割**…顧客に受け入れられ、利益確保もできる売価と、棚割表を計画します。
❸ **仕入計画**…商品計画をベースに、どのサプライヤーからどのように仕入れるのかを計画します。
❹ **補充・発注**…店頭在庫と販売データを把握し、前年実績、天候、競合状況などを加味したうえで、再発注および補充作業を行います。
❺ **荷受け・検品**…発注した商品が発注書に基づいて正しいか、ダメージがないかを確認します。
❻ **ディスプレイ・販売**…商品カテゴリーごとに最も適した棚割表に基づき、品出しと補充を行うことが販売効率を高めることにつながります。
❼ **価格変更**…店頭での販売促進策として、見切り品の値下げや割引を臨機応変に行います。

❽ **商品管理**(**在庫管理・販売管理**)…在庫量の適正性を検討し、売れ筋商品を伸ばします。
❾ **物流**…商品を供給者か需要者へと移動します。

3 経営管理としてのマーチャンダイジング

　経営管理としてのマーチャンダイジングは、商品計画から販売管理にいたるまでのPlan(計画)→Do(実行)→See(評価・検証)のサイクルです。このサイクルには具体的には下図のようなテーマがあります。

マーチャンダイジングのPDSサイクル

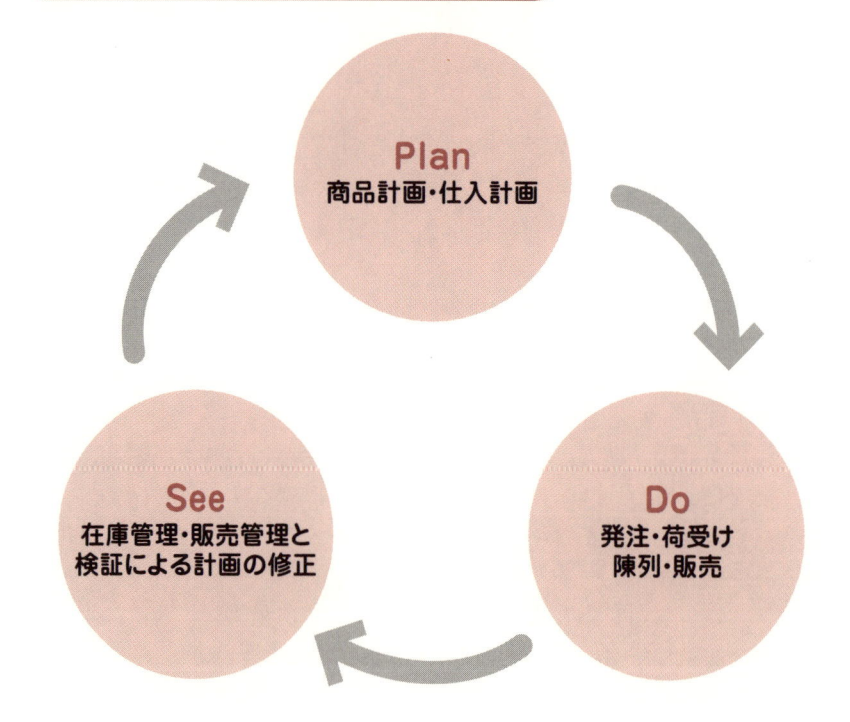

- **Plan** 商品計画・仕入計画
- **Do** 発注・荷受け 陳列・販売
- **See** 在庫管理・販売管理と検証による計画の修正

キーワード

☑ マーチャンダイジング　☑ 5つの適正

Section 2 マーチャンダイジングと競争戦略

頻出度 B ★★☆

> **重要ポイント**
> - ☑ 経営学者マイケル・ポーターによれば、コストのリーダーシップ、差別化、集中により高い競争力がつく
> - ☑ マイケル・ポーターによる「5つの競争要因」はよく理解しておくこと

1 経営環境変化への対応

今日の小売業界は、店舗数が供給過剰状態である「オーバーストア現象」になっています。これにともない、大型店間や、異業態間などで競争が激しくなっており、適切な競争戦略の重要性が高まっています。

2 小売業の競争戦略

競争戦略では、マイケル・ポーター（Michael E. Porter）博士の戦略論が定番となっています。競争戦略の第一人者マイケル・ポーター博士による5つの競争要因を小売業向けに修正したものは以下のとおりです。さらに5つの競争要因に対処する基本戦略である、3つの基本戦略も合わせて覚えておきましょう。

(1) マイケル・ポーターによる5つの競争要因

❶ **新規参入**の脅威…一定のエリアに小売業が新規参入した場合、類似性が高ければ競争は激しく、類似性が低ければ競争は弱くなります。新規参入の参入障壁が低い小売業界は常に新規参入の脅威と背中合わせです。

❷ **既存競争業者間**の敵対関係…価格競争、広告合戦、新商品導入、サービス拡大などの既存業者からの敵対的攻撃は、これに対応する報復行動の強弱によって競争の強弱が変化するとともに、収益面でお互いが傷つきます。

❸ **代替製品**からの圧力…総合品ぞろえスーパー（GMS）に対してホームセン

ターや家電量販店など類似する商品を扱う異業態の参入は、競争を激化させます。

❹ **買い手**の交渉力…買い手である消費者の、店どうしの価格、サービスの比較選別による購買行動により、競争は激化します。

❺ **売り手**の交渉力…売り手(供給業者)と買い手(消費者)の関係で、①「売り手が少数の独占的な企業である」②「代替製品がない商品を売っている」、③「売り手にとって買い手が重要な顧客ではない」、④「買い手にとって売り手の商品が重要」、⑤「売り手の商品が差別化される」、⑥「売り手が川下統合している」など6つのケースでは売り手の交渉力が高まります。

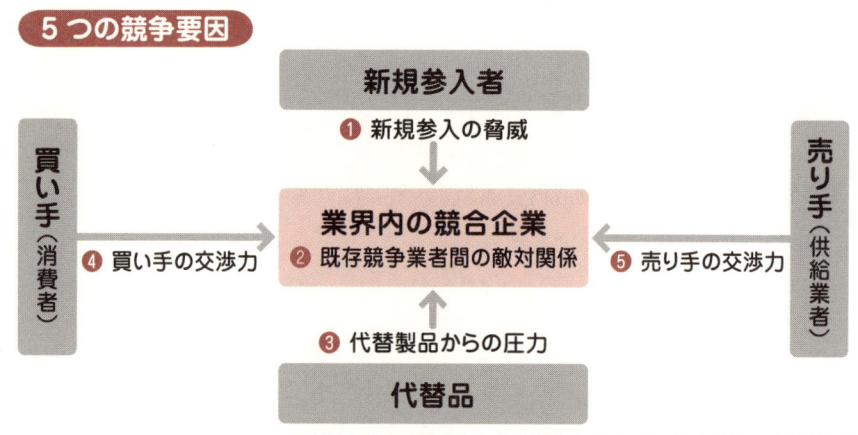

5つの競争要因

- 新規参入者
  - ❶ 新規参入の脅威 ↓
- 業界内の競合企業
  - ❷ 既存競争業者間の敵対関係
- 買い手(消費者) → ❹ 買い手の交渉力
- 売り手(供給業者) → ❺ 売り手の交渉力
- 代替品
  - ❸ 代替製品からの圧力 ↑

出典:「新訂 競争の戦略」(ダイヤモンド社)M. E. ポーター著／土岐坤他訳　一部加筆・修正

(2)マイケル・ポーターによる3つの基本戦略

❶ **コストのリーダーシップ**…業界内で圧倒的に低いコストのシステムをつくることで、競争があっても利益を確実に出すことができます。圧倒的に高いシェアを確保する、有利な仕入条件をもつ、ローコストオペレーションを確立する、などが前提条件です。

❷ **差別化**…小売業の場合、品ぞろえの差別化、販売形態の差別化、顧客サービスの差別化などにより、顧客から見たストアロイヤルティが高まり、価格だけでは他店と比較されなくなります。

❸ **集中**…特定顧客ターゲットのニーズに応えることで差別化や低コスト化が図れます。品ぞろえの専門化や、集中出店戦略(ドミナント出店)などがこれにあたります。

3 小売業のマーチャンダイジングと競争戦略

　コストのリーダーシップは「価格政策」と強く関連しており、差別化や集中は「商品政策」と強く関連しています。代表的な価格政策は、特売で集客を見込む「ハイ・ロー・プライシング政策」、と恒常的な低コストオペレーションを前提に、恒常的な低価格で集客を見込む「エブリディロープライス（EDLP）政策」です。

　商品政策では、特徴のある品ぞろえの検討のために、商品カテゴリー軸として「狭い、中位、広い」という3つの軸を、品目構成として「浅い、中位、深い」という3つの軸をそれぞれマトリックス上にかけあわせて9つの代表的パターンを示す「商品構成マトリックス」が重視されます。また、付加価値の高い商品づくりへの取り組みとして、PB（プライベートブランド）商品や、アパレル業界におけるSPA*（自社ブランドによるアパレル製造小売業）などがあります。

＊SPA:Speciality store retailer of Private lavel Apparell

3つの競争戦略と商品・価格政策

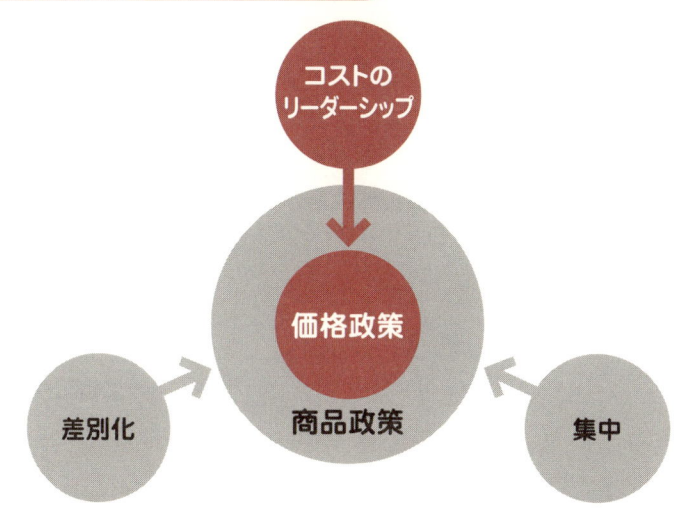

出典：「販売士検定試験2級ハンドブック」

📝 **キーワード**
☑ マイケル・ポーター　☑ コストのリーダーシップ　☑ 差別化　☑ 集中

Section 3
ITの進展とマーチャンダイジングの進化

頻出度 A

重要ポイント
- ☑ グローバル競争が激化するなかで、サプライチェーン全体の効率化を図るには情報化が不可欠である
- ☑ マーチャンダイジング・システムに必要不可欠なPOS、EOS、EDIなどについては整理しておくこと

1 POSシステムとEOSの普及

1982年に大手コンビニエンスストアがPOSシステム（販売時点情報管理：Point of Sales System）を導入したことにより、メーカーがバーコード（JANコード）の印刷を行うソースマーキングが急速に進み、日本の小売業はPOSによる単品管理の時代に入りました。

同時期にEOS（電子受発注システム：Electronic Ordering System）の導入もはじまり、ペーパーベースからデジタルベースの受発注情報交換の時代になりました。この背景には、JANコードをはじめとするビジネスプロトコル（受発注での伝送手段、データ形式、商品コードの取り決め）の標準化が進められたことがあります。

POSシステム

POSターミナルに連動しているスキャナ

バーコード（JANコード）による自動読み取り機能

販売データ

コンピュータ（ストアコントローラー）で管理

2 VAN

　小売業と仕入先企業の企業間オンライン受発注が進展した背景としてVAN（付加価値通信網：Value Added Network）の普及があります。これは小売業と、仕入先の卸売業、メーカー、物流会社などの間にVAN会社が介在して、データの読み替えによってデータ交換ができるようにするもので、その後のEDIによるデータ自体の標準化の基礎となりました。

3 EDI

　EDI（電子データ交換：Electronic Data Interchange）は、小売企業間の受発注や請求のデータ交換を標準的な手順や規約を用いて行うことです。EDIを多くの小売業が導入することで、マーチャンダイジングにおける事務処理が大幅に合理化されます。

4 パートナーシップ

　近年では、サプライチェーン全体の最適化を目指して、日用雑貨メーカーやアパレルメーカーを中心に、メーカーに小売店頭での売上POSデータを公開し、売上変化に対応した生産を可能にしたQR（即時的対応：Quick Response）の導入が進みました。またこのQRを食品業界で応用したものがECR（効率的消費者対応：Efficient Consumer Response）で、この導入も進みました。

　これらの取り組みが産業界全体に波及し、サプライチェーン全体の最適化を目指すサプライチェーン・マネジメント（SCM）と呼ばれています。

　SCMでは、需要予測・自動補充システムが最も重要視されており、小売業の販売・在庫データに基づいてサプライヤーが需要予測と自動補充を行うCRP（連続自動補充方式：Continuous Replenishment Program）や、小売業とサプライヤーが共同で需要予測を行うCPFR（共同需要予測：Collaborative Planning Forecasting and Replenishment）などがあります。

　また、インターネットを活用したWeb-EDIの導入も進んでおり、インターネット上の取引市場であるe-マーケットプレイス（GNX、WWRE、リテールリンクなど）も構築されつつあります。

5 マーチャンダイジング活動の加速化

今日のマーチャンダイジング活動は、EDIやWeb-EDIなどによって加速しており、小売業とサプライヤーはパートナーシップの関係へと進化しています。

サプライチェーンの構成

サプライチェーンとは、調達から販売までの一連のプロセスの「全体最適化」を目指す取り組みである

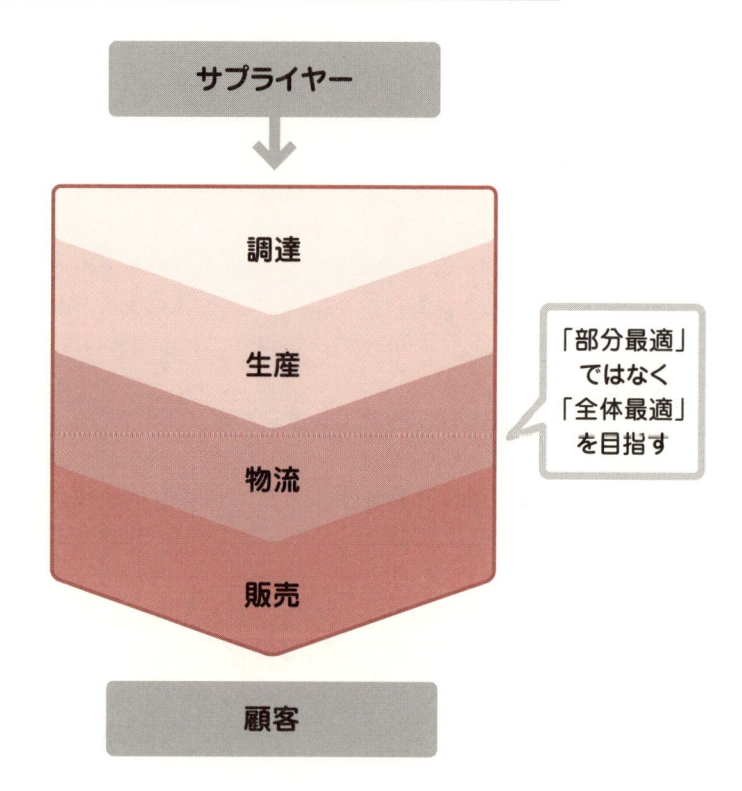

```
        サプライヤー
            ↓
          調達
          生産    →  「部分最適」ではなく
          物流        「全体最適」を目指す
          販売
            ↓
          顧客
```

QRの仕組み

【従来】

独自コード

A社 ←→ ✕ ←→ B社
商品コードが違うと認識しない

【QRを活用した場合】

A社 ←→ ○ ←→ B社
共通商品コードを使うと……

QR実践における5つの基本テクノロジー

- 商品コード（JANコードなど）
- 出荷ラベル（SCMラベルなど）
- ロールラベル
- QRコードセンター
- 標準電子データ交換

キーワード

☑ サプライチェーン　☑ POS　☑ EOS　☑ EDI　☑ JANコード　☑ QR
☑ サプライチェーン・マネジメント

第2章　マーチャンダイジング

Section 4

商品の評価とサービス

頻出度 C

> **重要ポイント**
> - ☑ 消費者は、商品をさまざまな角度から評価しており、その評価の視点は拡大している
> - ☑ サービスとは、プロのサービス技術によって成果が出ることが保証されており、対価が支払われるものを指す

1 消費者による商品の評価とその意義

消費者は、値段と品質を比較検討して商品を評価していますが、今日では、購入のしやすさや使用経費の安さ、廃棄のしやすさなどのコストも考慮に入れています。そして、品質とコストの差が大きいほど価値があると考えています。

2 評価対象の拡大

今日の消費者は、機能・性能などの1次品質だけでなく、生活や感性へのフィット感である2次品質や、社会的な意味を意識した3次品質までを商品評価の対象としています。

商品の品質3要素

- **1次品質** 基本機能
- **2次品質** 自分の生活 好みのフィット感
- **3次品質** 社会的評判・ブランド価値

3 商品評価の活用

今日の消費者による商品評価は、3次品質までを考慮した値段の妥当性と、探索から購入、使用、廃棄までを考えたコストとの差で行われていると考えることが重要です。

4 サービスとは何か

サービスとは、「不特定の消費者のための、専門性に裏づけられた、成果が保証された価値の提供」のことです。つまり、誰が頼んでも、プロのサービス技術によって成果が出ることが保証されているため、このプロの技術と品質保証に対して対価が支払われるもの、ということです。商品が「モノ」であるのに対し、サービスは「専門能力」であるとも考えられています。

プロのサービス技術

商品
プロの技術
＋
品質保証

対価が払われる

5 サービス商品の歴史

サービス商品の歴史は古く、初期は掃除などの単純労働の提供でしたが、次第に専門性をもつ医療、建築、理美容へと進化し、現在ではアミューズメント、レンタル、各種代理業、衣食住補助関連、娯楽、教養、ビジネスなどサービス商品は多岐にわたっています。

キーワード
☑商品　☑1次品質　☑2次品質　☑3次品質　☑プロのサービス技術　☑対価

Section 5

商品コンセプトの活用

頻出度 C

> **重要ポイント**
> ☑ 商品コンセプトとは、消費者から見てその商品の最も**メリット**のある部分を**的確**に表現したものである

1 商品コンセプトとは何か

商品コンセプトとは、「商品が消費者に与える**便益**（ベネフィット）、またはその商品がもつ意味を消費者の観点から表現したもの」です。例えば、口紅は、消費者から見れば「美しさへの"希望"」を買っていると考えられます。

2 商品コンセプトの構成と評価

商品コンセプトは、3つの軸で考えられます。それは、①**誰に**（標的顧客）、②**何を**（顧客ニーズ）、③**どのように**（顧客ニーズに対応する独自能力）という軸です。

3 商品コンセプトの具体的事例

商品のコンセプトを、具体的な商品事例をもとに理解しましょう。
- 深夜でも洗濯したいという独身OLや共稼ぎ主婦のニーズに、静かな音の洗濯機というコンセプトで応えた「静御前」
- 通勤サラリーマンに、蒸れないさわやかな靴下というコンセプトで応えた「通勤快足」

4 商品コンセプトの分類

商品コンセプトは、消費者のニーズによるものと、基礎的技術（シーズ）の利用によるものとがあります。
❶ **ニーズ対応**型…すでにある消費者ニーズに対応するもので、総合型、細分化型、拡大型、異コンセプト型などがあります。
❷ **シーズ展開**型…今までにない技術や材料から登場するもので、すべてのニー

ズを包含して統一する型、特定ニーズの目標を創造する型、細分化ニーズを創り出す型などがあります。

商品コンセプトを構成する3つの要素

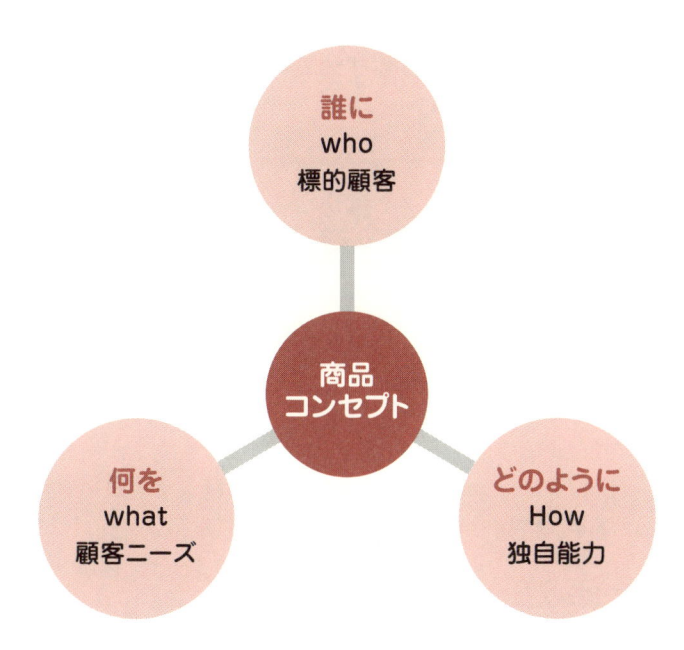

- 誰に who 標的顧客
- 何を what 顧客ニーズ
- どのように How 独自能力

中央：商品コンセプト

出典:「販売士検定試験2級ハンドブック」

キーワード

☑ 商品コンセプト　☑ 便益（ベネフィット）

Section 6 マーチャンダイジングに必要な情報

頻出度 C

重要ポイント
☑ マーチャンダイジングに必要な情報は、「商品情報」と「消費者情報」の2つに大別できる

1 商品情報・消費者情報・販売情報

マーチャンダイジングに必要な情報は「商品情報」と「消費者情報」であり、商品情報としては、①機能情報、②売上、市場情報、③使用、利用情報、④法的、制度的情報などがあります。消費者情報としては、自社顧客の年齢層、性別、購入履歴、好みだけでなく、見込み客の情報も含めて考えます。

商品情報や消費者情報に加えて、「販売情報」は、小売業が商品を販売する際の重要な判断材料になったり、消費者が商品を購入する際の有効なアドバイスになったりする情報です。

2 商品情報の収集と管理・活用方法

商品の4つの情報、①機能情報、②売上、市場情報、③使用、利用情報、④法的、制度的情報は、メーカー、顧客、専門雑誌、新聞、インターネットなどから常に収集し、最新にしておく必要があります。とくに法的、制度的な情報では業界ごとに知っておくべきポイントがあります。重要なポイントは以下のとおりです。

❶ **医薬品業界**…医薬品を研究開発、製造、販売、使用するには、薬事法、薬剤師法による規制があり、都道府県知事による許可が必要です。
❷ **化粧品業界**…化粧品を製造または輸入して販売するには、製造所および営業所ごとに厚生労働大臣の許可が必要です。
❸ **出版業界**…出版物を販売するときには、再販制度による価格規制があります。
❹ **ペット業界**…ペット(一部)の捕獲、売買、飼育にあたっては、「ワシントン条約」による希少野生動物の輸出入規制があります。
❺ **玩具業界**…玩具を販売するにあたっては、STマークによる安全規制、お

および製造物責任法(PL)法による表示基準があります。

マーチャンダイジングに必要な情報

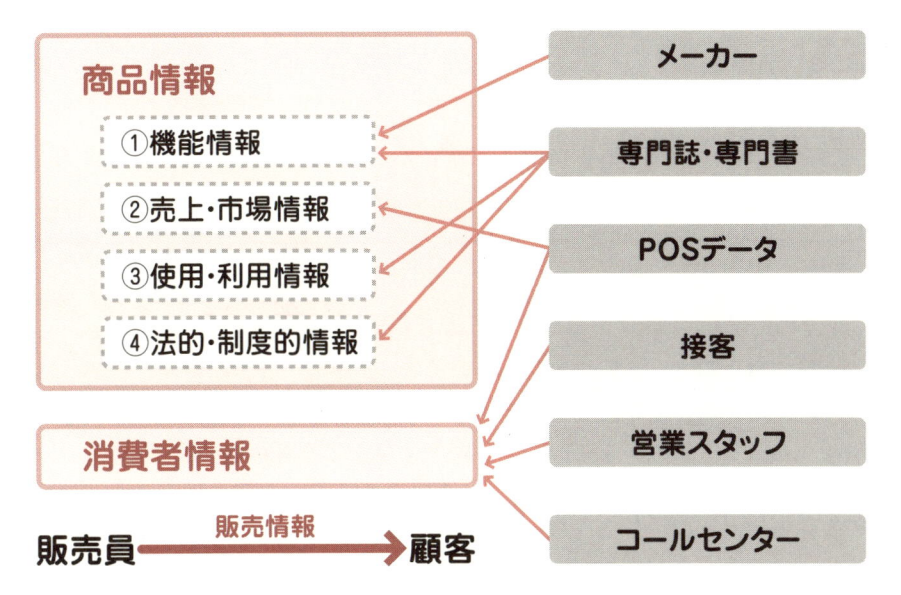

商品情報
① 機能情報
② 売上・市場情報
③ 使用・利用情報
④ 法的・制度的情報

消費者情報

販売員 —販売情報→ 顧客

- メーカー
- 専門誌・専門書
- POSデータ
- 接客
- 営業スタッフ
- コールセンター

出典:「販売士検定試験2級ハンドブック」

第2章 マーチャンダイジング

キーワード

☑ マーチャンダイジング　☑ 商品情報　☑ 消費者情報　☑ 販売情報

Section 7

仕入の役割と業務範囲

頻出度 B ★★☆

> **重要ポイント**
> ☑ 商品のさまざまな分類については、よく整理して覚えること
> ☑ 仕入担当者は、常に最適な仕入先、仕入方法を検討する必要がある

1 仕入担当者と企業組織上の位置づけ

　大規模小売業では、商品部門の仕入担当者が専門で仕入業務を行い、店舗では販売員が販売に専念しています。一方、中小小売業では、経営者や営業部長、売場主任などが販売だけでなく仕入も行っています。

　仕入担当者は、購買力を乱用して、仕入先から金品を受け取ったり、常識の範囲を超える接待を受けたり、仕入条件を無理強いしてはいけません。文書による契約を基本として、パートナーであることを忘れずに仕入先と接することが重要です。

2 取扱面からみた商品類型と仕入業務の対応

　仕入対象となる商品は、いくつかの視点で分類することができます。ここでは商品の代表的な3つの分類について学びます。

（1）取扱期間による商品分類

　取扱期間による商品分類の視点は、店舗に常に置く商品なのか、ある時期だけ置く商品なのかという視点での分類です。
❶ **定番**商品…売れ筋の把握、品切れの防止、売れ残りの防止などがポイントとなる商品
❷ **季節**商品…季節の商品切り替えのタイミングや需要予測がポイントとなる商品
❸ **流行**商品…流行の終息期の把握により、焦げ付き在庫を防止することがポイントとなる商品

❹ **臨時**商品…イベントなどで使用するため、タイミングのよい準備が必要となる商品

（２）商品政策による商品分類

商品政策による商品分類は、その商品の売上にどんなレベルの期待をしているかという視点での分類です。

❶ **重点**商品…販売の中核として、ディスプレイ場所や方法、POPによる演出が重要となる商品
❷ **主力**商品…売上、利益の基礎となる商品。定期的なディスプレイの変更でアピールする商品
❸ **補完**商品…特定の商品の付帯品として、常に在庫が必要な商品

（３）プロダクト・ライフサイクルからみた商品分類

商品が市場に投入されて売上が伸び、その後、競争などで衰退していく大きな流れをプロダクト・ライフサイクル（PLC）といいます。開発期から衰退期までそれぞれの段階に応じてやるべきことが違ってくるため、以下のような流れをつかむことが重要です。

❶ **開発期**商品…小売業としては開発情報を入手して準備することが重要となる商品
❷ **導入期**商品…認知度を高めるために、広告、POP、ディスプレイでアピールすることが必要な商品
❸ **成長期**商品…売上が伸びる時期なので、欠品による機会損失を防ぐことが重要な商品
❹ **成熟期**商品…値引き販売や、おまけつき販売で在庫処分する商品
❺ **衰退期**商品…店舗イメージの悪化になるため、タイミングをみて在庫処分で見切る商品

3 需要の価格弾力性

需要の価格弾力性とは、価格の変化に対して、売上（需要）がどれだけ増減するのかを示す指標です。例えば、価格弾力性が高い商品とは、価格を変更すると、売上もそれに合わせて変化するような商品のことをいいます。一般的にはブランド品は価格弾力性が高いといわれ、価格を下げると需要が増え、価格を上げると需要が減る傾向にあります。

逆に需要の価格弾力性が低い商品とは、価格を下げても売上が顕著に伸びないような商品をいいます。一般的には最寄品は価格弾力性が低いといわれ、価格を下げても沢山売れるようになるわけではなく、価格を上げても売上が急激に下がることもないという傾向があります。

プロダクト・ライフサイクルとその特性

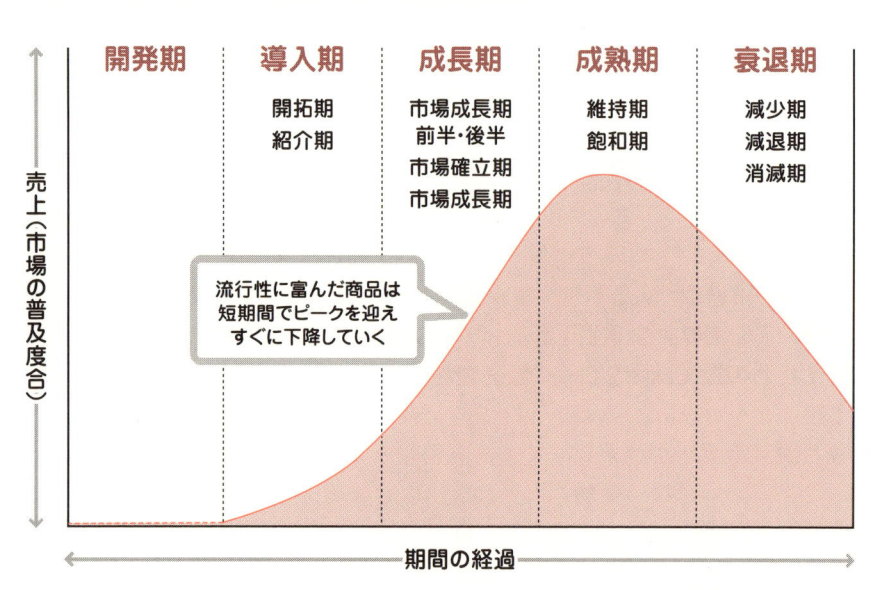

開発期	導入期	成長期	成熟期	衰退期
	開拓期 紹介期	市場成長期 前半・後半 市場確立期 市場成長期	維持期 飽和期	減少期 減退期 消滅期

売上（市場の普及度合）／期間の経過

流行性に富んだ商品は短期間でピークを迎えすぐに下降していく

出典:「販売士検定試験2級ハンドブック」

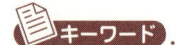

キーワード

☑定番商品　☑季節商品　☑流行商品　☑臨時商品　☑重点商品　☑主力商品　☑補完商品
☑プロダクト・ライフサイクル(PLC)　☑開発期商品　☑導入期商品　☑成長期商品　☑成熟期商品
☑衰退期商品　☑需要の価格弾力性

Section 8
仕入情報の種類と活用

頻出度 C

> **重要ポイント**
> ☑ 効果的な仕入を行うには、さまざまな情報を入手・分析することが重要である

1 さまざまな仕入情報

仕入に役立つ情報には、企業内部のマネジメント計画を前提とする情報や、顧客からの情報、仕入先からの情報などさまざまなものがあり、具体的には以下のようなものがあります。

❶ 経営管理者が経営環境を配慮して策定した営業政策や商品計画
❷ その月の販売計画や日々の販売情報
❸ その月の在庫計画および日々の在庫状況
❹ 来店客情報
❺ 未来店客情報
❻ メーカー情報
❼ 卸売業情報
❽ 一般的な小売環境の情報

❶〜❽の情報が、仕入活動のどの段階で関わるのか、P86の図で確認しましょう。

2 仕入のために留意すべき情報ソース

仕入情報の情報源は以下のようなものです。

❶ 仕入部門が蓄積している情報
❷ 在庫（または物流）部門が蓄積している情報
❸ 販売部門が蓄積している情報
❹ 調査部門が蓄積している情報
❺ サプライヤーが蓄積している情報

これらの情報のうち❶〜❹までは小売業内情報ですが、❺は小売業外情報

に分類されます。

仕入活動をめぐる外的・内的環境情報

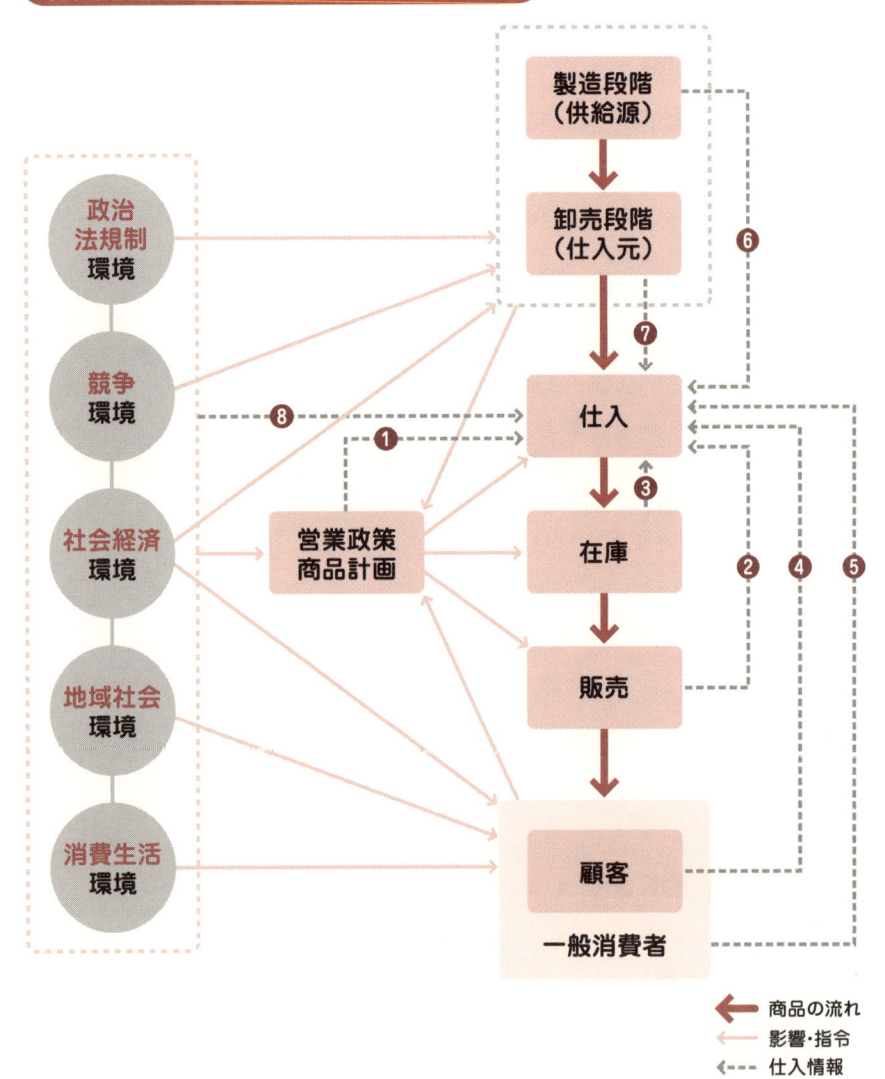

```
政治法規制環境
競争環境
社会経済環境
地域社会環境
消費生活環境

製造段階（供給源）
　↓
卸売段階（仕入元）
　↓ ❼
仕入 ❶ ❽
　↓ ❸
在庫 ❷ ❹ ❺
　↓
販売
　↓
顧客
一般消費者

❻
```

凡例：
- ← 商品の流れ
- ← 影響・指令
- ←--- 仕入情報

出典：「販売士検定試験2級ハンドブック」

📋 **キーワード**
☑ 仕入情報

Section 9 消費財の分類と再発注のポイント

頻出度 A

重要ポイント
☑ 最寄品と買回品は特性が違うため、仕入方法にも違いが出る

1 発注の視点

売れ筋商品の発見と、単品ごとの販売動向把握を心がけ、流行商品、定番商品それぞれのプロダクト・ライフサイクル（PLC）時期の把握により、タイミングよく、適量の発注を行います。

2 消費財の分類と仕入業務

最寄品、買回品、専門品ごとに、購買特性に合わせた仕入を心がけましょう。

3 最寄品の特性と再発注上の留意点

最寄品は、販売量の確保や拡大が重要であり、反復購買による品切れが出てしまうことを防止することが重要です。

4 ベーシック・ストック・リストによる最寄品の再発注管理

ベーシック・ストック・リストは、定番商品を品番発注するためのリストであり、品切れ防止のための適正在庫の確保がポイントです。

ベーシック・ストック・リストによる最寄品管理の例

品番・品名	価格		週あたり販売		リードタイム(週)		最大在庫		最小在庫		発注		発注点在庫量
	仕入原価	販売原価	計画数量	予算額	発注期間	納品期間	数量	金額	数量	金額	数量	金額	
123 S社 ヘアシャンプー	100	150	2	300	5	2	3	450	1	150	1	150	1
134 M社 さらさらヘアシャンプー	200	250	1	250	5	2	2	500	1	250	1	250	1
136 M社 しっとりヘアシャンプー													
165 S社 ヘアリンス													

出典：「販売士検定試験2級ハンドブック」

5 再発注メカニズムとOTB方式

経済的発注量(EOQ)は、発注費用と在庫費用が最小になる発注量であり、EOQを販売計画数量で割ると、再発注期間(週)が算出できます。販売計画数量に安全在庫数量などを加えた最大在庫数量から、すでに発注した数量や、再発注時の在庫を引いたものを再発注量とし、定番商品の再発注の目安量とするやり方をオープントゥバイコントロール(OTB)方式といいます。季節変動が大きい商品の再発注には向いていません。

6 買回品の特性と再発注をめぐる留意点

買回品には、季節性やファッション性が高い衣料品、趣味性の高いインテリアなどがあります。季節的なタイミングをはずすと、同等品を仕入れることができず、売れ残りは死に筋商品となっていくため、月初の計画在庫高の算定およびタイミングの良い販売が重要となります。

月初の計画在庫数の算定方式には、「百分率変異法」と「基準在庫法」の2種類があります。

❶ 百分率変異法(買回品中心)による月初計画在庫高の計算方法

$$月初計画在庫高 = \frac{売上高}{商品回転率(※)} \times \frac{1}{2}\left(1 + \frac{当該月の売上予算}{\frac{売上高}{12}}\right)$$

買回品には季節性が強く、売上が大きく変動するため、季節変動をそのまま考慮すると在庫への影響が大きすぎます。このため、季節変動による影響の大きさの半分(2分の1)を考慮して月初計画在庫高を決めます。

❷ 基準在庫法(最寄品中心)による月初計画在庫高の計算方法

$$月初計画在庫高 = \frac{売上高}{商品回転率(※)} + 当該月の売上予算 - \frac{売上高}{12}$$

最寄品は季節変動による影響が小さいため、影響をそのまま考慮して月初計画在庫高を決めます。

※商品回転率は、年間純売上高(売価)÷年間平均在庫高(売価)で求めます。

7 モデル・ストック・プランとそれによる仕入管理

モデル・ストック・プランは買回品の商品管理に使われます。定番商品のようにいつも同じものを仕入れることができないため、商品の性格(品種、スタイル、材質、柄、色調、サイズ、プライスライン)を示し、同等の商品を仕入れるための目安となっています。

モデル・ストック・プランによる買回品の管理例

モデル・ストック 平成×年4月度				部　門：#201 商品系列：ブラウス 品　番：#2013						作成者	
月初計画在庫 仕入価：6,500千円 小売価：20,000千円				平均売価値入率：38% 年間商品回転率：4.6回 年間売上高予算：40,000千円						当月売上高予算：5,000千円 年間商品回転率：6.3回 基　準　在　庫：5,000千円	
型	色　調		プライス・ライン	サ	イ		ズ		計	備　　考	
				LL	L	M	S				
タイプA 40% 4,000千円	ベージュ系 25% 1,000千円		4,800円 30% 300千円 62.5	10% 30千円 6	30% 90千円 19	40% 120千円 25	20% 60千円 13		100% 300千円 63	無地、柄もの、チェック・縞の割合をほぼ25:45:30とする。 コットン、合繊の割合をそれぞれ35%、40%。他をシルクその他とする。 合計点数:160	
			6,500円 40% 400千円 61.5	10% 40千円 6	30% 120千円 18	40% 160千円 25	20% 80千円 12		100% 400千円 61		
			8,500円 30% 300千円 35	10% 30千円 4	30% 90千円 11	40% 120千円 14	20% 60千円 7		100% 300千円 36		
	ホワイト系										

出典:「販売士検定試験2級ハンドブック」

8 プロダクト・ライフサイクルと再発注をめぐる留意点

商品がプロダクト・ライフサイクルの各ステージのどこにあるのかを把握して、再発注を検討することは重要です。とくに流行品は、成熟期から衰退期にかけて値引きなどによる売り切りを行い、再発注しないようにすることで死に筋商品を減少させることができます。

9 仕入と仕入先のチェックポイント

買回品では、品質がよく、流行に敏感で、タイミングよく適量を仕入れることができる力のある仕入先を選ぶのがコツです。経営面の安全度も確認しましょう。最寄品では、より安定した商品供給が可能な仕入先を選定すること、専門品では、高い情報収集能力と、仕入のセンスを持つ企業と付き合うこと、がそれぞれ重要です。

📄 キーワード

☑ プロダクト・ライフサイクル(PLC)　☑ ベーシック・ストック・リスト
☑ オープントゥバイコントロール(OTB)方式　☑ モデル・ストック・プラン

Section 10

商品計画の立案

頻出度 A

> **重要ポイント**
> ☑ 商品計画は、消費者の視点での役割を商品カテゴリーごとに考えてから単品へ落とし込むようにする

1 商品計画上の留意点

今日の小売業では、消費者の視点に立って、各商品カテゴリーがどのような役割を消費者に対して果たしているのかを考え、また店舗にとってどのくらいの重要度があるのかという位置づけも考えて商品計画を立てることが必要です。

例えば、消費者にとってのある商品の役割は、「日々の食卓を楽しくするカテゴリー」であり、店にとっては「売上の重点である」というように整理していきます。

2 商品計画の立案における要件の整理

商品カテゴリーごとに、過去の実績と、現況の把握、将来への環境変化予測を前提にした予測などから、目標(売上、粗利益、在庫高、仕入高)などを設定し、実行手段(仕入先企業、店内ロケーション、導入期・繁忙期・処分期、プロモーション、ディスプレイの決定)を決定します。実施後は、結果を分析し、次回に活かす調整を行います。

3 戦略的商品計画の展開

戦略的商品計画のポイントは以下のとおりです。

❶ キャッシュフロー経営のため、交叉比率(一定の在庫から何倍の粗利益高を稼いだか判断する指標)の高い商品を優先した品ぞろえを検討する

交叉比率(％)＝粗利益率×商品回転率＝粗利益高÷平均在庫高

❷ 客単価を引き上げるプロモーションの徹底

❸ 新商品を積極的に販売する
❹ 商品を格付けし、ディスプレイに活かす

4 商品計画の作成

　商品をカテゴリーごとに分け、さらに商品の性格ごとに商品群を分けます。そしてカテゴリー内の売上構成比、売上高、粗利益率、粗利益高、差異分析などの分析表を前年データを元に作成し、昨年と異なるトレンドの場合は、最終結果が目標どおりになるよう計画を調整します。

5 単品計画への落とし込みと留意点

　カテゴリーごとに売上、粗利益高、在庫高を決定し、それをベースに各単品への計画に落としこみます。

商品カテゴリーごとの商品計画作成のプロセス

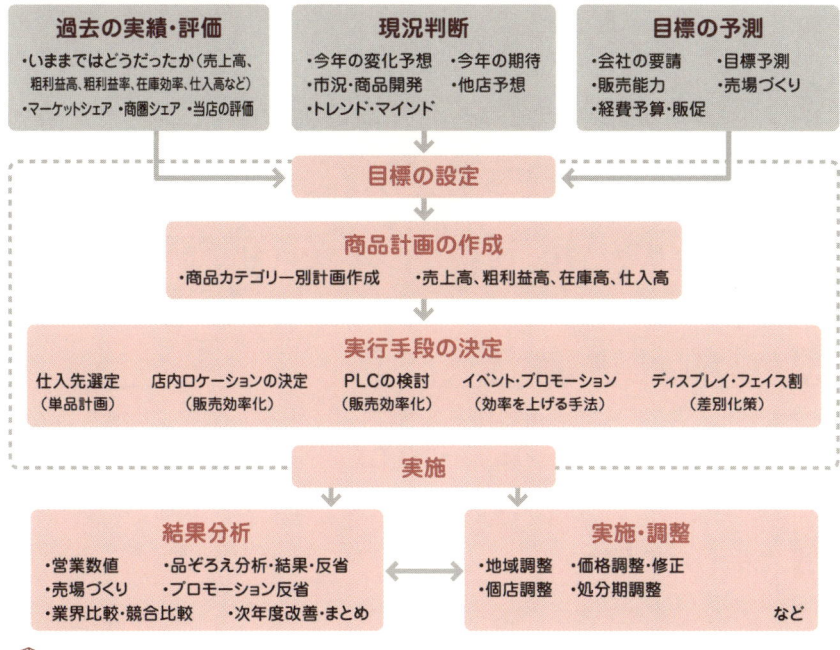

過去の実績・評価
・いままではどうだったか（売上高、粗利益高、粗利益率、在庫効率、仕入高など）
・マーケットシェア・商圏シェア・当店の評価

現況判断
・今年の変化予想　・今年の期待
・市況・商品開発　・他店予想
・トレンド・マインド

目標の予測
・会社の要請　・目標予測
・販売能力　・売場づくり
・経費予算・販促

↓

目標の設定

↓

商品計画の作成
・商品カテゴリー別計画作成　・売上高、粗利益高、在庫高、仕入高

↓

実行手段の決定

| 仕入先選定 | 店内ロケーションの決定 | PLCの検討 | イベント・プロモーション | ディスプレイ・フェイス割 |
| (単品計画) | (販売効率化) | (販売効率化) | (効率を上げる手法) | (差別化策) |

↓

実施

↓

結果分析
・営業数値　・品ぞろえ分析・結果・反省
・売場づくり　・プロモーション反省
・業界比較・競合比較　・次年度改善・まとめ

⇔

実施・調整
・地域調整　・価格調整・修正
・個店調整　・処分期調整
など

出典：「販売士検定試験2級ハンドブック」

キーワード

☑ 商品カテゴリー　☑ 交叉比率

Section 11
商品カテゴリー構成と品目ミックス

頻出度 B ★★★

重要ポイント
- ☑ 商品構成は、**グループ**から**SKU**まで段階的に決定していくようにする
- ☑ 最近では**生活**（シーン）**体系別**商品分類の方がより顧客が比較しやすく購買しやすいとされ、注目されている

1 商品構成の原則

仕入れる商品を売りやすいように分類するときは、金額単位ではなく、**パーセンテージ**で商品構成を考えることが重要です。手順としては、①商品カテゴリーごとにひとつのカテゴリーを100とした場合に、②カテゴリー内の商品構成をパーセンテージで計画し、③商品構成計画を数量ベースで作成したうえで最後に金額を記入します。

2 商品選定

商品選定の基準には、①**ニーズ適合**性、②**販売期待**性、③**利益期待**性などがあります。

3 個店対応の商品選定

チェーンストアでも最終的に顧客に選ばれるのは個店です。地域ニーズに的確に対応しつつ、チェーンとしてのバイイングパワーも活かせるバランスのよい商品計画と、仕入能力が求められています。

4 商品分類の概念

商品分類は、大きいほうからグループ、デパートメント、ライン、クラス、サブクラス、アイテム、SKUとなっており、この順番で店舗スペースや棚割が決められていきます。最近では、クラスやサブクラスの分類の仕方は、より消費者サイドの視点で行うことが主流となってきています。

❶ **グループ**…最も大きく区分した商品単位
❷ **デパートメント**(**部門**)…グループを生活シーンで分類したもの
❸ **ライン**(**中分類**)…デパートメントをさらに分類したもの
❹ **クラス**(**小分類**)…ラインを顧客が選別しやすいように分類したもの
❺ **サブクラス**…クラスの中で共通化できるものをさらに分類したもの
❻ **アイテム**(**品目**)…価格帯やブランドで共通分類したもの
❼ **SKU**(**最小単位：Stock Keeping Unit**)…顧客が買い求めるこれ以上分類できない単品

商品分類の基準

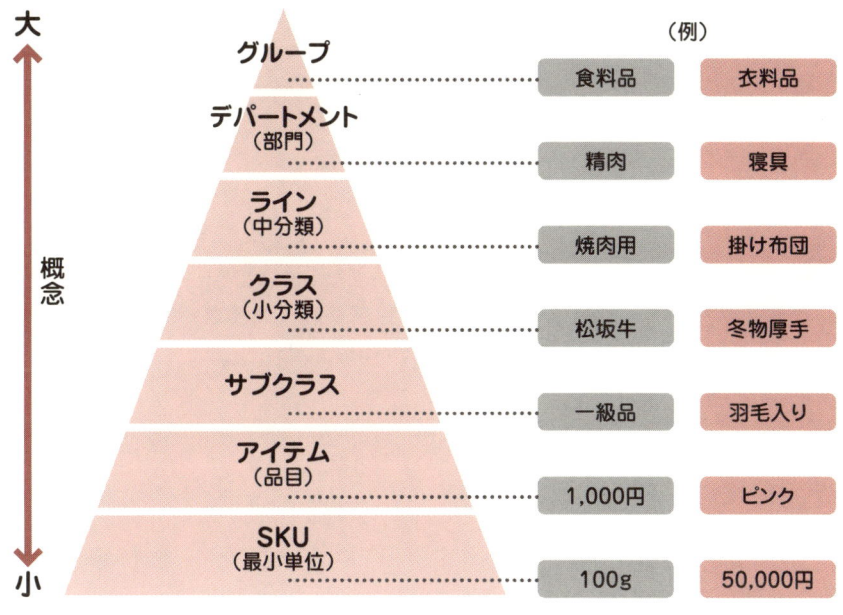

概念（大→小）	（例）	（例）
グループ	食料品	衣料品
デパートメント（部門）	精肉	寝具
ライン（中分類）	焼肉用	掛け布団
クラス（小分類）	松坂牛	冬物厚手
サブクラス	一級品	羽毛入り
アイテム（品目）	1,000円	ピンク
SKU（最小単位）	100g	50,000円

出典：「販売士検定試験2級ハンドブック」

5 商品構成における商品分類の方法

商品分類の基準は、メーカー別やブランド別などの生産（ブランド）体系別分類が使われてきましたが、最近では生活（シーン）体系別商品分類の方がより顧客が比較しやすく、購買しやすいとして注目されています。

6 商品カテゴリー構成と品目構成

例えばドラッグストアでは、「ヘアケア」という大分類がありますが、中分類に落とし込むと「シャンプー」、「リンス」、「コンディショナー」となり、さらにシャンプーの小分類は、「ダメージ用」、「敏感肌用」、「サラサラヘア用」などとなっていきます。小分類からさらに単品の品目構成に落とし込んで、メーカー名、商品ブランド名、容量、価格帯などで在庫数までを決定していきます。

7 主力カテゴリーと補完カテゴリーの役割

主力カテゴリーは深い品目構成にし、補完カテゴリーは浅い品目構成にしてメリハリをつけます。

8 主力品目と補完品目の役割

各カテゴリー内の品目構成でも売れ筋や積極販売商品は多めに、補完商品は少なめにします。主力品目と補完品目が担う役割は、比較して購買できる選択の幅を広げることです。

生産（ブランド）体系別　商品分類の例

商品カテゴリー構成			品目構成
大分類	中分類	小分類	品目
メーカー別	ブランド別	用途別	
Aメーカー	Aメーカー aブランド	aブランド ヘアシャンプー	500mlボトル
		aブランド ヘアリンス	1,000mlボトル
		aブランド ボディシャンプー	詰め替え用
	⋮	⋮	
	Aメーカー eブランド		
Bメーカー	Bメーカー fブランド	fブランド ヘアシャンプー	500mlボトル
		fブランド ヘアリンス	1,000mlボトル
		fブランド ボディシャンプー	詰め替え用
	⋮	⋮	
	Bメーカー jブランド		

出典：「販売士検定試験2級ハンドブック」

生活（シーン）体系別　商品分類の例

商品カテゴリー構成			品目構成
大分類	中分類	小分類	品目
メーカー別	ブランド別	用途別	
ヘアケア	ヘアシャンプー	サラサラな髪に ぬれた感じの髪に ストレートな髪に ウェーブをかけた髪に ふけとり用 ⋮	Aメーカーaブランド 500mlボトル
	ヘアリンス		Aメーカーaブランド 1,000mlボトル
	コンディショナー		Aメーカーaブランド 詰め替え用
	⋮		Bメーカーbブランド 500mlボトル
ボディケア	ボディーシャンプー		Bメーカーbブランド 1,000mlボトル
⋮			Bメーカーbブランド 詰め替え用
			⋮

出典：「販売士検定試験2級ハンドブック」

📝 **キーワード**

☑ グループ　☑ デパートメント　☑ ライン　☑ クラス　☑ サブクラス　☑ アイテム　☑ SKU
☑ 商品カテゴリー構成　☑ 品目構成

Section 12

棚割システムの活用方法

頻出度 A

🌸 重要ポイント

☑ 棚割の巧拙が利益に直結するため、小売業者はプラノグラム（棚割システム）などを利用してコンピュータで最適配分を検討する

1 スロット構成（カテゴリー別棚割）

棚割とは、一定のゴンドラスペース（同一カテゴリー）において、顧客が買い求めやすいように商品を用途や機能別などのテーマ設定によって分類、整理し、より多くの利益を獲得するために効果的な組み合わせにする小売マネジメント手法のことです。重要な定番商品や新商品を、顧客の視点から選びやすく棚割することにより売上と利益も向上するため、棚割は重要です。

基本的な棚割のプロセスは、以下のようになります。

基本的な棚割のプロセス

❶ 売場レイアウトの決定 ▶ ❷ ディスプレイ・ロケーションの決定 ▶ ❸ ディスプレイ方法およびプレゼンテーション方法の決定 ▶ ❹ ライン・クラス・アイテムへと商品構成基準の細分化 ▶ ❺ 商品の品ぞろえ（組み合わせ） ▶ ❻ ディスプレイの実施

出典：「販売士検定試験2級ハンドブック」

2 棚割の方法

最近ではパソコンを活用して、最大収益となる棚割をシュミレーションする「**プラノグラム**」(棚割システム)が活用されています。

3 棚割の管理

品目ごとの売上に応じて**フェイス**数(商品陳列の最前面)の調整を行います。これを**フェイシング**といいます。棚割は、最大収益を目指して計画化されるため、補充のときに決められた商品以外のあり合わせの商品で埋めてはいけません。

単品管理が徹底されているコンビニエンスストアでは、まず商品カテゴリーごとにゴンドラ数や配置を決めるゾーニング(P207参照)を行います。ゴンドラごとの棚割も、売れ筋、死に筋商品の情報と関連商品の購買を考慮して決定します。

棚割の基本と手順

ゾーニング 商品カテゴリー間の関連性を考慮
(同時購買の促進)

↓

フェイシング 売れ筋商品や新商品は目立つ位置に広く
(売れ数比例式)

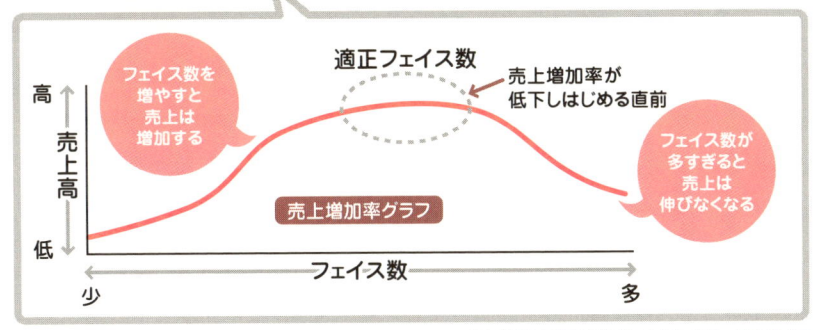

- フェイス数を増やすと売上は増加する
- 適正フェイス数：売上増加率が低下しはじめる直前
- フェイス数が多すぎると売上は伸びなくなる

売上増加率グラフ（縦軸：売上高 低〜高、横軸：フェイス数 少〜多）

出典:「販売士検定試験2級ハンドブック」を一部加筆・修正

キーワード
☑棚割　☑プラノグラム　☑フェイス　☑フェイシング

Section 13

価格設定の方法

頻出度 A

> 🌸 **重要ポイント**
> ☑ 売価設定の方法やプライスゾーン、プライスライン、値入の方法を理解すること
> ☑ 価格設定は売上に直接関連する重要事項である

1 売価政策

売価設定の代表的な方法には以下のようなものがあります。
1. **コストプラス法**…原価を基準にマージンをプラスして価格を決定します。
2. **ターゲット・プロフィット法**…目標利益を決めておき、目標利益が得られるように価格を決定します。
3. **パーシーブド・バリュー法**…買い手の得られる価値を基準として価格を決定します。
4. **ゴーイング・レイト法**…競合他社の価格に合わせて自社の価格を決定します。
5. **シールド・ビッド法**…入札のように、競争業者が価格を文書で提示し、最も低いところに決めます。

また、価格の決め方としては、メーカーから価格を指示される場合や、初回値入率計算で決まる場合、新商品のため高値入率に設定する場合、もあります。顧客が価格に関してどのくらい知識があるかによっても販売価格を決定できる自由度が変わってきます。

2 プライスゾーンとプライスラインの設定方法

プライスゾーンとは、大まかな価格の幅のことで、超高価格帯(特別価格帯)、高価格帯、中価格帯、低価格帯に分けられます。**プライスライン**は、プライスゾーンの中をさらにいくつかに分けるもので、このプライスゾーンやプライスラインの決定により、店の性格(対象とする顧客像も含む)を明確にすることができ、仕入上での枠組みをつくることができます。

3 プライスライン（価格線）政策

プライスライニング（プライスゾーンをプライスラインで分けること）により、顧客は同一プライスライン上での商品比較が容易になります。また、店側としては在庫管理や値下げが容易になります。

価格設定の考え方

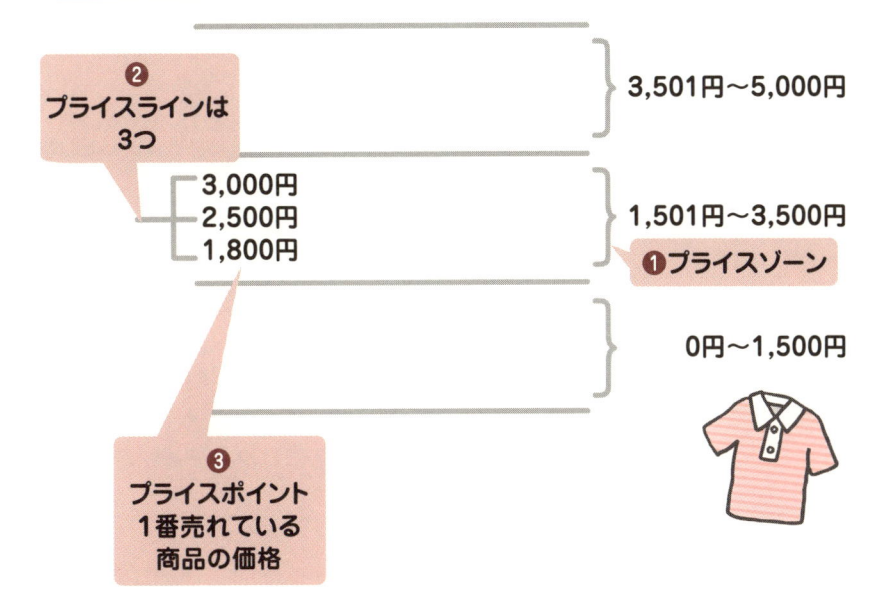

❷ プライスラインは3つ

- 3,501円～5,000円
- 3,000円 / 2,500円 / 1,800円 ： 1,501円～3,500円　❶ プライスゾーン
- 0円～1,500円

❸ プライスポイント　1番売れている商品の価格

4 値入額

値入額には、売価を100として、その何パーセントを値入額にするかという「**売価値入率**」と、原価を100として、その上に何パーセント値入額を積み上げるかという「**原価値入率**」の2つの考え方があります。

$$売価値入率(\%) = 値入額 ÷ 売価 × 100$$

$$原価値入率(\%) = 値入額 ÷ 原価 × 100$$

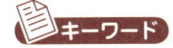

キーワード

☑ プライスゾーン　☑ プライスライン　☑ 売価値入率　☑ 原価値入率

Section 14

棚卸と在庫管理の重要性

頻出度 B

🌸 重要ポイント

☑ 在庫管理は、**利益管理**や**キャッシュフロー**とも関連があるため重要である

1 棚卸の目的

棚卸は、伝票ベースの在庫と実際の在庫をすり合わせることにより、**品減り額**（差異）を発見することが目的です。この品減り額には、万引きや不正によるもの、単純ミスによるものなどがありますが、原因を確認して修正していくことが最終的に**利益**確保につながります。

会計的には仕入れた商品在庫を資産計上し、帳簿上で棚卸資産を管理する**継続棚卸法**と、商品在庫は仕入費用として金額管理を行い、期末に現品棚卸として棚卸資産を管理する**現品棚卸法**があります。日々の在庫の把握には継続棚卸法が活用しやすく、期末の正確な在庫の把握には現品棚卸法が役に立ちます。両方を組み合わせることもあります。

2 棚卸の実施計画

一時的にすべての商品の動きを止める必要があるため、あらかじめ棚卸日程を確定し、人員計画や作業割当て、作業工程などを組んでおきます。実施する際は、棚卸をする人への棚卸方法の教育を徹底し、経験者と未経験者を組み合わせたチーム（2名1組）で作業を行います。

3 過剰在庫の問題点

過剰在庫は**キャッシュフロー**を悪化させるとともに、死に筋商品につながります。利益を圧迫するだけでなく、商品ロスにもつながります。

4 個店対応と在庫削減の因果関係

チェーン店においても、各店舗の従業員がつかんでいる消費者ニーズ情報

を本部に反映する仕組みをつくることで、地域ニーズにも対応することができ、ひいては在庫の削減にもつながります。

5 在庫の削減方法

在庫を適正量(適正在庫)に保つには、商圏の変化にあわせて売れ筋商品を中心に、販売機会を喪失しないように在庫することが重要です。商品回転率が低い商品を排除し、商品ごとに最小在庫、最大在庫を設定すると、過剰在庫を防ぐことができ、結果的に在庫の削減につながります。

品減り額の原因と対策

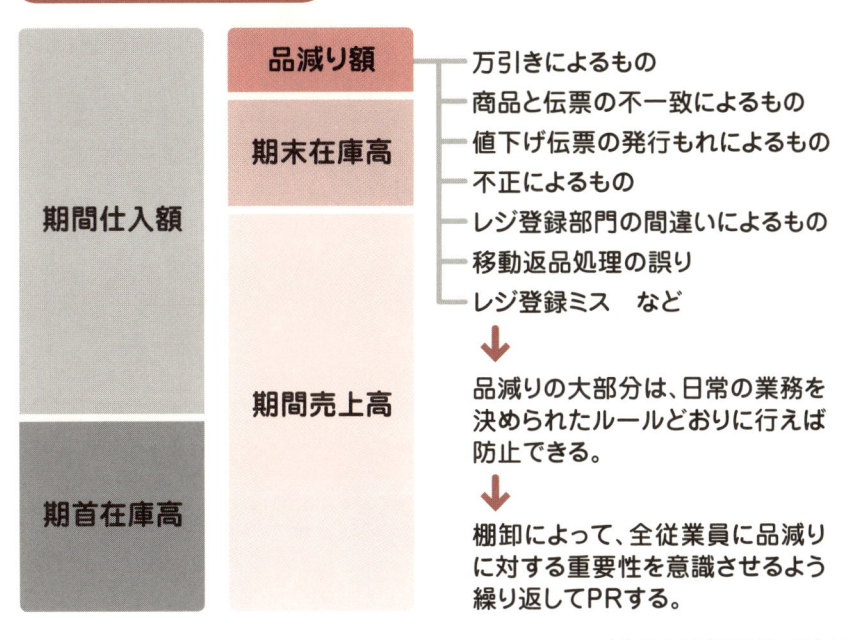

期間仕入額	品減り額	― 万引きによるもの
	期末在庫高	― 商品と伝票の不一致によるもの
		― 値下げ伝票の発行もれによるもの
		― 不正によるもの
	期間売上高	― レジ登録部門の間違いによるもの
		― 移動返品処理の誤り
		― レジ登録ミス　など
期首在庫高		

↓

品減りの大部分は、日常の業務を決められたルールどおりに行えば防止できる。

↓

棚卸によって、全従業員に品減りに対する重要性を意識させるよう繰り返してPRする。

出典:「販売士検定試験2級ハンドブック」

第2章 マーチャンダイジング

キーワード

☑棚卸　☑適正在庫　☑品減り額　☑継続棚卸法　☑現品棚卸法

Section 15

商品管理の方法と商品回転率

頻出度 A

重要ポイント

- ☑ 狭義の商品管理は、商品在庫計画と管理を指す
- ☑ 商品回転率は、商品に対する投下資本の回収状況を見る指標である
- ☑ 商品回転率の計算や、単品管理の必要性について理解すること

1 商品管理の定義と内容

　アメリカ・マーケティング協会（AMA）の定義によると、「商品管理とは、商品の仕入、販売、在庫、価格などの統計資料の収集・分析を意味するもの」と規定しています。これは狭義のものであり、広義の商品管理は、マーチャンダイジングの一部としてとらえられます。つまり、「小売業の主要顧客層のニーズと小売業の財務戦略の要件との間のバランスを維持するための商品在庫計画と管理」と考えられます。

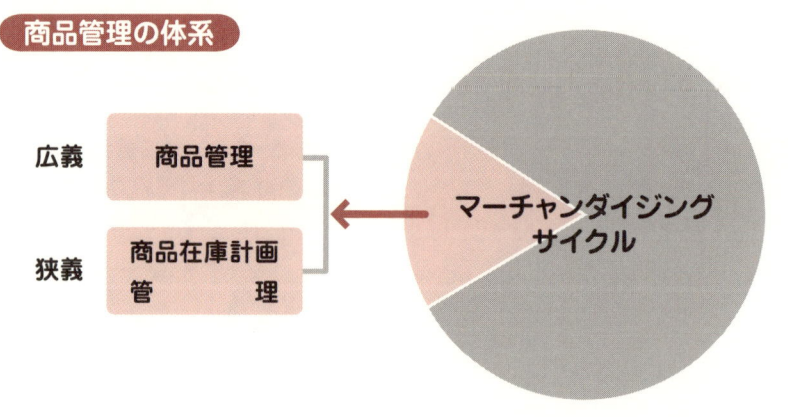

商品管理の体系

広義	商品管理	← マーチャンダイジングサイクル
狭義	商品在庫計画 管理	

出典：「販売士検定試験2級ハンドブック」

2 単品管理の必要性

単品ごとに売上データを収集し、過去の売上と比較して変化があれば、「なぜそうなっているのか」という仮説を設定します。そしてその仮説に基づく実践により、本質を探索します。この活動の繰り返しにより、より効率の高い品ぞろえができるようになります。

3 死に筋商品の取り扱い

死に筋商品は、キャッシュフローの悪化、売場スペースの非効率化などにつながります。死に筋商品は単品管理によって発見するとともに思い切った値下げや廃棄で処分すべきです。

4 商品回転率

商品回転率は、通常1年間を目安として、手持ち在庫が平均何回販売されたのかを示す比率です。別の言い方をすれば、商品に投下した資本を売上の中で何回回収しているのかを示す指標でもあります。商品回転率の代表的な計算方法は以下のとおりです。

❶ 売価で求める方法…商品回転率＝売上高÷平均在庫高（売価）
❷ 原価で求める方法…商品回転率＝売上原価÷平均在庫高（原価）
❸ 数量で求める方法…商品回転率＝売上数量÷平均在庫数量

平均在庫高の計算は、（期首棚卸高＋期末棚卸高）÷2 または（期首棚卸高＋中間棚卸高＋期末棚卸高）÷3で求めるのが一般的です。商品回転率を高めるには、売上を上げるか、平均在庫高を下げるかします。

キーワード
☑ アメリカ・マーケティング協会　☑ 商品回転率　☑ 平均在庫高　☑ 単品管理

Section 16 販売管理の意義とその基本的内容

頻出度 B

重要ポイント

- ☑ 今日の販売管理では、自社の戦略や目標に基づいて商品分野（カテゴリー）を設定し、商品を管理していく「カテゴリーマネジメント」が注目されている
- ☑ 今日の販売管理は、マーケティング活動全般の管理を指す

1 販売管理の今日的役割

　販売管理は今日ではマーケティング管理として広く捉えられています。マーケティング管理とは、「市場調査、商品計画、販売促進、販売経路などのマーケティング活動を計画、指揮、統制するとともに、これらの諸活動を結び合わせた戦略です。そして販売員管理も含む」と考えられています。

2 小売業の販売管理と基本的事項

　小売業の販売管理には、「販売分析」、「販売計画」、「販売活動の管理」があります。

❶ 販売分析…社内外の資料から、販売活動の実態や傾向を分析し、業績見通しを考える管理活動のことです。

❷ 販売計画…実際に販売した商品を種類別売上や原価ベース実績で把握し、経営目標との差異を分析しつつ、よりよい経営成績につながるような改善を加えていく管理活動のことです。

❸ 販売活動の管理…計画に沿ったプロモーション活動や販売活動が実際に行われているのかを確認し、業績面で計画どおりにいかない場合には、修正して次の手を打っていくような管理のことです。

3 カテゴリー別販売管理方法

　今日の販売管理では、商品群を顧客ニーズの観点からくくってカテゴリーをつくり、カテゴリーごとでの戦略を考え、実行していくという「カテゴリー

マネジメント」が注目されています。カテゴリーマネジメントの取り組み手順は以下のとおりです。

カテゴリーマネジメントの手順

❶ メインターゲットの設定 ▶ ❷ カテゴリーの定義と顧客ニーズに対する役割の設定 ▶ ❸ 購買促進企画の作成 ▶ ❹ サプライヤーと主要メーカーとのパートナーリング（情報提供、棚割の共同企画） ▶ ❺ 業績の評価・分析

キーワード

☑ 販売管理　☑ カテゴリーマネジメント

Section 17 予算管理と利益計画

頻出度 B

重要ポイント
- ☑ 予算策定のプロセスや、利益管理の考え方について理解すること
- ☑ 予算とは、最終的な目標利益を上げるための実行計画を具体的な数字にしたものである

1 予算管理

　予算とは、企業の経営目標を貨幣価値にして具体化したものです。最終的には全体売上、部門売上、全体費用、部門費用などの項目となって、企業活動の行動指針となります。最終的な目標利益を上げるための実行計画を具体的な数字にしたものといえます。

　予算管理とは、将来の目標を達成するための目標利益を得るための計画と実行管理のことです。損益分岐点や、利益計画を元に編成され、毎日実績と予算計画の差異を解消するための工夫を重ねていきます。

　予算を重視しすぎると、売上目標達成後はもうあまりがんばらない、チャンスがあっても経費予算を超えるのでやらないなどの弊害が出ます。

2 予算編成と予算統制

　最終的には、総合予算として「見積損益計算書」と「見積貸借対照表」が作成されます。この前段階で経常的に繰り返されるビジネスオペレーションのための「経常予算」と、長期的な成長のための投資（研究開発、設備、企業投資など）である「資本予算」に分けて予算が作成されます。

　経常予算はさらに「損益予算」と「資金予算」に分けてつくられ、損益予算は、部門ごとの目標損益を達成できるように設定し、資金予算は現金の資金繰りの安全度を確保するよう設定されます。

　予算の決め方としては、トップダウン型、ボトムアップ型、折衷方式などがありますが、最近ではトップダウンに近い折衷型が採用されるケースが多

くなっています。

3 利益計画

利益計画とは、目標利益を達成するための利益管理の手法を使って現実的に利益を生み出すための実行計画のことです。

予定売上高から目標利益を引いたものが許容費用であり、許容費用のなかで予定売上高を上げるための工夫をすることで、目標利益が達成できます。

この利益管理には、損益分岐点分析が有効であり、詳しくはP108で解説します。

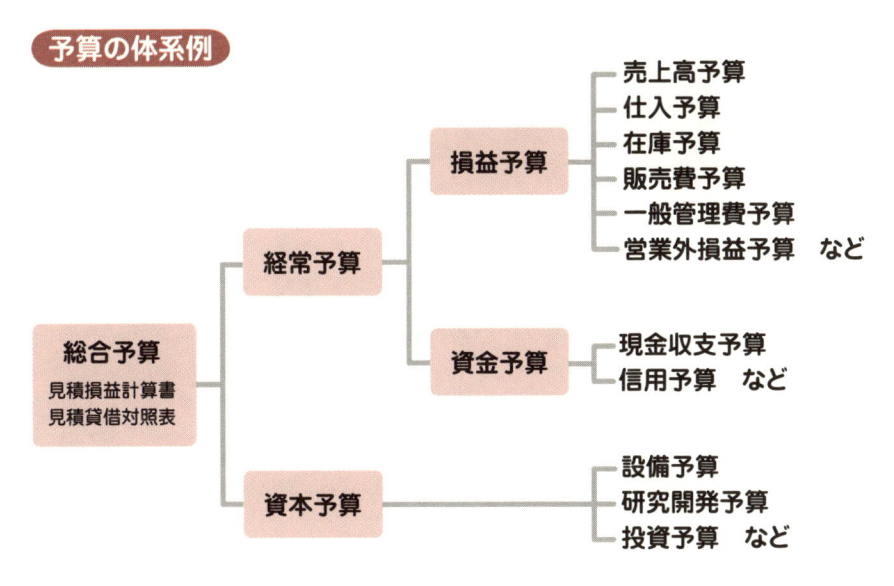

予算の体系例

```
総合予算              ┌─ 損益予算 ─┬─ 売上高予算
見積損益計算書        │            ├─ 仕入予算
見積貸借対照表 ─┬─ 経常予算 ─┤            ├─ 在庫予算
                │            │            ├─ 販売費予算
                │            │            ├─ 一般管理費予算
                │            │            └─ 営業外損益予算 など
                │            │
                │            └─ 資金予算 ─┬─ 現金収支予算
                │                          └─ 信用予算 など
                │
                └─ 資本予算 ─┬─ 設備予算
                              ├─ 研究開発予算
                              └─ 投資予算 など
```

出典:「販売士検定試験2級ハンドブック」

キーワード

☑ 予算管理　☑ 利益計画

Section 18

損益分岐点の計算方式

頻出度 A ★★★

重要ポイント

☑ 損益分岐点は、目標利益を上げていくために、どれだけの売上高を達成しなければならないかを計算する手法である

1 損益分岐点の考え方

損益構造の変化は、売上高の増減による影響よりも、費用の増減によってより大きく影響します。この費用を、「固定費」と「変動費」に区分します。固定費は、売上高の増減に関係なく支出される費用をいい、変動費は、売上高の増減に比例して変化する費用をいいます。

例えば、売上高が発生すると売上に比例した変動費が支出されますが、この売上高と変動費の差額(限界利益という)が、固定費より少ない場合は損失、固定費と同額の場合は損益ゼロ、固定費より多い場合には利益になる関係にあります。

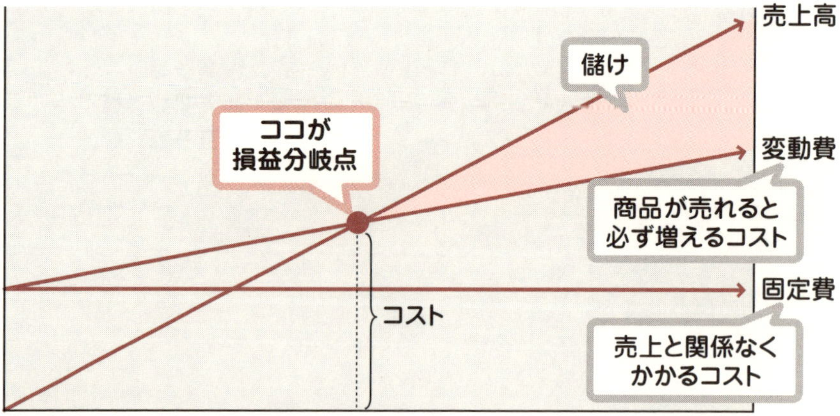
売上高
儲け
ココが
損益分岐点
変動費
商品が売れると
必ず増えるコスト
固定費
コスト
売上と関係なく
かかるコスト

2 損益分岐点の計算式

損益分岐点は、次の計算式(公式)によって計算されます。

❶ 損益分岐点売上高

例えば固定費490円、変動費300円で売上が1,000円のとき、変動費÷売上高は30%となり、1から30%を引くと70%が固定費の配分比率となります。固定費の金額が490円なので、これを固定費の配分比率である70%で割ると700円となります。利益というのは、売上が変動費と固定費の合計を超えたところから発生しますので、この会社は売上が700円を超えたところから利益が出る会社だということが計算で算出できます。

$$損益分岐点売上高（円）＝固定費÷\{1－（変動費÷売上高）\}$$

❷ 損益分岐点比率

損益分岐点比率は利益が出はじめるポイントである損益分岐点が、売上の何パーセントであるかを算出するもので、①の例でいえば、700円が損益分岐点売上高で、1,000円が実績売上だとすれば、売上を100としたときその売上の70%を超えたところから利益が出るということです。つまり損益分岐点比率は70%ということです。

$$損益分岐点比率（\%）＝（損益分岐点売上高÷実績売上高）×100$$

❸ 限界利益

限界利益とは、売上から変動費を引いた金額のことで、つまり売上のうち固定費をまかなうのに配分できる額のことです。①の例でいえば、売上が1,000円で変動費が300円ですから、700円が限界利益となります。

$$限界利益（円）＝売上高－変動費$$

❹ 限界利益率

限界利益率とは、売上を100としたときに固定費をまかなうのに何パーセントまで配分できるかという率のことです。①の例でいえば、売上に対する変動費の割合が30%（300÷100）ですので、1から30%を引いた70%が固定費をまかなうのに使える費用の割合、つまり限界利益率です。

$$限界利益率（\%）＝\{1－（変動費÷売上高）\}×100$$

📝 **キーワード**

☑損益分岐点　☑固定費　☑変動費　☑限界利益

Section 19

POSシステムの活用方法

頻出度 A

重要ポイント

- ☑ POSは**単品管理**の前提となる情報を与えてくれるシステムである
- ☑ POSとは**購買時点情報管理**のことで、購買時点での情報を管理するものである
- ☑ POSデータを前提とした**ABC**分析は、**死に筋**商品の排除や売れ筋商品のさらなる成長に役立つ

1 POSシステムの情報と効果

POSシステムからは、①商品情報、②顧客・客層情報、③販促情報、④従業員情報、⑤販売情報、の5つの情報が得られます。

2 最寄品型POSシステムの運用

食品や日用雑貨、文具用品など最寄品を扱う最寄品型のPOSシステムは、JANコードを利用したPLU（価格検索：Price Look Up）システムが基本です。JANコードだけでは個々の店での商品管理は難しいため、これに自社コードによる管理を加える必要があります。商品マスターファイルを効果的に設計することがポイントです。

3 買回品型POSシステムの運用

衣料品や身回品など買回品を扱う買回品型のPOSシステムでは、小売業コード表示して売価入力や売価変更処理を値札上で行うNonPLU型システムが一般的です。値札は小売業内でインストアマーキングする場合と仕入先企業内でベンダーマーキングする場合とがあります。ポイントは、従業員にわかりやすく、短い、将来的にも体系が変更されないようなコード化を行い、かつ短いコードであることです。

4 顧客情報管理型POSシステム

顧客情報管理型POSシステムとは、商品情報だけでなく顧客情報も販売時点に同時に収集するシステムです。顧客情報管理型のうち、クレジットカードにより顧客情報を得るものをクレジット型POSといいます。

個人を特定せずに客層情報を得る場合と、個人の購買履歴を情報管理する場合とがあり、個人の購買履歴を管理する場合は、会員カード方式で事前に個人情報をデータベース化し、そこに情報を追加していきます。クレジット型POSでは、オーソリゼーション(カード会社への確認処理)もPOSレジ上で行うことができるので便利です。

5 重点管理とABC分析

POSデータは、単品管理による売れ筋商品や死に筋商品の管理だけでなく、販売データの分析により、将来の売れ行きを予測するためにも活用できます。その手法のひとつが、ABC分析(パレート分析)です。

商品を売れ筋具合によってAランク、Bランク、Cランクと分類し、売上の大半をしめる(例えば売上累計比で全売上の75〜80%くらい)をAランク商品とします。そしてAランク商品には、重点的にきめ細かなマーチャンダイジングをすることで、より一層全体の売上を伸ばすというものです。Bランク商品としてはAランク商品にさらに商品を加えて全体売上の90〜95%くらいまでの累計売上高を構成している商品を入れることが多くなっています。Cランク商品としては、A・Bランク以外の商品を入れますので、今は売上の中では小さな単位となります。

Aランク商品を伸ばしつつ、Bランク商品からAランクになりそうなものを伸ばし、Cランクの中からBランクへ伸びそうな商品も伸ばす、というやり方が定石です。

📝 キーワード

☑POSシステム ☑JANコード ☑インストアマーキング ☑ベンダーマーキング ☑POSデータ
☑ABC分析

Section 20

販売分析

頻出度 A

重要ポイント

☑ **販売分析**は、毎日の**販売活動**を分析し、販売活動を修正するために使われる。実務上にも役立つのでよく理解しておくこと

☑ 販売効率とは、**販売活動**のために投下された**資本や労働**と**売上高**との相対的関係を比率によって把握するもので、資本または労働の単位あたりの売上高をいくら獲得できるかを表すものである

1 実数分析

実数とは、実際の数値(例えば金額、数量、人員、面積など)そのものであり、これを比較検討し、分析することを**実数分析**といいます。分析の方法としては主に以下の4つのようなやり方があります。

❶ 売上高を時系列的にとらえる

まず、当期売上高と前期売上高の増減変化をみる。次に過去数期にわたって趨勢分析を行います。

❷ 販売時期を検討する

売上の時期の構成をとらえます。具体的には、季節別、月別、週別、日別、時刻別などに分類、集計し、その構成割合をとらえます。

❸ **商品別の売上構成**を把握する

どの系列の商品が売れているのか、品目は何か、どのくらいの売上構成かを見ます。すなわち、売れ筋商品はどれかを把握します。

❹ 販売効率を分析する

投下された資本、売場面積、従業員数などを売上高との関連で分析します。

以上のように売上高を分析する方法はいろいろあります。そのうえ、分析計算法にも平均値、散布度による測定、指数による算定、趨勢変動による測定、季節変動による測定、相関関係による測定などがあります。また、この中の

平均値をとってみても、算術平均法、幾何平均法、調和平均法、中央値法、モード法などがあり、多種多様です。そのほかの測定計算法においても、同様にいろいろな方法があります。

2 販売効率に関する主要な分析比率

販売効率の分析は、投下した資本をうまく使って売上を上げているかどうかを見るための手法です。

❶ 経営資本回転率

経営資本回転率は、投下した経営資本で何回分の売上を取り戻しているかを算出し、経営効率を見極めるための数字です。

$$経営資本回転率（回）＝売上高÷経営資本$$

❷ 商品回転率

商品回転率は、商品在庫に投下した資本で、売上として何倍取り返しているかを見るための手法です。

$$商品回転率（回）＝売上高÷商品在庫高$$

❸ 固定資産回転率

固定資産回転率は、固定資産に投下した資本を使って何回売上として取り戻しているかを見る手法です。

$$固定資産回転率（回）＝売上高÷固定資産$$

❹ 従業員1人あたり経営資本（資本集約度）

従業員1人あたりに経営資本がいくら配分されているかを見る手法です。

$$従業員1人あたり経営資本（資本集約度）（円）＝経営資本÷従業員数$$

❺ 従業員1人あたり有形固定資産（労働装備率）

会社の固定資産を従業員に配分したら1人いくらになるかを見る手法で、会社の機械化やコンピュータ化などを見る手法です。

$$従業員1人あたり有形固定資産（労働装備率）（円）＝有形固定資産÷従業員数$$

❻ 売場面積あたり商品在庫高

商品在庫金額を売場面積で割った比率で、在庫量の適正さを見る手法です。

> **売場面積あたり商品在庫高**(円)＝商品在庫高÷売場面積

❼ **従業員1人あたり売場面積**

売場面積を従業員数で割ると、1人あたりどのくらいの面積を担当しているかがわかります。

> **従業員1人あたり売場面積**(㎡)＝売場面積÷従業員数

❽ **売場面積あたり売上高**

店舗の売場面積1㎡あたりいくら稼いでいるかを見る手法で、店舗投下資本の効率を見ます。

> **売場面積あたり売上高**(円)＝売上高÷売場面積

❾ **従業員1人あたり売上高**

売上高を従業員数で割ることで、従業員1人あたりいくら稼いでいるかを見る手法で、従業員の販売力を見ます。

> **従業員1人あたり売上高**(円)＝売上高÷従業員数

3 売上高の計算

売上高の基本は商品種類別の販売数量かける、それぞれの販売単価ですが、他にも下のようなさまざまな計算方法があります。

❶ 売上高＝販売数量×平均商品単価
❷ 売上高＝客数×客1人あたり売上高
❸ 売上高＝従業員1人あたり売上高×従業員数
❹ 売上高＝売場面積あたり売上高×売場面積
❺ 従業員1人あたり売上高＝従業員1人あたり売場面積×売場面積あたり売上高
❻ 売場面積あたり売上高＝商品回転率×売場面積あたり商品在庫高

販売効率（分析比率）の関連図

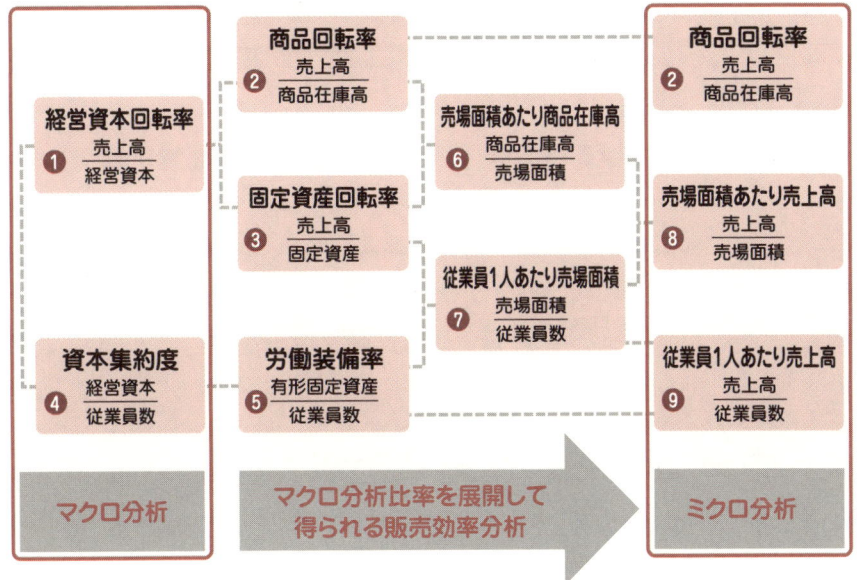

マクロ分析

- ❶ 経営資本回転率 = 売上高 / 経営資本
- ❹ 資本集約度 = 経営資本 / 従業員数

マクロ分析比率を展開して得られる販売効率分析

- ❷ 商品回転率 = 売上高 / 商品在庫高
- ❸ 固定資産回転率 = 売上高 / 固定資産
- ❺ 労働装備率 = 有形固定資産 / 従業員数
- ❻ 売場面積あたり商品在庫高 = 商品在庫高 / 売場面積
- ❼ 従業員1人あたり売場面積 = 売場面積 / 従業員数

ミクロ分析

- ❷ 商品回転率 = 売上高 / 商品在庫高
- ❽ 売場面積あたり売上高 = 売上高 / 売場面積
- ❾ 従業員1人あたり売上高 = 売上高 / 従業員数

出典：「販売士検定試験2級ハンドブック」

　上記の図は、販売効率分析の相関関係を表しています。左端の❶、❹は「経営」というマクロな視点での資本効率を分析するものです。ここから右に向かって展開されていった分析比率が、右端のミクロ分析へとつながっています。ミクロな視点での分析はヒト、モノ、カネという経営資源が、いくらの売上に結びついたのかという分析です。

📑 **キーワード**

☑実数分析　☑商品別の売上構成　☑販売効率　☑経営資本回転率　☑商品回転率　☑固定資産回転率

Section 21
小売業の物流システム

頻出度 B

重要ポイント
☑ 小売業界における物流は、メーカー主導から、小売業主導の「顧客ニーズ対応型の物流」へ変化している

1 小売業界における物流システムへの取り組み

小売業界では、品ぞろえの特性に合わせたさまざまな物流システムを構築する取り組みが行われています。

❶ **買回品中心で総合的な品ぞろえの百貨店**…ブランド品や最先端の季節商品をまとめてすばやく導入する「時期集中型小口物流」システムの構築
❷ **最寄品中心で総合的な品ぞろえの総合品ぞろえスーパー**…「クロスドッグ型トランスファーセンター物流」システムの構築
❸ **最寄品中心、限定的な品ぞろえのコンビニエンスストア**…「一日複数回時間帯指定の混載型納品」システムの構築
❹ **買回品中心、限定的品ぞろえの専門店チェーン**…「不定期型納品」システムの構築および大規模店では、「高頻度納品」システムの構築

2 小売業態別にみる物流の現状と課題

業態別にも業態特性に対応した物流効率化の取り組みが進んでいます。

❶ **百貨店**…自主マーチャンダイジング強化と、QRに対応する共同配送システム構築
❷ **総合品ぞろえスーパー**…グローバル競争への対応と、ITシステム化の一層の強化
❸ **コンビニエンスストア**…発注精度を高める情報システムと、ネットワーク物流の強化
❹ **専門店**…小規模店は非効率な物流システムから脱却するための共同化が必要

3 小売業の物流の新たな方向

今後取り組むべき物流の課題を業態別にまとめると以下のようになります。
① **百貨店**…QR強化のためのシステムの標準化、共同化、外部化が必要
② **総合品ぞろえスーパー**…ディマンドチェーン・マネジメントに対応する物流システム構築
③ **コンビニエンスストア**…共同配送も含む第五次総合情報システムの構築
④ **専門店**…共同化により有力な卸売業とのパートナー体制づくりを進める

4 物流コスト管理

物流ネットワーク全体での物流コスト管理の強化は、今後より一層重要となってきます。

顧客ニーズに応える物流には課題がたくさんある

キーワード

☑ 顧客ニーズ対応型の物流

第2章 チャレンジ問題 マーチャンダイジング

第1問 次の文章は、は、マーチャンダイジングについて述べたものです。文中の〔　〕の部分に、下記の語群のうち最も適当なものを選んで、対応するア〜オの解答欄に記入しなさい。

適切な商品を適切な時期に〔　ア　〕し、それらを適切な〔　イ　〕に適切な方法で〔　ウ　〕し、適切な量と適切な〔　エ　〕設定で対象とする顧客に提供する活動の総称であるマーチャンダイジングとは、〔　オ　〕などと訳されている。

【語群】
1. 場所
2. 配置
3. 製品ライン
4. 補充・発注
5. チャネルリーダー
6. 値引き
7. 価格
8. 製造
9. 市場細分化戦略
10. 商品化計画

解答欄	ア	イ	ウ	エ	オ

第2問 次の事項は、マーチャンダイジング・サイクルについて述べたものです。正しいものには1を、誤っているものには2を、対応するア〜オの解答欄に記入しなさい。

ア　チェーンストアが実施している集中仕入は、各店舗が個別に仕入れるのに比べ、仕入コストの引下げや取扱商品の統一化が図れる。

イ　チェーンストアでは、マーチャンダイジング・サイクルにおける商品計画、仕入実施、記録・分析などの多くの部分を、通常、本部（商品部）が行っている。

ウ　マスマーチャンダイジングとは、単なるマスセールスとは異なり、膨大な商品量の確保、生産段階からの規格化など、大量販売に必要なあらゆる活動のことである。

エ　マーチャンダイジング・サイクルは、営業政策に基づく「仕入政策」を起点としている。

オ　マーチャンダイジング・サイクルは、売場に商品を補充する「ディスプレイ」を終点としている。

解答欄	ア	イ	ウ	エ	オ

第3問 次の事項は、小売業の物流について述べたものです。正しいものには1を、誤っているものには2を、対応するア〜オの解答欄に記入しなさい。

ア　サプライヤーから小売業へのジャストインタイム物流とは、商品の受発注事務処理を定められた時間の範囲内に行うことをいう。
イ　EDIとは、受発注や出入荷などの情報を標準的な書式に統一して企業間で電子的に交換する仕組みのことである。
ウ　製販同盟は小売業の水平的協調関係によって成立する。
エ　小売業の存在意義は、取引数極小の原理や集中貯蔵の原理で説明される。
オ　小売業のノー検品システムは、サプライヤーが欠品をおこさないことや、サプライヤーから小売店舗に商品が納入される中間の物流センターで検品を行うことなどによって実現する。

解答欄	ア	イ	ウ	エ	オ

第4問 次のア〜オの語句に対し、最も関係の深いものを下記の文章から選んで、対応するア〜オの解答欄に記入しなさい。

ア　商品回転率　　　イ　プラノグラム　　　ウ　固定費
エ　カテゴリーマネジメント　　　オ　損益分岐点比率

1．従業員1人あたりでどのくらいの付加価値を生み出したかを測る指標であり、この伸び率が平均人件費の伸び率を上回るように小売店を経営していく必要がある。
2．商品在庫に投下した資本で売上として何回取り戻しているかを示す指標。
3．パソコンを利用して、最も収益性が高い棚割の組み合わせを検討するシステム。
4．売上金額のうち、いくらの部分から利益が出るようになるのかを示す指標。
5．収益性分析としての1人あたり売上高や利益増減分析などがある。
6．商品をある基準でくくり、それらを単位として販売促進や販売管理などを行うこと。
7．売上の伸びの度合いと関わりなく発生するコストのこと。

解答欄	ア	イ	ウ	エ	オ

第5問 次の事項は、サービスについて述べたものです。正しいものには1を、誤っているものには2を、対応するア～オの解答欄に記入しなさい。

ア　サービスは、無形であるため、ユーザーの目からはその品質が分かりにくく、サービスの標準化が一般的に難しい。
イ　少子高齢化や女性の社会進出の拡大傾向は、新しいサービス分野の創造を期待させるものである。
ウ　サービス経済化とは、経済全体の中で直接顧客と接触する機会の多い小売業の比率が高まることをいう。
エ　企業において従来内部で行われていたサービスを外注化し、所有から利用へと転換する動きはサービス経済化を進める要因のひとつである。
オ　サービス業は、もっぱら消費生活に関する分野での拡大が中心で、会計処理や設備のメンテナンスなどの企業活動を支援する分野における拡大は見られない。

解答欄	ア	イ	ウ	エ	オ

第6問 次の文章は、品ぞろえ政策について述べたものです。文中の〔　〕の部分に、下記の語群のうち最も適当なものを選んで、対応するア～オの解答欄に記入しなさい。

効果的な品ぞろえを検討するためには、品種や品目、そして品目の陳列量を、合理的な〔　ア　〕に基づいて決定しなければならない。最近では、品目ごとに〔　イ　〕を的確につかみ、品ぞろえに反映させるため、コンピュータを使って〔　ウ　〕に取り組む小売業が増えている。豊富な品ぞろえと商品の〔　エ　〕を計画的に両立させることが〔　オ　〕上の重要なポイントとなる。

【語群】
1．高回転化　　2．部門別管理　　3．販売予測　　4．死に筋動向
5．単品管理　　6．顧客管理　　7．販売動向　　8．バイヤーズ・アイ
9．商品管理　　10．過剰在庫

解答欄	ア	イ	ウ	エ	オ

第7問 次の文章は、仕入と再発注メカニズムについて述べたものです。文中の〔　〕の部分に、下記の語群のうち最も適当なものを選んで、対応するア～オの解答欄に記入しなさい。

コスト面で効率のよい仕入を行うためには、関連経費としての〔　ア　〕と在庫コストの合計が最も〔　イ　〕なる数量をもって仕入れるのが望ましい。通常、1回あたりの仕入（発注）数量を増やすと、品目1個あたりのアは相対的にイなる半面、在庫コストは〔　ウ　〕傾向を示す。一般的に、アと在庫コストの合計金額を最小にする発注数量は〔　エ　〕といわれており、このエを〔　オ　〕で割ることによって、再発注期間が求められる。

【語群】
1．低く　　　　2．オープントゥバイコントロール　　3．納品期間
4．増加　　　　5．業態開発コスト　　6．経済的発注量　　7．高く
8．販売計画数量　9．減少　　　10．発注コスト

解答欄	ア	イ	ウ	エ	オ

第8問 次の文章は、買回品の仕入や販売について述べたものです。文中の〔　〕の部分に、下記の語群のうち最も適当なものを選んで、対応するア～オの解答欄に記入しなさい。

価格に対する需要の〔　ア　〕が高く、短期集中販売の強化が求められる買回品の仕入においては、〔　イ　〕に基づく短期集中仕入と仕入コストの引き下げが必要となる。また、〔　ウ　〕の商品であっても、顧客の求める品目の種類、デザイン、〔　エ　〕などにかなりの差が生じる。したがって、〔　オ　〕の範囲内で、できるだけ品ぞろえを幅広くすることが重要となる。

【語群】
1．仕入予算　　2．経営理念　　3．細分化　　4．価格帯
5．販売促進費　6．需要予測　　7．SKU　　8．同一系列
9．弾力性　　　10．市場浸透性

解答欄	ア	イ	ウ	エ	オ

第9問 次の文章は、棚卸と在庫管理について述べたものです。文中の〔　〕の部分に、下記の語群のうち最も適当なものを選んで、対応するア～オの解答欄に記入しなさい。

顧客の〔　ア　〕を満足させ、商品に投下した〔　イ　〕を早期に回収するのが在庫管理の目的であり、常時正確に在庫の〔　ウ　〕を把握して、適正に統制・管理をしなければならない。そのための重要な活動が棚卸であり、ある時点での正確な商品の残高を知るための〔　エ　〕棚卸と、商品の残高が時々刻々と把握できる〔　オ　〕棚卸がある。

【語群】
1. 資本　　2. 時間　　3. 価格　　4. 継続　　5. 頻繁
6. ニーズ　7. 会計　　8. 現品　　9. 動き　　10. 返品

解答欄	ア	イ	ウ	エ	オ

第10問 次の文章は、取り扱い面からみた商品類型とその特徴について述べたものです。正しいものには1を、誤っているものには2を、対応するア～オの解答欄に記入しなさい。

ア　商品政策による商品分類のうち、重点商品は、ある期間において小売業が広告などの販売促進活動を最も強化し、販売の中核に位置づける商品である。

イ　商品政策による商品分類のうち、補完商品は、特定の商品と並行して売上が増加する商品や、小売店の信用上、ある程度の数量を常に在庫しておくような商品である。

ウ　商品政策による商品分類のうち、季節商品は、店内での売上高構成比率と粗利益率が高く、店舗イメージ形成の寄与率も高い商品である。

エ　取扱期間による商品分類のうち、流行商品は、販売期間の的確な予測と終息期の把握が重要であり、短期集中仕入とそれに伴う販売活動を積極的に行う商品である。

オ　取扱期間による商品分類のうち、恒常商品は、物産展や各種イベント・キャンペーンなどの特別な催しものに合わせて期間限定で取り扱う商品である。

解答欄	ア	イ	ウ	エ	オ

第2章 チャレンジ問題 マーチャンダイジング 解答＆解説

第1問

解答欄	ア	イ	ウ	エ	オ
	4	1	2	7	10

解説
マーチャンダイジングとは、適正な商品を適切な時期に補充・発注し、適切な場所に適切に配置し、適切な価格で顧客に提供することです。

第2問

解答欄	ア	イ	ウ	エ	オ
	1	1	1	2	2

解説
アからウまでは問題文のとおりです。エは間違いで、マーチャンダイジングは仕入政策ではなく、商品計画を基点としています。オも間違いで、終点はディスプレイではなく、商品管理です。

第3問

解答欄	ア	イ	ウ	エ	オ
	2	1	2	2	1

解説
イ、オは問題文のとおりです。アは間違いで、ジャストインタイム物流とは、商品の納品を時間内に行うことです。ウも間違いで、製販同盟は小売業の垂直的関係で成立しています。エも間違いで、取引数極小の原理や、集中貯蔵の原理は、卸売業の存在意義を説明しています。

第4問

解答欄	ア	イ	ウ	エ	オ
	2	3	7	6	4

解説

アの商品回転率は、商品在庫に投資した資本が何回売上として取り戻せているかを示します。または、平均在庫が売上の中で何回使われたかという指標です。イのプラノグラムは、収益性の高い棚割検討システムのことです。ウの固定費は、人件費など売上の増減と関わりなく発生するコストのことです。エのカテゴリーマネジメントは、商品群を生活シーン別などのカテゴリーでグループ化し、そのグループごとに販売促進などをすることです。オの損益分岐点比率は、売上のうちどのくらいの部分から利益が出るのかという比率です。

第5問

解答欄	ア	イ	ウ	エ	オ
	1	1	2	1	2

解説

ア、イ、エは問題文のとおりです。ウは間違いで、サービス経済化とは、サービス業の比率が高まることをいいます。オも間違いで、サービス業は、会計処理や設備メンテナンスなど企業活動支援分野にどんどん進出しています。

第6問

解答欄	ア	イ	ウ	エ	オ
	3	7	5	1	9

解説

効果的な品ぞろえのためには、合理的な販売予測が必要です。コンピュータを使って単品ごとに、販売動向を管理し、豊富な品ぞろえと商品高回転化を両立させることが商品管理上の重要なポイントです。

第7問

解答欄	ア	イ	ウ	エ	オ
	10	1	4	6	8

解説

在庫コストと、発注コストが最も低くなる点を経済的発注量(EOQ)といい、仕入のコスト効率を上げるためには、経済的発注量を考えることが重要です。発注量を増やせば仕入単価は下がりますが、在庫コストが上がります。発注量を減らせば、仕入単価は上がりますが、在庫コストが減ります。経済的発注量を販売計画数量で割ると再発注期間が求められます。

第8問

解答欄	ア	イ	ウ	エ	オ
	9	6	8	4	1

解説

価格の変化に対する需要の変化率を「需要の価格弾力性」といいます。一般的にブランド品などの買回品は、需要の価格弾力性が高いといわれ、価格を下げると販売量が増える傾向にあります。従って、ブランド品などの買回品は需要予測に基づく短期集中仕入コストの引き下げが必要です。同一系列の商品でも顧客が求める品目、デザイン、価格帯はかなり差があるため、仕入予算の範囲内でできるだけ品ぞろえを幅広くすることは重要です。

第9問

解答欄	ア	イ	ウ	エ	オ
	6	1	9	8	4

解説

在庫管理の目的は、顧客のニーズを満足させ、商品に投下した資本を早期回収することです。棚卸は、投下資本が形を変えた在庫を正確に把握するためのものです。現品棚卸と、継続棚卸があり、日々の把握には継続棚卸を、月末期末の正確な把握には、現品棚卸が活用されます。

第10問

解答欄	ア	イ	ウ	エ	オ
	1	1	2	1	2

解説

ア、イ、エは問題文のとおりです。ウは間違いで、季節商品ではなく、主力商品の説明文です。オも間違いで、恒常商品ではなく、臨時商品の説明文です。

第3章
ストアオペレーション

この科目では、ストアオペレーションの実際を学びます。店舗運営サイクルの実践と管理、戦略的購買促進の実施方法、戦略的ディスプレイの実施方法など実践的な店舗運営の知識を学び、さらにレイバースケジューリングプログラム(LSP)の役割と仕組み、人的販売の実践と管理など人的管理についても学びます。

Section 1

効果的朝礼の実践方法

頻出度 B

> **重要ポイント**
> ☑ 小売業では、接客マナーや申し送り事項の確認をすることも含め、朝礼で一日の始まりのけじめをつけることは重要である
> ☑ 朝礼は、コミュニケーションの場としても、共通目標確認の場としても重要である

1 朝礼の意味と実施方法

　朝礼は、情報共有の場であるとともに、短時間かつ継続的な教育の場でもあります。始業前の10～15分程度の時間のなかで、経営活動に必要な情報を共有するとともに、短いスピーチなどをもちまわりで行うことで相互理解を深める場としても活用できます。

　また、お客様へのあいさつなどを実際に声に出して復唱することで、マナー向上にもつながります。

2 朝礼の留意点

　朝礼は朝の短い会議と考え、必ずメモを取るようにします。社外に出せない守秘義務のある内容なども報告されますので注意が必要です。会社の共通目標を確認したり、大きな声であいさつをするトレーニングをする会社もあります。

キーワード
☑ 朝礼　☑ 共通目標確認　☑ 情報共有

Section 2

発注システムの運用と管理

頻出度 A ★★★

> 🌸 **重要ポイント**
> ☑ 定番商品に**欠品**を起こさないためには、**補充**・**発注**が重要である

1 補充・発注

　定番商品の維持管理には、**棚割表**による**フェイシング管理**と、欠品防止のための補充・発注が重要です。フェイシングの管理とは、商品の顔となる正面、またはその特徴を強調して並べる陳列方法のことで、商品の魅力を訴求するように陳列を計画的・戦略的に行うことです。今日では、ストアコントローラーによる**EOS**システムによる発注が行われています。

補充・発注フロー

一般的なステープル商品発注の場合

❶ 在庫の確認 ▶ ❷ 発注する商品名および数量の仮説 ▶ ❸ 発注内容の検討 ▶ ❹ EOS端末機での確認 ▶ ❺ ストアコントローラーによる送信 ▶ ❻ 発注結果の確認 ▶ ❼ 発注エラーの対応 ▶ ❽ 入荷のチェック

出典:「販売士検定試験2級ハンドブック」

第3章 ストアオペレーション

2 商品特性別補充・発注

商品の特性を考慮して「適品・適時・適量」の品ぞろえをすることが重要です。

❶ **ステープル商品の発注**…在庫型のステープル商品(加工商品、衣料、生活雑貨など)は、欠品や過剰在庫にならないよう留意して発注します。

❷ **ファッション商品の発注**…季節性の高いファッション商品は、再発注できない商品などもあるため、補充発注が可能なリストを整備して、そのリストについては補充発注を行います。

❸ **生鮮食品の発注**…毎日売り切り型の生鮮食料品は、チラシ広告や催事プロモーション、天候、気温などを総合的に勘案しつつ、欠品を出さずに、売れ残りもないよう注意して発注します。

3 最低陳列量と欠品

補充・発注作業を効率的に進めるためには**最低陳列量**と**欠品**(品切れ)の意味を理解しておく必要があります。在庫量が一定数量以下になったとき、販売数量が急速に減少する場合があります。この一定数量のことを最低陳列量といいます。下図のグラフでいえば、A商品の最低在庫数量を11と仮定すると、5日目には最低在庫数量を割っており、欠品(品切れ)状態であるといえます。

販売動向データ

A商品の12日間の販売動向データ

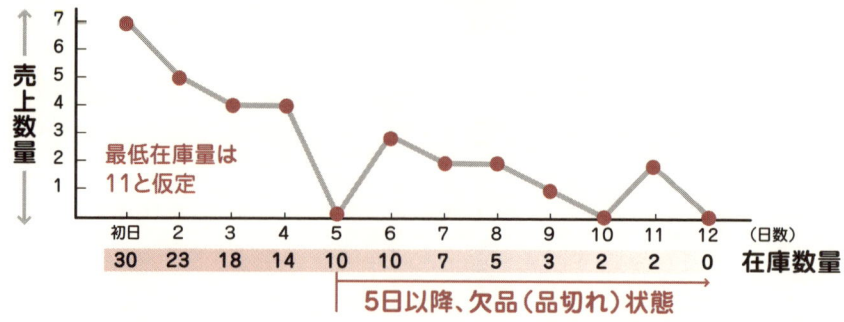

日数	初日	2	3	4	5	6	7	8	9	10	11	12
売上数量	7	5	4	4	0	3	2	2	1	0	2	0
在庫数量	30	23	18	14	10	10	7	5	3	2	2	0

最低在庫量は11と仮定

5日以降、欠品(品切れ)状態

出典:「販売士検定試験2級ハンドブック」

キーワード
☑ フェイシング管理 ☑ 最低陳列量 ☑ 欠品 ☑ ステープル商品 ☑ ファッション商品 ☑ 生鮮食品

Section 3

商品の補充

頻出度 **A**

> **重要ポイント**
> - ☑ 商品のフェイスを前面に出してきれいにそろえ、見やすく、取りやすくする陳列を「前進立体陳列」という
> - ☑ 商品の前出し作業は、売上を高めるだけでなく在庫状況の確認にもなる
> - ☑ 納品された商品を、売場に適正にディスプレイすることを補充という

1 商品の補充

　商品の補充とは、納品された商品を売場に適正にディスプレイすることです。売場では整理整頓作業の一環として、商品の前出し作業(前の商品が売れて棚の奥になってしまっている商品を前に出す作業)が行われます。このように商品のフェイスを前面に出してきれいにそろえ、見やすく、取りやすくする陳列を「前進立体陳列」といいます。1日数回行うことで、店舗イメージの向上や販売機会を高める効果があります。

補充にあたっての陳列方法

②後ろに商品を追加していく

①まず商品のフェイスを前に合わせて整える

2 補充の手順

補充は、欠品または品薄の場合に**棚割表**に基づいて行います。一般的な手順としては、補充商品をバックルームから運搬用カートで店舗へ運び、陳列（リセット）します。その際、お客様の通行、買い物のじゃまにならないよう留意して的確にすばやく行うことが重要です。

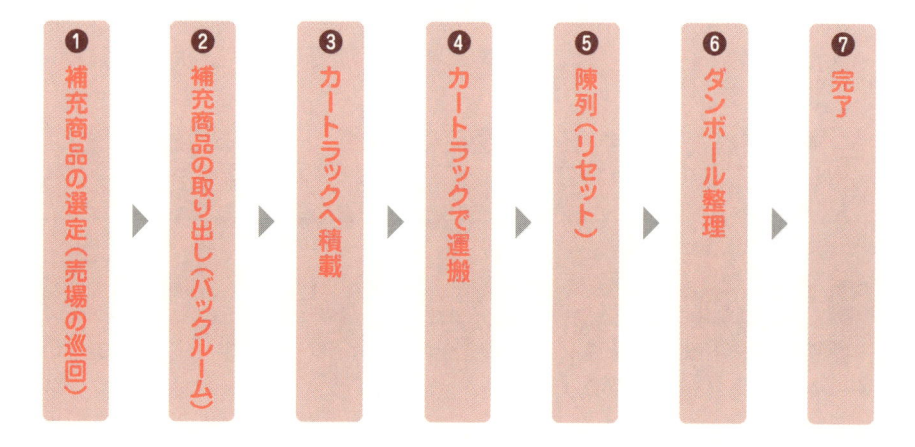

❶ 補充商品の選定（売場の巡回）　▶　❷ 補充商品の取り出し（バックルーム）　▶　❸ カートラックへ積載　▶　❹ カートラックで運搬　▶　❺ 陳列（リセット）　▶　❻ ダンボール整理　▶　❼ 完了

キーワード
☑ 補充　☑ ディスプレイ　☑ 前出し作業　☑ 前進立体陳列

Section 4

売場のチェックポイント

頻出度 **C**

重要ポイント

- ☑ **売場**のチェックや、**販売員**の身だしなみをチェックすることは、店のイメージアップにもつながる
- ☑ セルフサービスの店では、店の中がきちんとしていることや、レジ要員（**チェッカー**）の**身だしなみ**がきちんとしていることは店のイメージと**直結**するため重要である

1 5つのチェックポイント

　売場は販売のステージです。顧客に失礼のない場であることを心がけましょう。売場のチェックポイントは大きく分けて下記の5つです。

❶ **商品の品質**…商品の先入れ先出しの徹底、消費期限や汚損、破損のチェック。いつも新鮮できれいな商品が店舗に並んでいるかどうかを確認します。

❷ **商品の管理**…バックルームや、搬入器具、冷蔵・冷凍庫など管理器具も含め、常に適正な状態であるよう管理します。

❸ **ディスプレイの留意点**…前進立体陳列の徹底、陳列品のボリューム感を演出、什器の衛生面維持などに注意します。

❹ **売場の点検**…開店時に補充作業が終わっており、**プライスカード**やPOPが適正に配置されていることを確認します。**クリンリネス**（清掃・整理・整頓）もチェックします。

❺ **レジでの接客**…身だしなみ、接客するときの接客用語、商品の丁寧な取り扱い、スピーディなレジ作業、スマイルなどをチェックします。

キーワード

☑ プライスカード　☑ クリンリネス

第3章 ストアオペレーション

Section 5

棚ラベルの管理

頻出度 C

> **重要ポイント**
> - ☑ **棚ラベル**の情報が間違っていると、クレームの原因や、店舗効率の低下につながるため、常に棚ラベルのチェックと管理が必要である
> - ☑ 棚ラベルと**ディスプレイ**されている商品は、常に情報を一致させる

1 棚ラベルに含まれる情報と管理

　定番商品は、個別に棚ラベルをつけて管理します。セルフサービスの店では、棚ラベルに❶**商品名**、❷**仕入先コード**、❸**部門**、❹**ケース入り数**、❺**棚番**、❻**適正在庫数量**、などが情報として含まれます。棚ラベルの情報が違っていると、クレームの原因や、店舗効率の低下につながるため、常にチェックし管理することが必要です。

棚卸用のチェックシート（見本）と配置図

棚卸チェックシート 名前	
部門NO.	21
品名	○○○
売価	980円
数量	15個

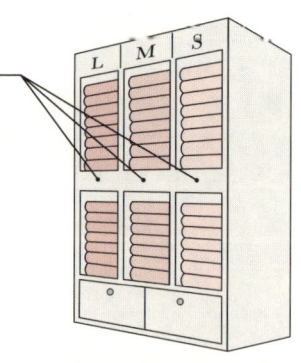

※棚卸記入者は棚卸表に記入後この用紙を回収します。

出典：「販売士検定試験2級ハンドブック」

キーワード
- ☑ 棚ラベル

Section 6

レジチェッカーの役割

頻出度 C

> **重要ポイント**
> - ☑ セルフサービス店では、レジ要員（チェッカー）が気配りできるかどうかで店格が決まってしまうと考え、レジ要員をよく指導することが重要である
> - ☑ セルフサービス店では、具体的な接客の場はレジだけなので、スピーディかつ正確に、スマイルをもって接客するのが基本である

1 チェーンストアにおけるレジチェッカーの重要性

　セルフサービス店であるチェーンストアでは、具体的な接客の場はレジとなります。そのため、スピーディかつ正確に、スマイルをもって接客するのは基本として、目配りや気配りを利かせて、常に気持ちのよい買い物を楽しんでいただく気遣いをすべきです。

　マニュアルは最低限度の基準にすぎないため、レジ要員（チェッカー）が機転を利かせることが必要です。アイコンタクトや、お金の受け渡しのタイミングなどにも気を配る必要があります。

キーワード
☑ チェッカー　☑ アイコンタクト

Section 7 インストアマーチャンダイジング（ISM）の概要

頻出度 A

> 🔧 **重要ポイント**
> ☑ インストアマーチャンダイジングとは、店内活動により、顧客満足度を高める活動である
> ☑ インストアマーチャンダイジングを構成する、インストアプロモーションや、スペースマネジメントについて理解する

1 インストアマーチャンダイジングとは

インストアマーチャンダイジングとは、小売店内でのインストアプロモーションにより、スペースマネジメント（商品のカテゴリー単位の販売効率管理）を展開して顧客満足度を高める活動です。インストアマーチャンダイジングはISM（イズム）と略されます。

2 インストアプロモーション

顧客に商品の購入を促すために行う店内での販売促進活動のことをインストアプロモーションといい、大きく分けて価格戦略と、非価格戦略に分類されます。

❶ **価格主導型**インストアプロモーション…ゴンドラエンドの活用により、衝動買い、まとめ買いを促進させます。
❷ **非価格主導型**インストアプロモーション…季節やイベントをテーマにした催事、デモンストレーション販売、ノベルティ、クーポンなどで購買を促進させます。

3 スペースマネジメント

スペースマネジメントは、フロアマネジメント（コーナー単位）とシェルフマネジメント（棚単位）に分類され、商品の位置を意図的にコントロールし、特定したスペースでの売上と利益の最大化を図る店頭技術です。

❶ **フロア**マネジメント…動線計画（建物内における人や物の動きを分析し、

効率のよい経路にすること)、ゾーニング(建物空間を機能や用途を指標としていくつかの小分類に分けること)、パワーカテゴリー(顧客吸引力のある商品群のこと)の配置、レイアウト計画などから構成されます。

❷ **シェルフマネジメント**…商品(品目)の陳列面の構成、陳列数、配置、品目数の決定などを効率化することであり、棚割計画手法であるプラノグラムで効率の良い構成を計画します。

ISMの体系図

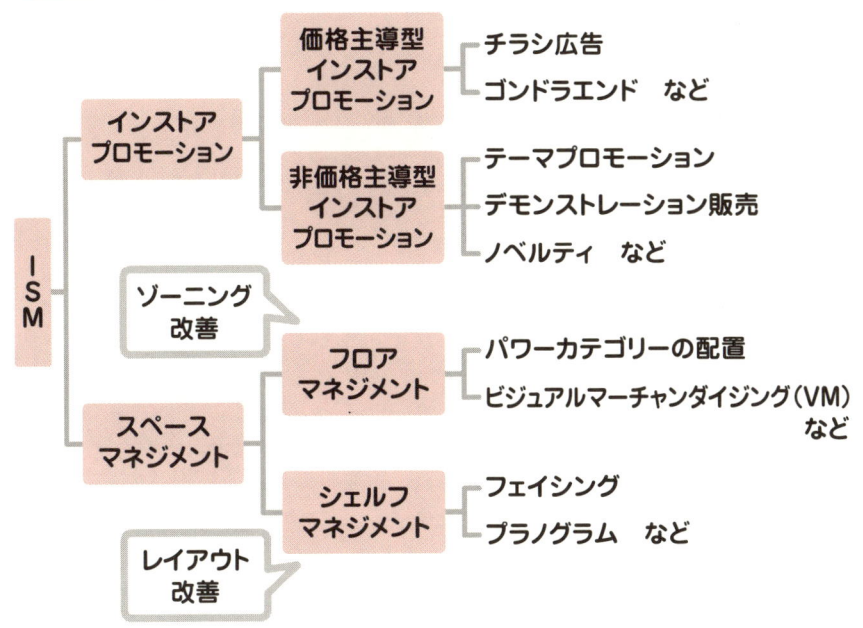

```
                        ┌─ 価格主導型    ─┬─ チラシ広告
                        │  インストア     │
          ┌─ インストア ─┤  プロモーション └─ ゴンドラエンド  など
          │  プロモーション│
          │              │  非価格主導型  ┌─ テーマプロモーション
          │              └─ インストア    ├─ デモンストレーション販売
          │                 プロモーション └─ ノベルティ  など
  ISM ────┤
          │  ┌ ゾーニング改善 ┐
          │  │               ├─ フロア      ┌─ パワーカテゴリーの配置
          │  │                  マネジメント └─ ビジュアルマーチャンダイジング(VM)
          └─ スペース                                                    など
             マネジメント    ─ シェルフ     ┌─ フェイシング
                               マネジメント └─ プラノグラム  など
                ┌ レイアウト改善 ┐
```

出典:「販売士検定試験2級ハンドブック」

📄 **キーワード**

☑ インストアマーチャンダイジング　☑ ISM(イズム)　☑ インストアプロモーション
☑ スペースマネジメント　☑ フロアマネジメント　☑ シェルフマネジメント

Section 8

売場の効率化を図る指標

頻出度 A

重要ポイント
- ☑ 売場の効率化を図る指標については、計算式とともに内容をしっかりおさえる
- ☑ 売場の効率化は**数値**で管理する

1 人時生産性

人時生産性とは、「ある一定期間における労働時間1時間あたり（1人時）で、どれだけ粗利益を稼ぎ出したか」という尺度であり、以下の計算式で求められます。

$$人時生産性（円） = \frac{粗利益高}{総労働時間}$$

粗利益高の代わりに売上高を使って「人時売上高」を生産性指標とする小売業もあります。人時生産性を高めるには、①売上に対する粗利益率を高める、②仕事内容や作業割当ての合理化により1人1時間あたりの担当坪数を拡大する、③デッドストックの排除、④重点商品・売れ筋商品の適正在庫維持、⑤商品回転率を高める、などの5つのポイントが重要です。

2 労働分配率

労働分配率とは、粗利益のうち人件費に振り分けられる率をいい、以下の計算式で求められます。労働分配率は、一般的に30％以下であることが健全経営の目安となります。

$$労働分配率（％） = \frac{総人件費}{粗利益高} \times 100$$

3 労働生産性

労働生産性は、従業員1人あたりが生み出す粗利益についての指標です。

$$労働生産性(円) = \frac{粗利益高}{従業員数}$$

4 労働装備率

労働装備率は、その企業がどのくらい装備を機械化することによって業務を効率化しているかを表す指標です。

$$労働装備率(\%) = \frac{有形固定資産}{従業員数} \times 100$$

人時生産性の計算例

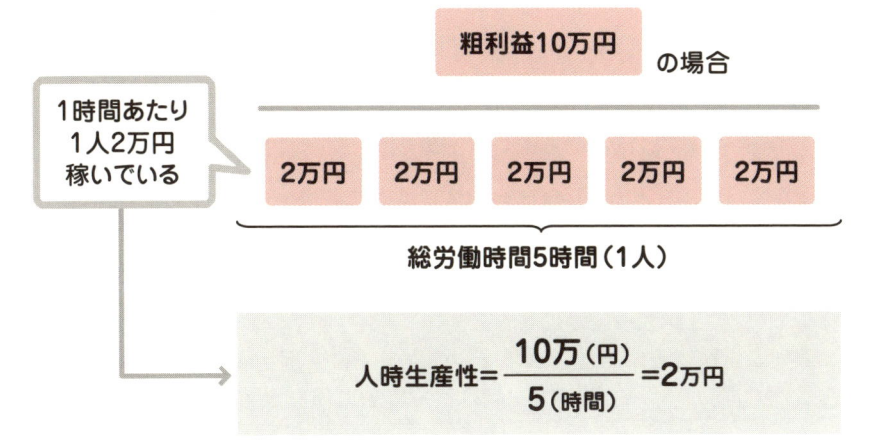

粗利益10万円 の場合

1時間あたり1人2万円稼いでいる

2万円 | 2万円 | 2万円 | 2万円 | 2万円

総労働時間5時間（1人）

$$人時生産性 = \frac{10万(円)}{5(時間)} = 2万円$$

キーワード

☑人時生産性　☑労働分配率　☑労働生産性　☑労働装備率

Section 9
購買促進を活発化させるディスプレイ方法

頻出度 C

> **重要ポイント**
> - ☑ ディスプレイ技術を高めることで売上は変化するため、**ディスプレイ技術**を効果的に駆使することが重要である
> - ☑ **陳列・補充**は、商品を品切れなく並べること、ディスプレイは売るためにより工夫をすることである
> - ☑ 陳列の方法には、**補充型**陳列、**展示型**陳列の2種類がある

1 ディスプレイと陳列・補充の違い

　ディスプレイの目的は、お店の経営理念を売場に具現化し、商品価値だけでなく購買を促進するような生活シーンの提案を演出することにあります。また、ディスプレイは、顧客の購買心理過程において比較選択性を高める役割をもちます。
　ディスプレイは戦略的に商品を見せるための手法ですが、**陳列**は基本的に棚割にそって並べること、**補充**は不足商品を追加で並べることで、基本的な意味合いが異なります。ディスプレイ技術を高めることで売上は変化するため、ディスプレイ技術を効果的に駆使することが重要です。

2 陳列の方法

　陳列の方法は、基本的に次の2つのタイプに大別されます。
❶ **補充型陳列**(オープンストック)…一般的に消耗頻度、使用頻度、購買頻度が高い定番商品を効率的に補充し、継続的に販売するためのディスプレイ方法です。主にセルフサービス販売主体の売場で用いられます。
❷ **展示型陳列**(ショーディスプレイ)…重点商品を販売するときの陳列のやり方です。高度技術を駆使して顧客の注目を集め、購買意欲をかきたてる陳列でなければいけません。ショーマンシップ(演出効果を最大にすること)を発揮することが成功のポイントです。主に対面販売主体の売場で用いられます。

また購買促進を活発化させるために大量陳列やグルーピング（P212参照）による「集中的ディスプレイ」や、関連商品の組み合わせを提案する「関連的ディスプレイ」、視覚を刺激する「感覚的ディスプレイ」などが活用されます。感覚的ディスプレイには、ライティングなどでムードを高める「ムードアップ陳列」、商品群のテーマを象徴的に表現する「シンボライズ陳列」、物語の1コマのようなディスプレイで連想を高める「ドラマチック陳列」などがあります。

3 重点商品の効果的な陳列

販売促進活動を効果的に行うためには、以下のようなディスプレイ方法を展開する必要があります。

❶ **集視ポイントの設置**…店頭（ショーウインド）における訴求、主通路正面での訴求、売台、エンド陳列での訴求
❷ **ゴールデンラインの検討**…見やすい高さ、手に取りやすい高さ、最重点商品のアピール
❸ **特設コーナーの陳列**…集中的な品ぞろえ、品ぞろえの充実、常設の催事場として展開

ゴールデンラインの検討

- 表示パネル
- サンプル
- 210cm
- 50～100cm
- 遠くからでないと視界に入らない
- 手の届く高さ 180～190cm
- ストック・スペース：触れにくい
- 170cm 見にくい
- ディスプレイが有効な範囲：触れやすい
- 125cm 最も見やすい
- 85cm ゴールデンライン（最も触れやすい）
- 手に取りやすい
- 60cm
- 準ストック・スペース：触れにくい 見にくい

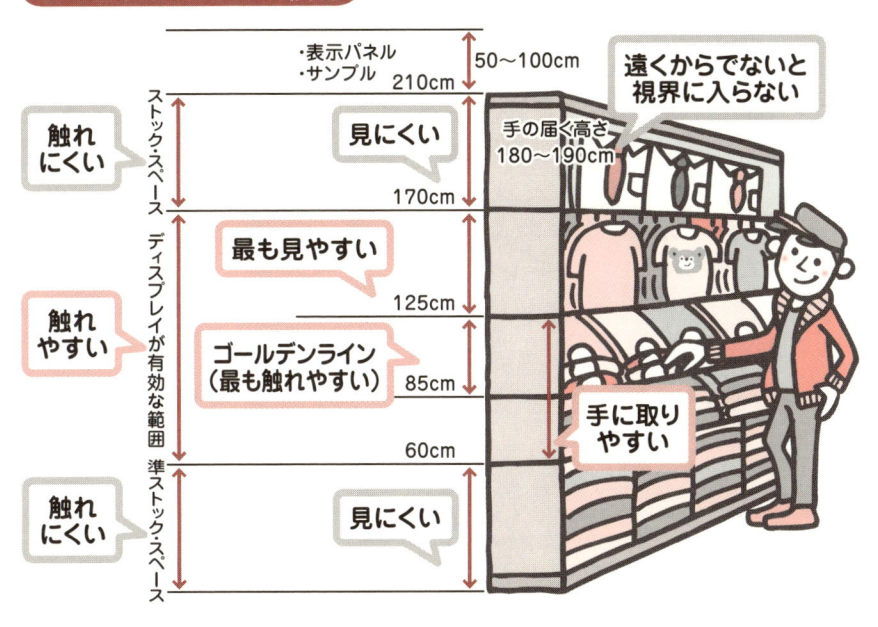

4 補充型陳列の具体的方法

　売上増大のための陳列方法としては、購買頻度の高い商品を多く並べることが基本になります。売上アップのためのまとめ陳列の典型的なパターンは、次のとおりです。

❶ 単一ブランド単独訴求型陳列よりも、単一ブランドの大量陳列による集合訴求型陳列のほうが売れる
❷ 少数ブランド単独訴求型陳列よりも、多数ブランドの大量陳列を組み合わせた複合訴求型陳列のほうが売れる
❸ 大量陳列にすると売れる
❹ 同一商品でも高さや置く場所によって売れ方は変化する

5 省力化のための陳列方法

　陳列作業にあたる従業員の数が少なくてすみ、かつ、だれにでも容易に陳列できるといった理由から、人件費の削減に役立つ陳列方法として「バラ積み陳列」、「カットケース（ダンボール）陳列」などが用いられています。

❶ バラ積み陳列…バラ（単品）のままで商品を積み上げる陳列方法です。垂直ゴンドラ（奥行50cmくらいが望ましい）や棚板（棚板を手前に少し傾けると商品の前出し補充がしやすくなる）を使うと、さらに作業時間の短縮が図れます。
❷ カットケース（ダンボール）陳列…ダンボール箱をカットしてそのまま棚にのせるため、商品を取り出す手間が省けます。

バラ積み陳列

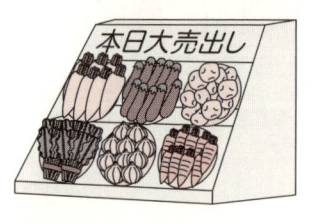

カットケース陳列

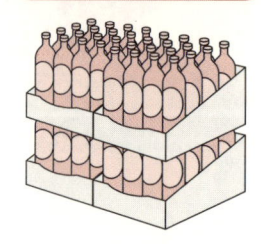

📋 **キーワード**

☐ディスプレイ　☐陳列　☐補充　☐補充型陳列　☐展示型陳列　☐ゴールデンライン　☐バラ積み陳列
☐カットケース（ダンボール）陳列

Section 10

ビジュアルマーチャンダイジング（VMD）

頻出度 C

> **重要ポイント**
> - ☑ 顧客に対して生活シーンの提案やイメージの訴求を具体的なビジュアルディスプレイで行うことは、関連購買も含む購買促進につながる
> - ☑ ビジュアルマーチャンダイジングは、生活提案を視覚的に表現して購買促進を促すものである

1 ビジュアルマーチャンダイジングとは

ビジュアルマーチャンダイジング（VMD）とは、品ぞろえをはじめとして、売場づくりを視覚面から訴求することにより、購買意欲を促進する売場づくりをする技法のことです。

顧客に対して生活提案やイメージ訴求を具体的なビジュアルディスプレイで行うことで、関連購買も含む購買促進につながります。

キーワード

☑ ビジュアルマーチャンダイジング（VMD）

Section 11
レイバースケジューリングプログラム(LSP)

頻出度 C

重要ポイント
☑ レイバースケジューリングプログラム(LSP)は、**売上予測**と適切な**従業員**の配置によって、効率的な店舗運営を目指すものである

1 レイバースケジューリングプログラム(LSP)の開発ルーツと基本原則

レイバースケジューリングプログラム(LSP)のルーツは、アメリカの工業近代化時代における生産性向上システムです。アメリカの小売業チェーンが導入し、バックヤードの作業改善を皮切りとして、主にグローサリーの品出し作業や生鮮食品の加工作業におけるスケジューリング技術として構築されてきています。

LSPの基本原則は、チェーンストア本部が**作業**と**作業量**を明確に捉え、作業ごとに必要な従業員数と適正な作業員数を振り分けることにあります。

2 LSPによる効率的店舗運営のポイント

LSPにより効率的な店舗運営を行うには、①精度の高い日々の**売上予測**により、**作業量**の算出精度を上げる、②売上予算に応じて適正な**日割り人時**枠(従業員数)を設定する、③繁忙日と閑散日を考慮して**人時割当て**を調整する、という3つの点がポイントとなります。

3 LSPの活用による発注作業の改善

小売店における発注作業のうち、**発注数量**の決定が最も時間を要する作業です。LSPの活用により、この発注作業時間を効率化できれば、作業全体の効率が高まります。

4 人時計算に基づく発注作業モデル

商品の発注時における人時の改善には、発注作業を細かく分解して、人時計算ができるプログラムを作成する必要があります。人時計算の値を求める

には、発注の対象となっている商品が何品目であるかが基準となります。例えば、対象商品1,000品目のうち仮に発注率を25％にした場合、週あたり発注人時が2.97人時となります。具体的な計算式については下図で確認しましょう。

発注作業の人時計算例

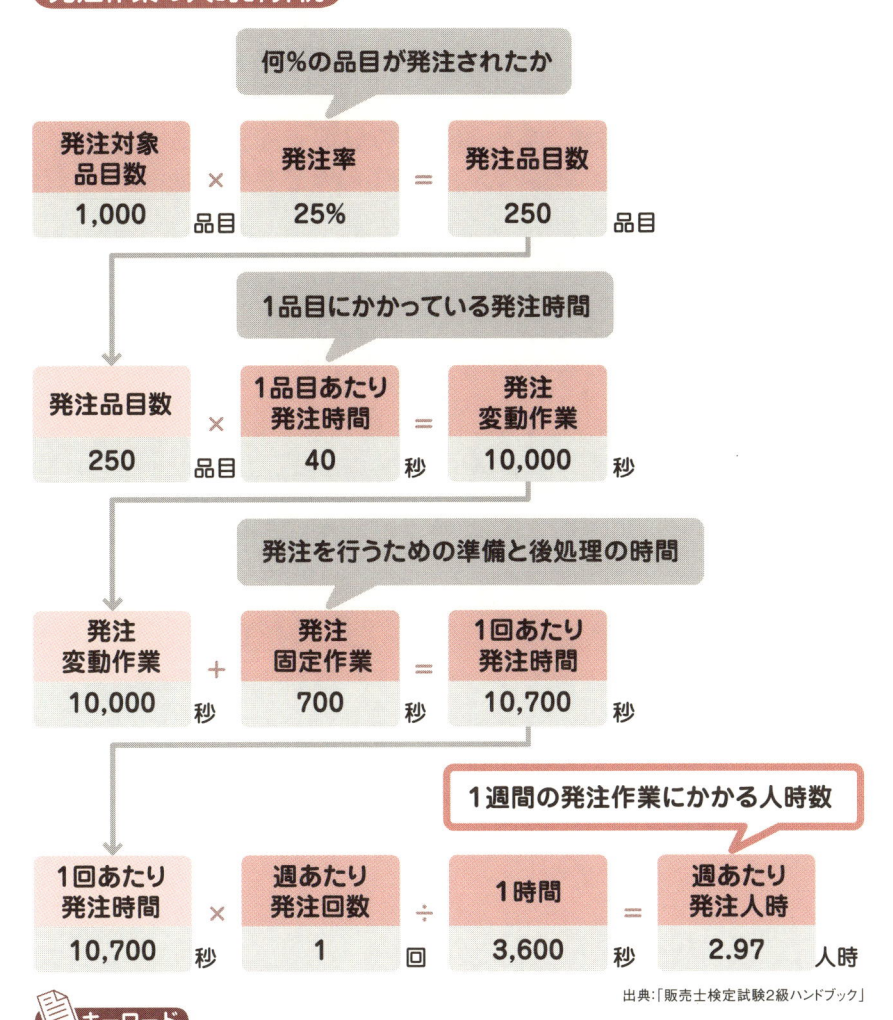

何％の品目が発注されたか

発注対象品目数 1,000 品目 × 発注率 25％ = 発注品目数 250 品目

1品目にかかっている発注時間

発注品目数 250 品目 × 1品目あたり発注時間 40 秒 = 発注変動作業 10,000 秒

発注を行うための準備と後処理の時間

発注変動作業 10,000 秒 + 発注固定作業 700 秒 = 1回あたり発注時間 10,700 秒

1週間の発注作業にかかる人時数

1回あたり発注時間 10,700 秒 × 週あたり発注回数 1 回 ÷ 1時間 3,600 秒 = 週あたり発注人時 2.97 人時

出典:「販売士検定試験2級ハンドブック」

キーワード

☑ レイバースケジューリングプログラム(LSP)

Section 12

販売員の役割と使命

頻出度 C

> **重要ポイント**
> - ☑ 接客サービスの基本は、「顧客が求めているもの、欲しいと思っているものを、タイミングよく気持ちのよい態度で提供すること」である
> - ☑ 販売員は、顧客に対する人的販売の最前線部分であり、固定客化を推進するためにもよく訓練されている必要がある

1 販売員の役割

販売員は、店舗での口頭による顧客へのプレゼンテーションにより、顧客の購買心理に働きかけて楽しい商品選択をサポートする役目をもちます。

2 顧客の情報収集力と販売員の役割

買回品・専門品では、顧客の情報収集力よりも、販売員の専門知識の方が高いことが多いため、よきアドバイザーとしての役割を果たすことで固定客化しやすくなります。一方、最寄品の場合には、検討時間が短く、顧客の情報収集力も高いため、ショートタイムショッピングのサポートを行う販売員には、スピーディで明るい印象をもたせる接客が必要となります。

3 顧客満足の提供

顧客満足を得るには、顧客の求めていることや抱えている問題を的確に把握し、解決策を提案する「ソリューション」と、顧客を大事にもてなす心である「ホスピタリティ」が必要です。

4 接客サービスの基本

接客サービスの基本は、「顧客が求めているもの、欲しいと思っているものを、タイミングのよい気持ちのよい態度で提供すること」です。

5 サービス提供の基本的心構え

顧客に対するサービスの基本的な心構えのポイントは以下のようなものです。

①サービスの平等化を図るには、「接客の順番を守る」、「お得意客の応対で特別扱いをしつつも他の客に不快にならないように対応する」などがあります。②顧客の要望に合致するサービスの提供方法としては、「細かい配慮」、「誠意を示す」などがあります。

顧客の情報収集力と販売員の役割

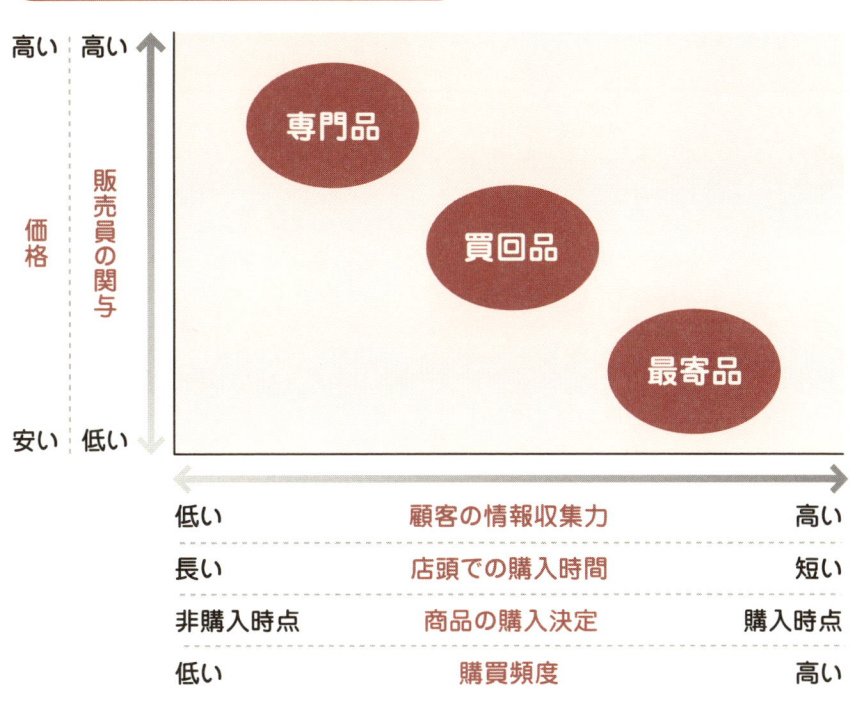

縦軸：価格（安い〜高い）／販売員の関与（低い〜高い）
横軸：

	低い		高い
		顧客の情報収集力	
	長い	店頭での購入時間	短い
	非購入時点	商品の購入決定	購入時点
	低い	購買頻度	高い

- 専門品：価格・販売員の関与が高い、情報収集力が低い
- 買回品：中間
- 最寄品：価格・販売員の関与が低い、情報収集力が高い

出典：「販売士検定試験2級ハンドブック」

キーワード

☑ ソリューション　☑ ホスピタリティ

Section 13

販売員の資質向上策

頻出度 B

重要ポイント
- ☑ 販売員は小売業にとって重要な**経営資源**である。小売業の経営責任者は、**販売員**が積極的に成長できるような仕組みをつくる必要がある
- ☑ 販売員が自ら成長したいと思うような仕組みづくり、**動機づけ**が重要である

1 経営資源としての販売員育成

販売員は小売業にとって重要な経営資源です。小売業の経営責任者は、販売員が経験を積みながら、技術や知識を高める喜びを知り、積極的に成長できるような仕組みを作る必要があります。

2 販売員育成の階層的プロセス

販売員は、**動機づけ**の度合いや受けてきたしつけ、教育のレベルに差があるため、一律に育成することは困難です。①動機づける、②マニュアルを作成し、しつける、③理解させ、頭と体で身につける、④納得させてメンバー全員で考えさせる、という４つの段階を成長の度合いに応じてひとつずつ段階的に行い、育成していく必要があります。

3 売場指揮

売場の責任者は、販売員のフォーメーション決めとともに、商品補充や品切れ防止にも気をくばる必要があります。

4 商品知識・商品情報の収集

商品知識を得る方法としては、社内情報としてのPOSデータや、社内のほかの社員から情報を得る方法があります。社外情報としては、仕入先企業やメーカーからの情報、顧客からの情報などがあります。

5 管理代行者の育成

管理者は、自分が売場から離れるときの代行者を育成、指導しておく必要があります。

6 自己管理

健康面、感情面をコントロールし、常に高い成長目標をもちつつも、ストレスを発散する精神的な余裕があるように、自己管理をしていく必要があります。

7 指導にあたっての注意事項

販売員育成にあたっては、以下の6つのポイントに注意する必要があります。
1. 部下のミスは指摘して改善させるが、責めないように心がける
2. 過去の失敗を蒸し返さない
3. 決めつけない
4. 競争はよいが、比較はマイナスに働く可能性が高いので注意する
5. 注意したあとは必ずフォローする
6. 士気を盛り上げる

育成のプロセス

	管理者が行うこと	指導内容
1	組織の価値観を明示する	動機づける（モチベーション、やる気）よい仕事への関心を高める
2	マニュアルを作成し、トレーニングする	マニュアルでしつける 頭と体で身につける
3	情報共有の仕組みをつくる	理解させる 頭と体で身につける
4	忍耐強く実行する	納得する メンバー全員で考える

出典：「販売士検定試験2級ハンドブック」

キーワード
☑ 動機づけ ☑ 販売員育成

Section 14

販売員の接客技術

頻出度 A

> **重要ポイント**
> - ☑ **待機**から**お見送り**までの各プロセスに応じた適切な顧客アプローチの方法を理解する
> - ☑ 優良な人的販売は顧客の**固定客**化につながり、**売上**の安定化に役立つだけでなく**顧客**から情報を収集できる関係づくりにもなる

1 人的販売の重要性と効果

　人的販売は、とくに初心者が商品を選択したり、感性や感覚を要求する商品の選択の際に効果を発揮したりします。優良な人的販売は顧客の固定客化につながり、売上の安定化に役立つだけでなく、顧客から情報を収集できる関係づくりにもなります。

2 販売員の実践知識

　対面販売においては、顧客の購買心理の動きに合わせて接客することが最も重要です。一般的な接客販売プロセスは以下のようなものです。

❶ **待機**…顧客が商品の間を回遊している間は、準備を整えて待機します。
❷ **アプローチ**…顧客が注目から興味の段階に移ったら、興味や連想を高める言葉をかけます。
❸ **商品提示**…アプローチでよい感触を得たら、実際に商品を使う状態にしてみせます。
❹ **商品説明（セリングポイント）**…顧客の好みや判断基準がわかってきたら、購買決定につながる商品の効用を短い言葉で表現します。
❺ **クロージング**…顧客が自ら購買決定を決めるようにうまく誘導して、契約します。
❻ **金銭授受**…代金を受け取るときは、口頭できちんと確認して受け渡しを行います。
❼ **包装**…美しく、スピーディに、商品を丁寧に扱って包装します。

❽ **お見送り**…顧客が帰るとき、感謝の気持ちで後ろ姿を見送れば販売員の誠意も顧客に通じます（お見送り3ｍ）。

購買心理過程と販売員の役割

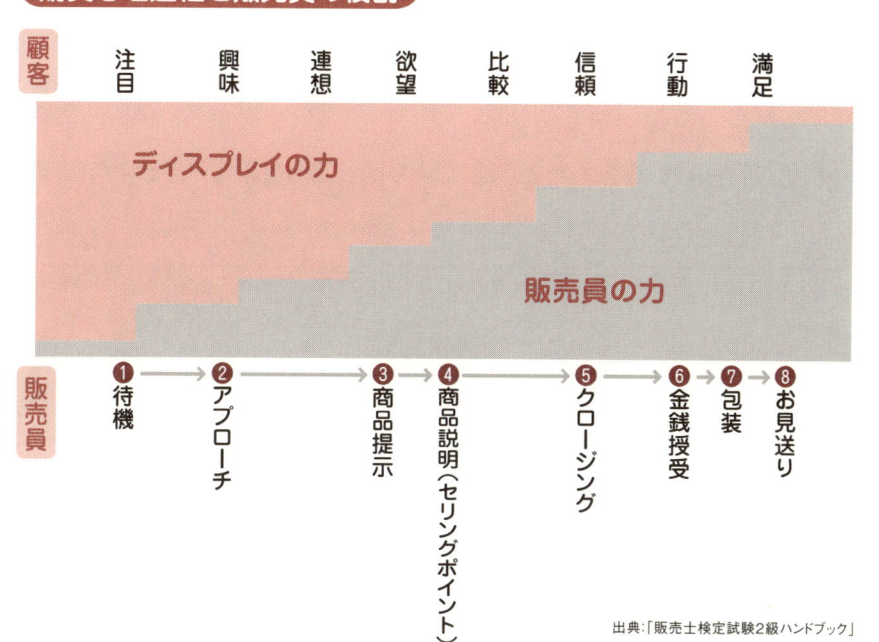

顧客	注目	興味	連想	欲望	比較	信頼	行動	満足

ディスプレイの力 → 販売員の力

販売員	❶待機	❷アプローチ	❸商品提示	❹商品説明（セリングポイント）	❺クロージング	❻金銭授受	❼包装	❽お見送り

出典：「販売士検定試験2級ハンドブック」

３ セルフサービスの店舗における接客方法

セルフサービスの店舗では、顧客との接点が少ない分、接客の場（レジや問い合わせなど）では、よりしっかりとした対応が求められます。また、商品を選びやすく、売場ディスプレイを活気あるものにする工夫も必要です。

📝 **キーワード**

☑待機　☑アプローチ　☑商品提示　☑商品説明（セリングポイント）　☑クロージング　☑金銭授受　☑包装　☑お見送り　☑セルフサービス

Section 15
職場における販売員管理

頻出度 A

> **重要ポイント**
> - ☑ 職場内の**チームワーク**を高め、各自が能力開発できるような環境づくりが重要である
> - ☑ 販売員の適切な**訓練**と**配置**により販売員が成長できるように管理する

1 ジョブローテーションと職務割当て

　小売業は、平均して3年から5年で**ジョブローテーション**を行い、マンネリ化を防ぐとともに、業務遂行能力の幅を広げるようにしています。売場の販売員の移動は、固定客や顔なじみ客が減少しないよう、上手に引継ぎをする工夫が必要です。

　また、職務分析と部下の能力の正確な把握を前提として、的確な職務を割当てることも重要です。仕事の責任範囲を明確にし、同系統の仕事はまとめてまかせることで**専門性**を高めさせるようにすると、効率的な育成が可能となります。

2 公平な管理

　部下は、公平に扱わないと不満の原因となります。職位や実力に応じて仕事は配分しますが、人間性にかかわる部分で公平さを欠いてはいけません。

3 チームワーク

　優れたチームリーダーとの円滑なコミュニケーションがあることがよいチームの基本です。チームメンバーの役割や位置をよく把握して、共通目標を立てて統率する必要があります。

4 パートタイマーとアルバイト

　パートタイマーは、フルタイマーに対する言葉で、就業形態の違いを指し、

アルバイトは正社員に対する言葉で雇用形態の違いを指します。いずれも今日では重要な仕事の担い手であるため、販売の現場の主力メンバーと位置づけて、サポートする必要があります。

5 販売員の教育訓練

態度、知識、技能については教育が必要であり、ペーパーテスト、ロールプレイングなどで効果も測定しつつ、継続的な教育を行います。教育方法は、ロールプレイング（役割演技）、OJT、OffJT（下表参照）、講義形式など、指導の方法によっても異なりますが、新人教育、中堅教育、ベテラン教育、管理監督者教育など階層別の教育も重要です。

OJT と OffJT の特徴

名称	OJT（On The Job Training）職場内訓練	OffJT（Off The Job Training）職場外研修
訓練方法	各従業員が身につけなければならない業務遂行上の技術や能力を、現場の上司が実際に作業をしてみせて、試行錯誤しながら、従業員に伝えていく方法である。	職場から離れ、外部の講師などから訓練を受けること。この方法は一斉講義で実施される。一斉講義は、大量の情報を大人数の人々に伝える方法である。
雇用形態と特徴	終身雇用を前提としている日本企業では、とくに職場内訓練による業務遂行能力の向上が求められてきたといえる。山本五十六帥の言葉に「してみせて、いってきかせて、させてみて、褒めてやらねば、人は動かじ」とある。	終身雇用を前提としない今日では、OJTによる従業員の教育訓練はコストがかかるとの考え方がみられるようになり、方法がOffJTであっても、これまでのOJTでの業遂行上での知識や技術の教育に重点が置かれた研修が取り入れられている。

出典：「販売士検定試験2級ハンドブック」

キーワード

☑ ジョブローテーション　☑ パートタイマー　☑ アルバイト　☑ ロールプレイング（役割演技）　☑ OJT
☑ OffJT

第3章 ストアオペレーション チャレンジ問題

第1問 次の事項は、補充・発注について述べたものです。正しいものには1を、誤っているものには2を、対応するア～オの解答欄に記入しなさい。

ア 在庫型のステープル商品（加工商品、衣料、生活雑貨など）は、欠品や過剰在庫にならないよう留意して発注する。
イ 在庫型のステープル商品（加工商品、衣料、生活雑貨など）は、なるべく一度に大量に発注する。
ウ 季節性の高いファッション商品は、再発注できない商品などもあるため、補充発注が可能なリストを整備して、そのリストについては補充・発注を行う。
エ 季節性の高いファッション商品は、再発注できない商品などもあるため、なるべく一度に大量に発注する。
オ 毎日売り切り型の生鮮食料品は、チラシ広告や催事プロモーション、天候、気温などを総合的に勘案しつつ、欠品がなく、売れ残りもないよう注意して発注する。

解答欄	ア	イ	ウ	エ	オ

第2問 次の事項は、補充・ディスプレイについて述べたものです。正しいものには1を、誤っているものには2を、対応するア～オの解答欄に記入しなさい。

ア 商品の補充とは、納品された商品を売場に適正にディスプレイすることである。
イ 補充は、棚割表とは関係なく、在庫商品の量が多いものを店頭に並べるようにする。
ウ 補充商品をバックルームから運搬用カートで店舗へ運び、陳列（リセット）する。
エ お客様の通行、買い物のじゃまにならないよう留意して的確にすばやく行う。
オ 「見やすく、手に取りやすい」を心がけ、商品の性格を考慮して適切な方法でディスプレイを行う。

解答欄	ア	イ	ウ	エ	オ

第3問 次の計算式は、売場の効率化を図るための指標です。正しいものには1を、誤っているものには2を、対応するア〜オの解答欄に記入しなさい。

ア 人時生産性（円）＝ $\dfrac{粗利益高}{総労働時間}$

イ 労働分配率（％）＝ $\dfrac{総人件費}{粗利益高} \times 100$

ウ 労働分配率（％）＝ $\dfrac{従業員の平均給与}{社長の給与} \times 100$

エ 労働生産性（円）＝ $\dfrac{粗利益高}{従業員数}$

オ 労働装備率（％）＝ $\dfrac{有形固定資産}{従業員数} \times 100$

解答欄	ア	イ	ウ	エ	オ

第4問 次の文章は、補充型陳列と展示型陳列について述べたものです。文中の〔　〕の部分に、下記の語群のうち最も適当なものを選んで、対応するア〜オの解答欄に記入しなさい。

単品あたりの販売数量を考慮し、効率的な〔　ア　〕を決定するとともに、〔　イ　〕陳列を徹底して売場での商品管理を行うことは、補充型陳列の実施の重要なポイントである。また、展示型陳列の実施にあたっては、顧客の〔　ウ　〕を高めるために的確な〔　エ　〕を設定して〔　オ　〕することが重要である。

【語群】
1．ISM　　　2．テーマ　　　3．フェイシング　　　4．表現度
5．注目度　　6．ドラマティック　　7．前進立体　　　8．業態
9．トータルコーディネート　　　10．フェイス

解答欄	ア	イ	ウ	エ	オ

第5問 次の事項は、補充型陳列について述べたものです。正しいものには1を、誤っているものには2を、対応するア〜オの解答欄に記入しなさい。

ア 補充型陳列における作業省力化の方法には、カットケース陳列やシンボライズ陳列などがある。
イ 補充型陳列は、セルフサービス販売を主体とする小売店よりも、対面販売を主体とする小売店の方が多く採用している。
ウ 補充型陳列の留意点のひとつに、前進立体陳列の励行がある。
エ 補充型陳列では、数量管理がしやすいこと、フェイスをそろえやすいこと、多品目を陳列できることなどの条件を満たした機能的な什器を選定する。
オ 単品を補充型陳列する場合、少量陳列よりも大量陳列の方が販売数量が増加する確率は高い。

解答欄	ア	イ	ウ	エ	オ

第6問 次の事項は、接客上の言葉遣いについて述べたものです。正しいものには1を、誤っているものには2を、対応するア〜オの解答欄に記入しなさい。

ア 販売員が「ありがとうございました」と代金を受け取る言葉遣いは、クロージングに使われる。
イ 「お電話をおかけします」という言葉遣いは、丁寧語である。
ウ 「店長の山田は外出しております」という言葉遣いは、尊敬語である。
エ 「店長、何時にお戻りになりますか？」という言葉遣いは、謙譲語である。
オ 「お差し支えなければ」という言葉遣いは、すり替え話法である。

解答欄	ア	イ	ウ	エ	オ

第7問 次の文章は、販売員の接客話法について述べたものです。文中の〔　〕の部分に、下記の語群のうち最も適当なものを選んで、対応するア〜オの解答欄に記入しなさい。

言葉遣いによって相手への〔　ア　〕や心遣いを伝えるためにア表現が使われる。これは接客の中で、お客様へアを伝える話法として活用できる。例えば、お客様に「こちらへ来てください」などの〔　イ　〕を〔　ウ　〕の表現に換え、「こちらへ来ていただけませんでしょうか」というと、感じはかなり違ってくる。イの表現は、聞く人の意思を〔　エ　〕した一方的な押しつけが感じられるのに対して、ウの表現は、相手の〔　オ　〕を尊重しているので、比較的素直に耳を傾けてもらうことが可能になる。

【語群】
1．意味　　　　　2．アプローチ　　　3．人格　　　　　4．印象
5．依頼調　　　　6．敬意　　　　　　7．無視　　　　　8．命令調
9．肯定調　　　　10．否定調

解答欄	ア	イ	ウ	エ	オ

第8問 次の事項は、接客販売の技術について述べたものです。正しいものには1を、誤っているものには2を、対応するア〜オの解答欄に記入しなさい。

ア　販売員が意図的に商品整理をしながら、商品を動かすことによって顧客の目を引くようなアプローチの方法をデモンストレーションという。

イ　クッション言葉とは、相手の気持ちをふんわりと受け止めたり、自分の気持ちをスムーズに優しく相手に伝えたりする言葉である。

ウ　クロージングの上手な販売員は、顧客をリードしつつ商品を勧めても、顧客に「自分で選んだのだ」と感じてもらう技術を身につけている。

エ　商品選択要素の優先順位が不明確な顧客には、できるだけ商品数を多く提示する。

オ　苦情をもった顧客でも、苦情をひととおり話してしまうと怒りの感情が収まる。これを心理学的にはカタルシスという。

解答欄	ア	イ	ウ	エ	オ

第9問

次のア～オは、購買心理過程の8段階に対応した販売員の接客プロセスに関する事項です。最も関係の深いものを下記文章から選んで、対応するア～オの解答欄に記入しなさい。

ア　商品説明　　　　　　　イ　クロージング　　　　　　ウ　待機
エ　アプローチ　　　　　　オ　商品提示

1. 買上金額や預かり金額などを読み上げて確認する。
2. セリングポイントを使って、商品の用途による効果などを強調する。
3. 顧客が販売員に同調する言葉が多くなったときや、値段を気にしはじめたとき。
4. 「次もあの販売員から買いたい」という気持ちを抱かせるように、余韻のある態度で対応する。
5. 顧客が眺めていた商品に手を触れたとき。
6. 入店客に圧迫感を与えないように、軽作業を行いながら顧客の行動を観察する。
7. 商品を使う状態にして顧客に見せる。

解答欄	ア	イ	ウ	エ	オ

第10問

次の事項は、OJTとOffJTについて述べたものです。正しいものには1を、誤っているものには2を、対応するア～オの解答欄に記入しなさい。

ア　比較的短時間に多くのことを統一のとれた形で教育するのは、OJTよりもOffJTの方が適している。
イ　現場で実際に仕事をしながら教育することを、OffJTと呼ぶ。
ウ　新入社員教育のように基本的なことを集中してまとめて教える場合には、OJTよりもOffJTの方が適している。
エ　一度に多人数の教育をするには、OffJTよりもOJTの方が適している。
オ　知識や理論を体系立てて教えるのは、OJTよりもOffJTの方が適している。

解答欄	ア	イ	ウ	エ	オ

第3章 ストアオペレーション チャレンジ問題 解答&解説

第1問

解答欄	ア	イ	ウ	エ	オ
	1	2	1	2	1

解説

ア、ウ、オは問題文のとおりです。イは間違いで、在庫型のステープル商品は、欠品や過剰在庫にならないよう留意して発注するようにしましょう。エも間違いで、季節性の高いファッション商品は、補充発注が可能なリストを整備して、そのリストについては補充発注を行います。一度に大量発注すると、大量の売れ残りの発生するリスクが高くなります。

第2問

解答欄	ア	イ	ウ	エ	オ
	1	2	1	1	1

解説

ア、ウ、エ、オは問題文のとおりです。イは間違いで、補充は合理的に計画された棚割表にしたがって、欠品または品薄のスペースに商品を補充しなくてはいけません。

第3問

解答欄	ア	イ	ウ	エ	オ
	1	1	2	1	1

解説

ア、イ、エ、オは問題文のとおりです。ウは間違いで労働分配率は、総人件費÷粗利益額で計算され、粗利益に占める人件費の割合をみて、人件費が妥当であるか、投下した人件費が効率的に利益を生んでいるかを見る指標です。

第4問

解答欄	ア	イ	ウ	エ	オ
	3	7	5	2	9

解説

補充型陳列実施のポイントとしては、効率的なフェイシングを決定し、前進立体陳列を徹底することです。展示型陳列では、顧客の注目度を高めるために適切なテーマを設定してトータルコーディネートすることが重要です。

第5問

解答欄	ア	イ	ウ	エ	オ
	2	2	1	1	1

解説

ウ、エ、オは問題文のとおりです。アは間違いでシンボライズ陳列は手間がかかるため、作業省力化になりません。イも間違いで、補充型陳列は、セルフサービス販売店で主に活用されています。

第6問

解答欄	ア	イ	ウ	エ	オ
	1	1	2	2	2

解説

ア、イは問題文のとおりです。ウは間違いで、これは謙譲語です。エも間違いで、これは尊敬語です。オも間違いで、これは導入話法です。

第7問

解答欄	ア	イ	ウ	エ	オ
	6	8	5	7	3

解説
お客様に敬意を伝えるために、敬意表現が使われます。命令調の言い回しを依頼調に変えることで相手の受け止める印象が受け入れやすいものとなります。命令調は相手の人格を無視しているのに対し、依頼調は相手の人格を尊重しているためだからです。

第8問

解答欄	ア	イ	ウ	エ	オ
	1	1	1	2	1

解説
ア、イ、ウ、オは問題文のとおりです。エは間違いで、選べない客には、少ない商品を提示し、少ない選択肢の中で決めやすくさせることが重要です。

第9問

解答欄	ア	イ	ウ	エ	オ
	2	3	6	5	7

解説
アの商品説明は、セリングポイントなどをうまく使いながら商品の魅力をアピールすることです。イのクロージングは、購入の決定を促すことで、相手が納得したタイミングをよく見てから購入決定を勧めます。ウの待機では、店内で商品を見ているお客様に圧迫感を与えないように気をつけながら、興味の度合いを観察します。エのアプローチのタイミングのひとつとして、お客様が商品に手を触れたときなどがあります。オの商品提示は、商品を使う状態にして見せるようにし、商品の使用感のよさをアピールします。

第10問

解答欄	ア	イ	ウ	エ	オ
	1	2	1	2	1

解説

ア、ウ、オは問題文のとおりです。イは間違いで、現場で実際に仕事しながら指導することはOJTです。エも間違いで、多人数の教育をするにはOffJTが適しています。

memo

第4章
マーケティング

この科目では、消費スタイルの変化に伴うマーケティング機能の強化、小売業のマーケティング・ミックスの実践、マイクロマーケティングの展開方法やマーケティング戦略の方法、マーケティング・リサーチの実施方法など、実践的なマーケティング戦略の知識を学び、さらに出店に関わる商圏分析の立案と実施方法、出店戦略の立案と実施方法なども学びます。また、販売促進策の企画と実践や業態開発の手順などについても具体的に学びます。

Section 1 生活目的の広がりに伴う消費スタイルの変化

頻出度 A

重要ポイント

- ☑ 衣食住および光熱費など、生活していくうえで不可欠な消費を「**基礎的消費**」といい、生活上必ずしも必要でない消費を「**選択的消費**」という
- ☑ 今日では**選択的消費**が拡大・多様化している

1 基礎的消費と選択的消費

　生活していくうえで不可欠な消費を「**基礎的消費**」といい、教養、レジャー、娯楽など個人の自由な判断で使われる消費を「**選択的消費**」といいます。
　1980年以降、選択的消費は増加しはじめ、90年代以降は家計の40％を占めるようになってきています。選択的消費は拡大しつつ、さらに個人の好みによって多様化しています。

2 消費スタイルの変化

　近年の消費スタイルには、①「自分らしさ」の追求、②体験・利用によって充足感を得る経験的消費、③マスメディアや消費者どうしのコミュニケーションで価値が高まっているものを使って満足する商品情報の消費、などの特徴があります。

3 マーケティング機能の強化

　消費者の意識は、単に商品を買うというよりも、「商品を含む生活提案を買う」というように変化してきているため、小売業も①**提案型販売**（生活提案、用途提案、体験型）や、②**コンサルティング販売**（個人客対応の対話型販売）というかたちで販売し、マーケティングの機能も強化しています。

キーワード

☑ 基礎的消費　☑ 選択的消費

Section 2
小売業のマーケティング・ミックス①
プレイス（ストア・ロケーション）

頻出度 A ★★★

> **重要ポイント**
> ☑ 商業立地には、「ジオグラフィック要因」、「デモグラフィック要因」「サイコグラフィック要因」、の3つの要因がある
> ☑ 立地戦略は小売業にとって大変重要である

1 小売業のマーケティング・ミックス

　小売業では、競争の激化、消費需要の低迷などを背景として、自ら需要を喚起、創造するようなマーケティング活動が必要となっています。小売業のマーケティングは以下の4つのPの組み合わせで構成されます。

4P理論

- プレイス　Place　立地戦略
- プロダクト　Product　商品化政策　→ P168参照
- プライス　Price　地域公正価格　→ P170参照
- プロモーション　Promotion　購買促進策　→ P172参照

2 立地条件の変化

　小売業では、店舗が立地する都市に関する諸条件である「商業立地」と、店舗の位置やその商圏に関する地理的条件である「店舗立地」に分けて捉えるのが一般的です。
　商業立地には、地理的な条件である「ジオグラフィック要因」、人口統計的な条件である「デモグラフィック要因」、消費者の価値観や購買習慣的な条件である「サイコグラフィック要因」の3つの要因があります。

小売店の立地条件を規制する要因

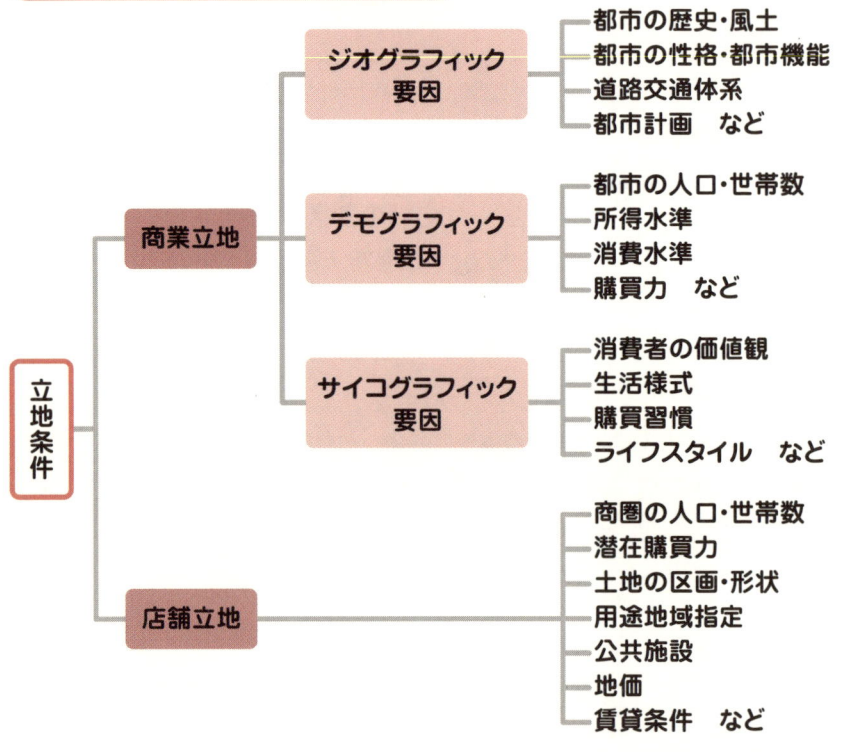

```
立地条件 ─┬─ 商業立地 ─┬─ ジオグラフィック要因 ─┬─ 都市の歴史・風土
         │            │                      ├─ 都市の性格・都市機能
         │            │                      ├─ 道路交通体系
         │            │                      └─ 都市計画　など
         │            │
         │            ├─ デモグラフィック要因 ─┬─ 都市の人口・世帯数
         │            │                      ├─ 所得水準
         │            │                      ├─ 消費水準
         │            │                      └─ 購買力　など
         │            │
         │            └─ サイコグラフィック要因 ┬─ 消費者の価値観
         │                                    ├─ 生活様式
         │                                    ├─ 購買習慣
         │                                    └─ ライフスタイル　など
         │
         └─ 店舗立地 ──┬─ 商圏の人口・世帯数
                      ├─ 潜在購買力
                      ├─ 土地の区画・形状
                      ├─ 用途地域指定
                      ├─ 公共施設
                      ├─ 地価
                      └─ 賃貸条件　など
```

出典:「販売士検定試験2級ハンドブック」

3　立地選定と店舗(業態)開発

　小売業を、人的サービスの度合いと、商圏の広さで分類すると、おおむね右の図のようになります。

❶ **第1次象限(人的サービス強・商圏の広さ小)**…第1次象限には、地域の専門店(業種)が位置づけられます。人的サービスを中心に、コミュニティ(地域社会)に対応することによりアイデンティティを確立します。

❷ **第2次象限(人的サービス弱・商圏の広さ小)**…第2次象限には、スーパーマーケットやドラッグストアなどが位置づけられます。セルフサービスをはじめとしてPOSシステムやEOSなどの装置(システム)に依存しています。人的サービスの充実を図ることでさらなる発展が期待されています。

❸ **第3次象限(人的サービス強・商圏の広さ大)**…第3次象限には、百貨店

や高級専門店などが位置づけられます。

❹ **第4次象限（人的サービス弱・商圏の広さ大）**…第4次象限は、人的サービスよりも装置的サービスに依存します。効率的な運営を行う総合品ぞろえスーパーやスーパーセンターなどが位置づけられます。

店舗形態別小売業のポジショニング

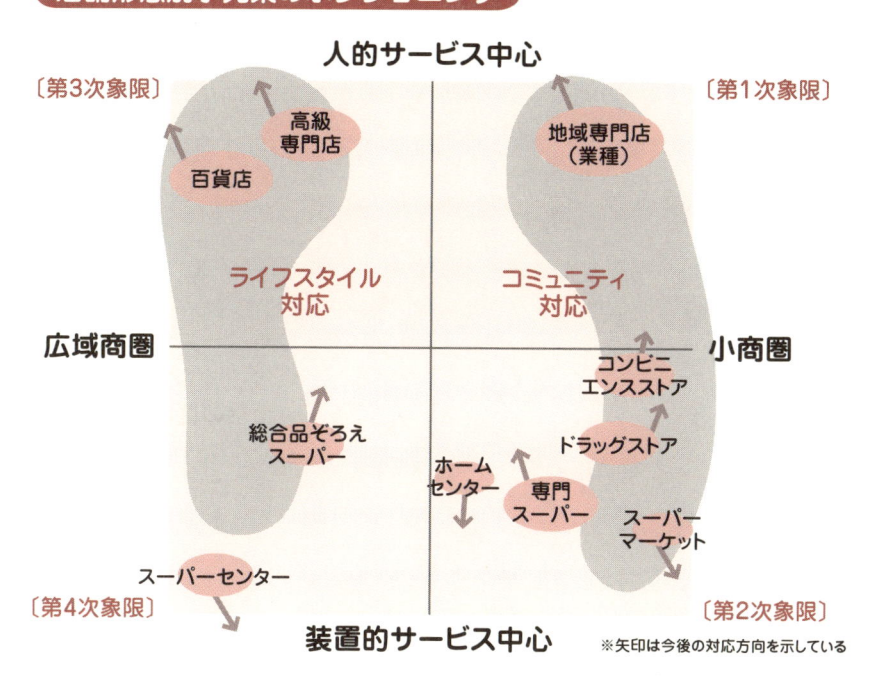

人的サービス中心

〔第3次象限〕　　　　　　　　　　　　〔第1次象限〕
　　高級専門店　　　　　　　　地域専門店（業種）
　百貨店

広域商圏　ライフスタイル対応　｜　コミュニティ対応　小商圏

　　　　　　　　　　　　　　　コンビニエンスストア
　総合品ぞろえスーパー　　　　ドラッグストア
　　　　　　ホームセンター　専門スーパー　スーパーマーケット
スーパーセンター

〔第4次象限〕　　　　　　　　　　　　〔第2次象限〕

装置的サービス中心

※矢印は今後の対応方向を示している

出典：「販売士検定試験2級ハンドブック」

4 立地戦略としての商圏

　商圏とは、顧客の来店範囲のことです。小売業が成功するためには、自店の顧客になりそうなターゲットが集まっている場所を選定して、店の特性に合った店舗立地を戦略的に考えることが重要です。

📝 **キーワード**

☑ ジオグラフィック要因　☑ デモグラフィック要因　☑ サイコグラフィック要因

Section 3

小売業のマーケティング・ミックス②
プロダクト（マーチャンダイジング）

頻出度 A

> **重要ポイント**
> - ブランドにおいて、発音可能なものを「ブランドネーム」、発音できないシンボルを「ブランドマーク」という
> - ブランドは、モノがありあまる時代の差別化策として重要である

1 ブランド（商標）の定義

ブランドとは、「一企業またはそのグループの商品・サービスであることを識別し、共同業者と区別するための名称、用語、記号、標識、デザインなど」のことであり、発音可能なものを「ブランドネーム」と呼び、発音できないシンボルを「ブランドマーク」といいます。

ブランドのなかで、商標法に基づいて登録された商標は「登録商標」として法的に保護され、無断使用に対して損害賠償請求ができます。

2 ブランドの拡大プロセス

ブランドは、以下の6つの段階で拡大・拡散します。

❶ 他社、他商品との区別と責任の明確化（出所表示）

❷ 品質保証と商品選択の目安

❸ 感性へのフィットとロイヤルティの確立

❹ 社会的な意味をもつブランドの確立

❺ 象徴的な意味をもつブランドの確立

❻ ブランドの象徴的な価値の崩壊

　❶～❺までの5段階でブランドはその社会的な意味を確立し、高い品質と

保証のイメージによって顧客に選ばれるようになりますが、あまりに大量に世に出回ると希少性が薄れてブランド価値が崩壊してしまいます。つまり誰でももっているものにはブランドとしての価値がないと認識されます。

3 ブランドの分類

ブランドの所有者がメーカーである場合は、「**ナショナルブランド**」(NB)と呼ばれ、所有者が流通業である場合は「**プライベートブランド**」(PB)と呼ばれるのが一般的です。また、企業全体で使用しているブランドは「**コーポレートブランド**または**統一ブランド**」、商品グループ別に使用するものを「**カテゴリーブランド**または**ファミリーブランド**」、商品アイテムごとに使用するものを「**アイテムブランド**」といいます。

商品範囲の広がりの程度によるブランドの分類

アイテムブランド　カテゴリーブランド　ファミリーブランド　コーポレートブランド

出典:「販売士検定試験2級ハンドブック」

4 ブランドの機能

ブランドには、①**識別**機能、②**出所表示**機能、③**品質保証**機能、④**象徴**機能、⑤**情報伝達**機能、⑥**資産**機能、の6つの機能があります。

5 プライベートブランド(PB)商品と小売業

小売業にとってプライベートブランド(PB)商品は、利益確保をしやすく、企業イメージの向上にもつながるため、積極的に導入すべきものです。ただし、買取リスクと、開発コストリスクが発生するため、顧客ニーズを十分吟味することが重要です。

キーワード

- ☑ ブランドネーム　☑ ブランドマーク　☑ ナショナルブランド　☑ プライベートブランド
- ☑ コーポレートブランド　☑ 統一ブランド　☑ カテゴリーブランド　☑ ファミリーブランド
- ☑ アイテムブランド

Section 4

小売業のマーケティング・ミックス③
プライス（EDFP:エブリデイ・フェアプライス）

頻出度 A

重要ポイント
- ☑ 売価設定政策のねらいと、売価の種類については理解しておくこと
- ☑ 売価設定政策は、競争戦略や市場戦略と深く関連している

1 売価設定政策のねらい

　価格は購買検討・決定の大きな要素であるため、競争を考慮した戦略的な価格政策が必要です。基本は、①市場価格を基準として決定する方法と、②コストにマージンを上乗せする方法がありますが、競争をより意識したり、購買心理に働きかけたりするために、末尾を端数にして割安感を出す「端数価格政策」という方法もあります。

　社会的に広く認知された慣習価格がある場合は、この金額以上の価格設定をしてもあまり売れません。「ドロシーレーンの法則」によれば、特定少数の商品を大幅に値下げするよりも、数多くの商品を少し引き下げるほうが、顧客は安いと感じます。

ドロシーレーンの法則

100品目中18%の商品を安くすると →	85%の顧客が安いと感じる
100品目中30%の商品を安くすると →	95%の顧客が安いと感じる
100品目中48%の商品を安くすると →	ほとんどの顧客が安いと感じる

出典:「販売士検定試験2級ハンドブック」

2 売価の種類

　小売業の売価には以下のようなものがあり、それをもとにさまざまな売価政策がとられています。

❶ **ディスカウント**プライス…小売業のコスト削減努力で、きちんとした商品を安く売ること
❷ **プロパープライス**…値引きや廉売をしないで、小売業の定めた値入をした価格のこと
❸ **ディープディスカウント**プライス…特定の時期に、大量仕入で超低価格を設定すること
❹ **ローワ**プライス…ナショナルブランド商品などを低価格に設定すること
❺ **ポピュラー**プライス…その店の客層の大多数に受け入れられる価格のこと
❻ **モデレート**プライス…一般価格より少し高めの売価設定をすること
❼ **ベタープライス**…やや高級な売価設定をすること
❽ **ベスト**プライス…高級品や特殊品につける売価のこと
❾ **目玉価格**…数量を限定して客寄せのために仕入値ギリギリの商品価格を設定すること
❿ **特売価格**…目玉商品より高く、定番商品より安い価格設定で、チラシで訴求すること
⓫ **インプロ**プライス…店内で告知する特売用特価のこと
⓬ **オープン**プライス…メーカー小売価格ではなく、小売店が自由に売価を設定すること
⓭ **二重価格**…小売店がもともと表示した価格を二重線などで消して、さらに安い価格を表示すること
⓮ **エブリディロー**プライス…すべての商品をいつでも安く売れる体制をつくり、反復来店を促すこと。この場合、チラシは廃止する

❸ 売価の決定方法

　仕入原価重視、**市場動向**重視のどちらかを選択し、市場動向重視の場合は、競争相手の価格重視、顧客が望む価格重視のいずれかの立場で売価を決定します。

📋 **キーワード**

☑ ドロシーレーンの法則　☑ ディスカウントプライス　☑ プロパープライス
☑ ディープディスカウントプライス　☑ ローワプライス　☑ ポピュラープライス　☑ モデレートプライス
☑ ベタープライス　☑ ベストプライス　☑ 目玉価格　☑ 特売価格　☑ インプロプライス
☑ オープンプライス　☑ 二重価格　☑ エブリディロープライス

第4章　マーケティング

Section 5
小売業のマーケティング・ミックス④
プロモーション

頻出度 B ★★☆

重要ポイント
☑ 厳しい競争のなかで**固定客**を増やしていくためには、差別化された販売促進策を進めていくとともに、「**ストアロイヤルティ**」を高めることが必要である

1 販売促進の今日的役割とストアロイヤルティの向上

　消費市場が成熟化し、常に激しい競争にさらされている今日の小売業では、「**来店客数**を増やす」また、「**客単価**を上げる」ために、差別化された販売促進策を進めていくことが課題です。そして、**固定客**を増やすためには「**ストアロイヤルティ**」を高めてお店のファンを確実に増やすことが必要です。

　ストアロイヤルティとは、「いつも買っている小売店に対して、将来も継続的に購入する意向をもつ顧客がその店舗に抱く忠誠心」と定義されています。ストアロイヤルティを高めるためには、来店客の特性や店舗内での購買の特徴などを把握し、それに対応をした品ぞろえや販売促進をすることが必要です。

2 ストアイメージ向上の前提条件

　小売業は、「**売り方**の方針」を重視し、この方針に沿って、「店頭の店舗吸引力の向上」、「店内回遊性の向上」、「売場立ち寄り率の向上」、「商品選択性の向上」、「商品の購買率の向上」などを目指す必要があります。

3 ストアイメージの形成要素

　ストアイメージは、次の4つの要素で構成されます。
❶ 明るく、きれい
❷ 商品の品質、品ぞろえ、価格、サービス
❸ ストーリー性豊かな生活提案型ディスプレイ
❹ 教育のゆきとどいた店員による高いレベルの顧客コミュニケーション

4 ストアイメージの形成に関する基本的機能

ストアイメージの形成は、店舗の次の4つの基本的機能を引き上げます。
① 顧客吸引機能
② 情報発信機能
③ コミュニケーション機能
④ 購買促進機能

5 ストアイメージの形成と販売促進政策

ストアイメージの形成は、販売促進政策の前段階でもあり、常に新鮮なイメージをつくり続けるという側面では販売促進政策の一部ともいえます。

小売店頭における消費者の購買決定の要件とプロセス

① 消費者を店内に呼び込むこと → 店舗の吸引力 ← 来店率
② 店内全体の見通しがよく、回遊しやすいこと → 店舗の滞留力 ← 視認率
③ 消費者を売場に近づけること → 売場の訴求力 ← 立寄り率
④ 商品がよく見えて選びやすいこと → 売場（ゴンドラ）の認知力 ← 注目率
⑤ 買う気を起こさせる要因が強く働いていること → 商品の購買促進力 ← 購買率

出典：「販売士検定試験2級ハンドブック」

📄 **キーワード**
☑ ストアロイヤルティ

Section 6
小売業の販売促進政策の基本と課題

頻出度 C

重要ポイント
- ☑ 顧客の反復購買の度合いに応じて顧客の優良度を決め、サービスの度合いを高める「フリークエント・ショッパーズ・プログラム」（FSP）が固定客拡大のために注目されている
- ☑ 集客促進、購買促進、顧客の固定化対策の3つが販売促進政策の課題である

1 集客促進機能

集客促進機能は、チラシ広告や各種メディアの活用により、新規の不特定多数の顧客や、来店頻度の低い既存客の集客を促進する機能です。チラシの出しすぎは、最終的に利益を失うことになるため、集客促進とそれにかけるコストとのバランスが重要です。

2 購買促進機能

購買促進機能は、「インストアマーチャンダイジング」（ISM）を中心とする、店内での購買率を高める機能のことです。

3 顧客の維持・離反防止機能

顧客の維持・離反機能は、「カスタマーリレーションシップマネジメント」（CRM）（P179参照）、なかでも顧客の反復購買の度合いに応じて顧客の優良度を決め、サービスの度合いを高める「フリークエント・ショッパーズ・プログラム」（FSP）（P177参照）などを駆使することによって固定客を増やし、反復購買を高める機能です。

小売業のプロモーションと顧客サービスの体系

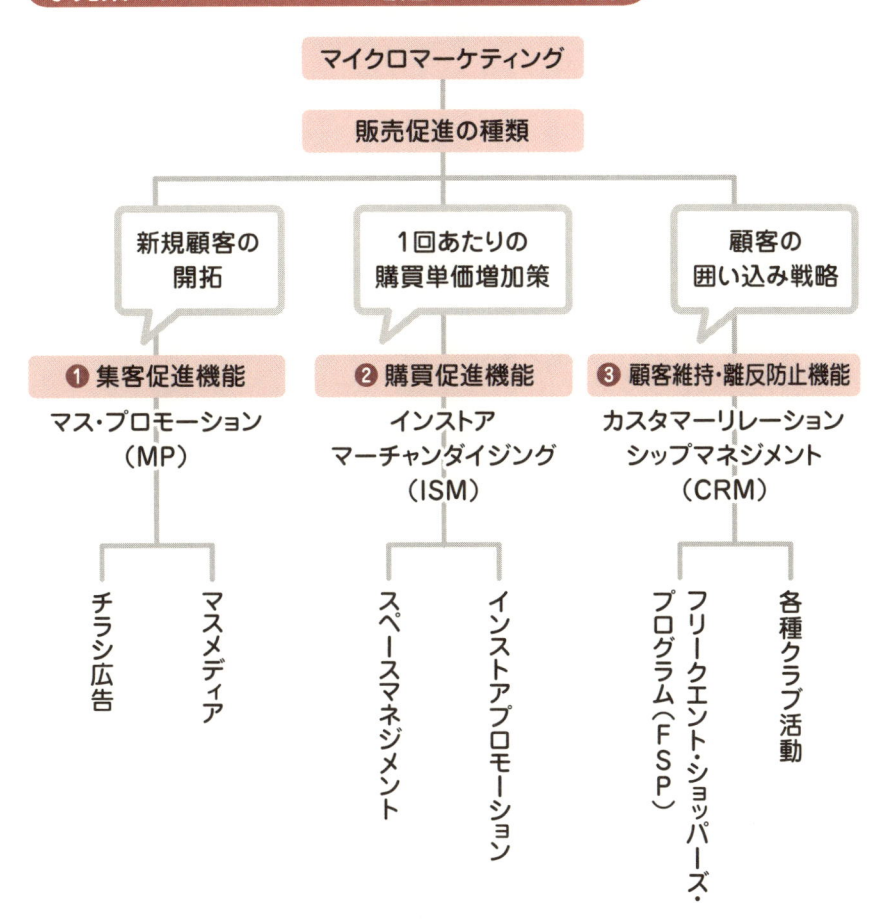

```
                    マイクロマーケティング
                           │
                      販売促進の種類
         ┌─────────────────┼─────────────────┐
    新規顧客の          1回あたりの           顧客の
      開拓            購買単価増加策        囲い込み戦略
         │                 │                 │
  ❶ 集客促進機能     ❷ 購買促進機能    ❸ 顧客維持・離反防止機能
   マス・プロモーション    インストア        カスタマーリレーション
        （MP）       マーチャンダイジング      シップマネジメント
                        （ISM）              （CRM）
      ┌──┴──┐         ┌──┴──┐           ┌──┴──┐
    チラシ  マス      スペース  インストア   フリークエント・  各種クラブ
    広告   メディア   マネジメント プロモーション ショッパーズ・    活動
                                           プログラム（FSP）
```

出典：「チェーンストアの知識」日本経済新聞社

📄 **キーワード**

☑ インストアマーチャンダイジング（ISM）　☑ カスタマーリレーションシップマネジメント（CRM）
☑ フリークエント・ショッパーズ・プログラム（FSP）

Section 7
顧客中心主義の考え方

頻出度 C

🌸 重要ポイント

- ☑ 変化の激しい今日では、顧客に価値を提供するという観点でビジネスシステムそのものを変化させていくことが必要となっている
- ☑ 消費者は、グローバル化とインターネットの出現により、捉えにくくなっている
- ☑ 顧客のメリットを優先する「顧客中心」主義に基づく商品開発が主流になりつつある

1 変化する消費者の購買意識

米国では、9.11の同時多発テロ事件以降、消費者の性格がより捉えにくくなったといわれています。日本でも消費生活のグローバル化とインターネットの出現などによる外的変化と、生活意識の変化による内的変化により消費者の性格は一層捉えにくくなっています。

2 顧客中心の円

これからの小売業は、特定のライフスタイルをもっている顧客に対して、商品のひとつひとつに意味や価値をつけることが重要です。つまり、情報やサービスを付加しなければ消費に結びつかないということです。

3 顧客に価値を提供する新たな社会システムの構築

変化の激しい今日では、顧客に価値を提供するという観点でビジネスシステムそのものを変化させていくことが必要となっています。

📝 キーワード

☑ 顧客中心

Section 8
フリークエント・ショッパーズ・プログラム（FSP）

頻出度 B

重要ポイント

☑ **フリークエント・ショッパーズ・プログラム（FSP）は、反復購買率が高い顧客を優遇することによって、より反復購買を繰り返してもらい、累積売上額を高めようというシステムである**

1 FSP（フリークエント・ショッパーズ・プログラム）とは

　アメリカン航空の「フリークエント・フライヤーズ・プログラム」が発祥であり「マイレージポイントによる特典の提供」によるサービス利用の多頻度化をヒントとして、小売業用に展開したものです。

2 FSPの考え方

　長期的な視点で顧客にサービスを多頻度利用してもらうことを目的として、顧客データベースに基づいて顧客に差別化したサービスを提案するものです。

3 FSPの目的と必要性

　FSPは「上位2割の多頻度購買客が、店の8割の利益をもたらしている」という法則に基づき、顧客のつなぎとめと、さらなる多頻度利用の促進による安定経営をめざすものです。競争の激化により初期購入客へのコストが増大する中で、顧客の固定客化を推進するためにもFSPは必要です。

4 FSPのねらい

　「誰が頻繁に来店・購買しているのか」「優良顧客はどんなものを買っているのか」を把握します。優良顧客を割り出し、顧客のニーズに対応することによって、より購買を繰り返してもらい累積売上額を高めます。

FSPの考え方

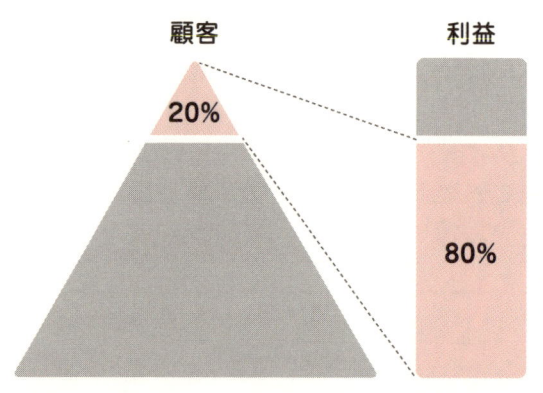

顧客 20%
利益 80%

上位20%の顧客が利益の80%をもたらしている
→
上位20%の顧客により高いサービスを提供してもっと利用してもらうのがFSPの考え方です

5 FSP導入の流れ

まず、データベースの元データ収集のために会員カードを発行し、個人情報と購買履歴をデータベース化します。そのデータをもとに差別化されたサービスを提案し、結果を検証します。

❶ 会員カードの発行による顧客データの収集

ポイントに応じて、特典商品や、値引き利用を可能とします。

❷ 顧客データを活用した上位顧客の割り出し

購買データランキングにより、上位顧客の割り出し、固定客率の割り出し、新規客率の把握を行います。

6 顧客管理の背景と顧客管理のねらい

経営目標が売上から収益性となったことで顧客管理の必要性は高まりました。実務的にはデータベースシステムの進化により、低コストで精緻な顧客管理をすることが可能になってきました。

顧客データベースをもとに、顧客の属性や購買行動、固定客としての売上貢献度合いなどを分析することにより、顧客ニーズを把握することができ、顧客により頻繁に購買してもらうためのマーケティングが可能になります。

📄 キーワード
☑ フリークエント・ショッパーズ・プログラム（FSP）　☑ 顧客データ　☑ 顧客管理

Section 9
カスタマーリレーションシップマネジメント（CRM）

頻出度 B ★★★

> **重要ポイント**
> ☑ カスタマーリレーションシップマネジメント（CRM）はデータベースによる購入履歴管理により顧客を囲い込む戦略である

1 CRMが実効性をもつためには、中長期的視点が必要

　カスタマーリレーションシップマネジメント（CRM）は、顧客の維持、離反をふせぐ囲い込み戦略であり、データベースによる顧客ごとの購入履歴管理と、優良顧客のレベル別グルーピングにより、優良顧客により多く反復して購入してもらうシステムです。

　この基本戦略となるワントゥワン・マーケティングでは、優良顧客との双方向・反復的なコミュニケーションが不可欠になり、短期ではなく中長期の視点での取り組みが必要です。

顧客と信頼関係を形成する学習サイクル

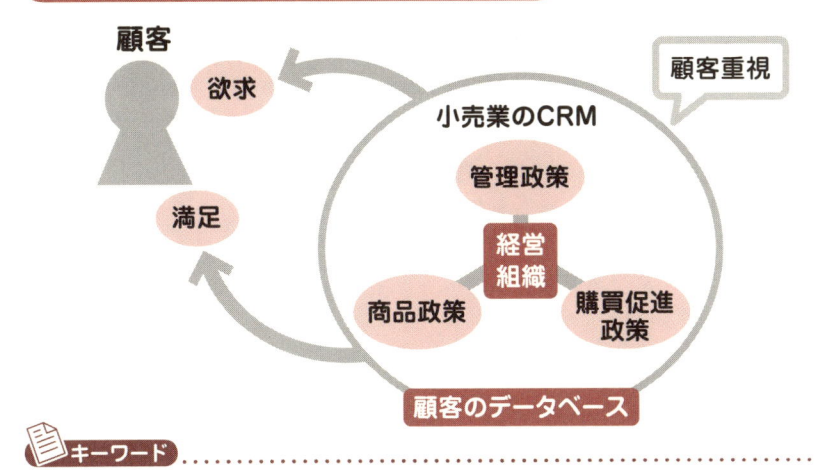

顧客／欲求／満足／小売業のCRM（管理政策・商品政策・購買促進政策・経営組織）／顧客重視／顧客のデータベース

キーワード
☑ カスタマーリレーションシップマネジメント（CRM）　☑ ワントゥワン・マーケティング

Section 10
マーケティング戦略の展開パターンと種類

頻出度 B

重要ポイント
- ☑ 顧客から見たマーケティング戦略について代表的なものを理解しておくこと
- ☑ 固定客からの累積購買をねらうことが顧客マーケティング戦略の目的である

1 代表的なマーケティング戦略の展開パターン

マーケティング戦略には、以下のような代表的な展開パターンがあります。

❶ プル戦略とプッシュ戦略

プル戦略は、顧客を引き寄せる方法であり、チラシ広告、DM戦略などが代表的です。一方、プッシュ戦略は、積極的な販売提案を行うことで売上を高める方法で、店舗内でのデモ販売や、推奨販売などの人的販売による方法が代表的なものです。

❷ 価格戦略と非価格戦略

低価格に重点を置くのが価格戦略であり、EDLP（エブリディロープライス）戦略などがその代表的なものです。一方、非価格戦略では、機能やデザイン性のすぐれた商品を中心に、ブランド感を前面に出した提案活動を行います。

❸ 市場細分化戦略と商品の多様化戦略

市場を複数のカテゴリーに分類し、その中の特定層に販売力を集中するのが市場細分化戦略であり、主に専門業態がこの戦略をとります。一方、総合的な品ぞろえで、あらゆる顧客層をとりこもうとするのが商品の多様化戦略であり、総合品ぞろえスーパー（GMS）やフルラインのディスカウントストアなどがこの戦略をとります。

❹ 強者の戦略と弱者の戦略

強者の戦略は、商圏内での知名度の高さや、販売力の大きさを背景として、規模の利益を目指すものです。一方、弱者の戦略は、顧客を絞り込み、品質

面やサービス面での差別化を図ることによって特定顧客層からの深い愛顧を目指す戦略です。

❺ 先発戦略と後発戦略

先発戦略とは、他社にさきがけて新業態を開発し、新分野に進出して先行者利益を得る戦略であり、後発戦略とは、先発企業を研究して、新しい機能をさらに付加することで売上を上げ収益を得る戦略です。

2 マーケティング戦略の種類と特徴

顧客から見た代表的なマーケティング戦略には以下のようなものがあります。

❶ ロイヤルティ・マーケティング…FSPを代表とするもので、優良顧客を差別化して、より多く、多頻度で購入してもらうためのマーケティングです。顧客は平等ではないという前提に立っています。

❷ ワントゥワン・マーケティング…マスマーケティングを否定して、一人ひとりの顧客ニーズに対応した商品を提供していこうという手法です。

❸ エレクトロニック・マーケティング…次回購入するときに利用できる割引クーポンをレジで渡す「チェックアウトクーポン」などを導入することで、顧客の来店頻度をあげるとともに購買履歴をデータ化する手法です。CRMの前段階となります。

❹ データベース・マーケティング…顧客のデータをコンピュータ管理し、インターネットなどとも連動させて、マーケティング精度を高めていこうという手法です。データマイニング（探索）などにより、新たな切り口を発見することも可能となってきています。

❺ エリア・マーケティング…地域特性を考慮して地域市場を細分化し、販売方法や販売量を変化させるマーケティングです。

キーワード

☑ プル戦略　☑ プッシュ戦略　☑ 価格戦略　☑ 非価格戦略　☑ 市場細分化戦略　☑ 商品の多様化戦略
☑ 強者の戦略　☑ 弱者の戦略　☑ 先発戦略　☑ 後発戦略　☑ ロイヤルティ・マーケティング
☑ ワントゥワン・マーケティング　☑ エレクトロニック・マーケティング
☑ データベース・マーケティング　☑ エリア・マーケティング

Section 11
マイクロマーケティングの実施手順

頻出度 C

> **重要ポイント**
> ☑ 「誰の」、「どんなニーズに」、「どのような差別的な独自能力で応える」のかという戦略ドメイン（事業領域）を決定し、具体的なマーケティングの「4P理論」を考えるのが小売業のマイクロマーケティングのポイントである
> ☑ 小売業のマイクロマーケティングは全社戦略と顧客戦略から検討される

1 小売業のマイクロマーケティングの実施手順

小売業のマイクロマーケティングは、次の6段階の手順で進めます。

❶ **全社的な経営戦略・マーケティング戦略の把握**
　経営理念やビジョンを確認したうえでマイクロマーケティング戦略のシナリオを書きます。

❷ **自社・自店の強みと弱みの把握**
　ヒト、モノ、カネ、情報などの経営資源について、自社・自店の強みと弱みを把握します。

❸ **需要と競争を分析**
　経営環境における需要と競争を分析し、把握します。

❹ **自社・自店の地位を確認**
　市場シェアを確認し、市場地位（リーダー、チャレンジャー、ニッチャー、フォロワー）に応じた戦略を立てます。

❺ **マーケティングの問題点を把握**
　❶～❹の分析結果から、当社・当店のマーケティング上の問題点を明らかにするとともに、問題解決を図るためのマイクロマーケティングを検討します。

❻ マイクロマーケティング戦略の立案

　総合的な検討の結果から、「誰の」、「どんなニーズに」、「どのような差別的な独自能力で応える」のかという戦略ドメイン（事業領域）を決定し、具体的なマーケティングの４Ｐを検討します。決定した戦略は段階的に実行し、実行結果を分析して改善案につなげます。

マイクロマーケティング戦略の立案手順

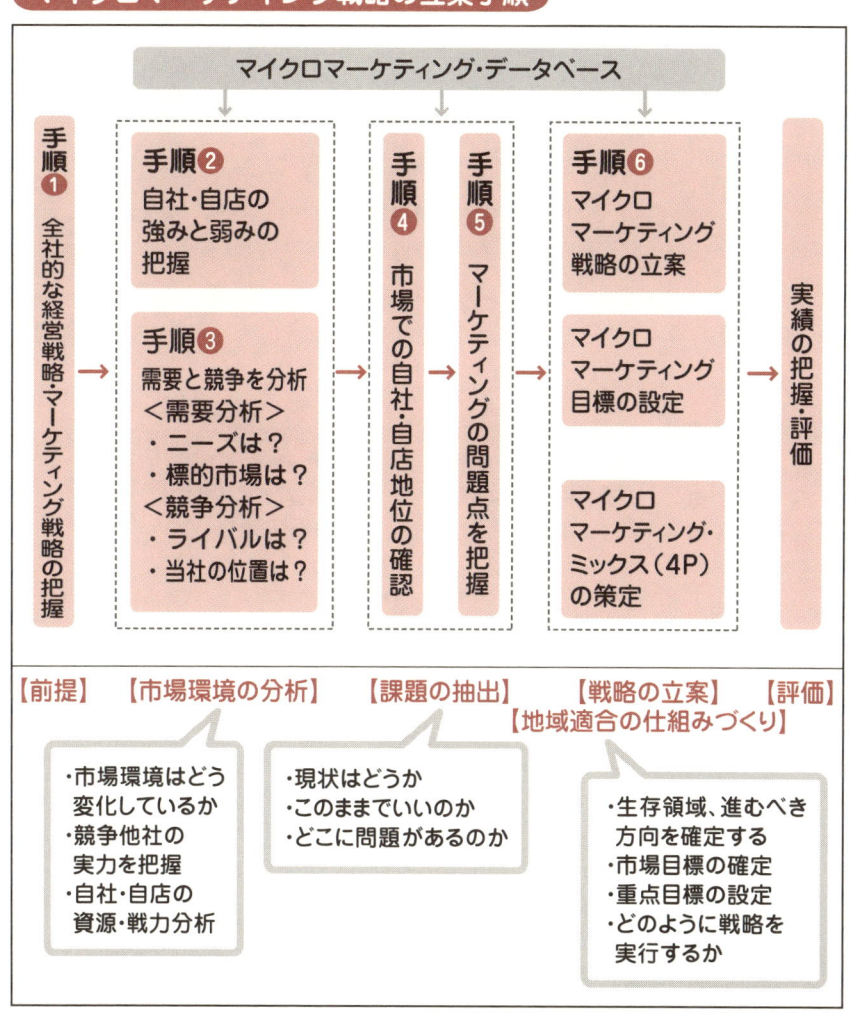

マイクロマーケティング・データベース

- 手順❶　全社的な経営戦略・マーケティング戦略の把握
- 手順❷　自社・自店の強みと弱みの把握
- 手順❸　需要と競争を分析
  - ＜需要分析＞
  - ・ニーズは？
  - ・標的市場は？
  - ＜競争分析＞
  - ・ライバルは？
  - ・当社の位置は？
- 手順❹　市場での自社・自店地位の確認
- 手順❺　マーケティングの問題点を把握
- 手順❻　マイクロマーケティング戦略の立案／マイクロマーケティング目標の設定／マイクロマーケティング・ミックス（4P）の策定
- 実績の把握・評価

【前提】　【市場環境の分析】　【課題の抽出】　【戦略の立案】　【評価】
【地域適合の仕組みづくり】

- ・市場環境はどう変化しているか
- ・競争他社の実力を把握
- ・自社・自店の資源・戦力分析

- ・現状はどうか
- ・このままでいいのか
- ・どこに問題があるのか

- ・生存領域、進むべき方向を確定する
- ・市場目標の確定
- ・重点目標の設定
- ・どのように戦略を実行するか

出典：「販売士検定試験2級ハンドブック」

小売業のマーケティング戦略の体系図

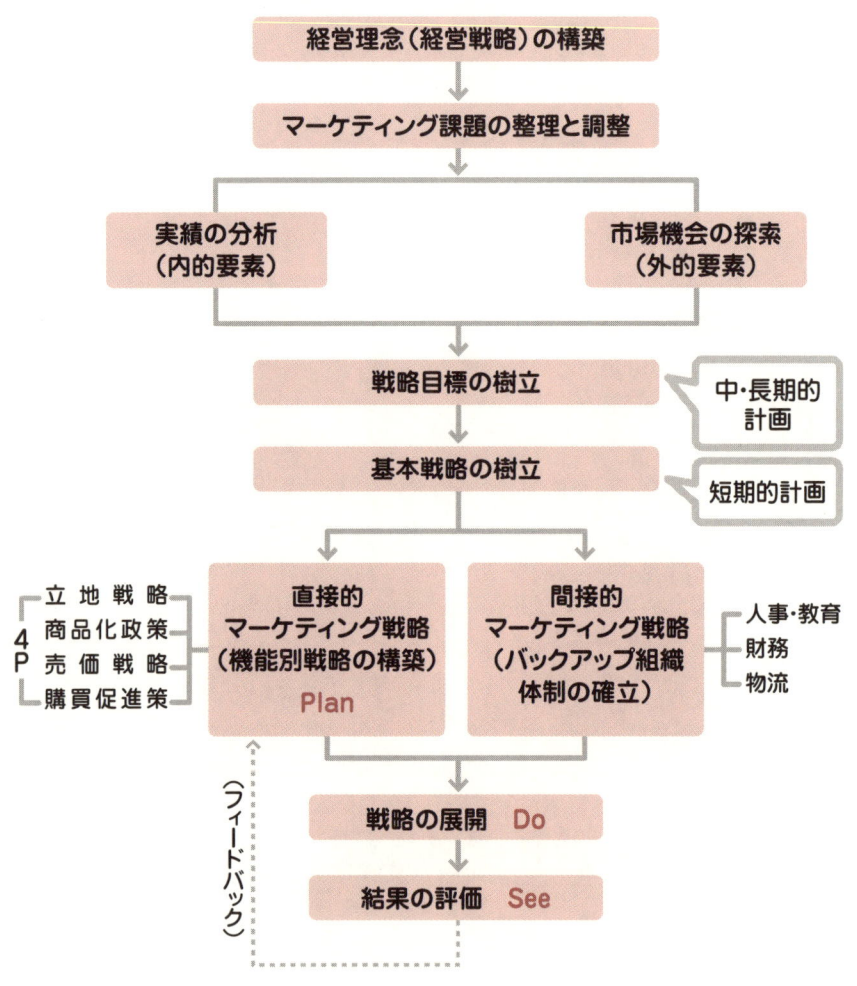

```
経営理念（経営戦略）の構築
          ↓
マーケティング課題の整理と調整
          ↓
   ┌──────┴──────┐
実績の分析      市場機会の探索
（内的要素）    （外的要素）
   └──────┬──────┘
          ↓
     戦略目標の樹立        ← 中・長期的計画
          ↓
     基本戦略の樹立        ← 短期的計画
          ↓
   ┌──────┴──────┐
直接的             間接的
マーケティング戦略  マーケティング戦略
（機能別戦略の構築）（バックアップ組織
                    体制の確立）
   Plan
          ↓
     戦略の展開  Do
          ↓
     結果の評価  See
```

4P
- 立地戦略
- 商品化政策
- 売価戦略
- 購買促進策

- 人事・教育
- 財務
- 物流

（フィードバック）

出典：「販売士検定試験2級ハンドブック」

📖 **キーワード**

☑戦略ドメイン（事業領域） ☑マイクロマーケティング ☑経営理念 ☑経営戦略 ☑市場機会

Section 12

市場調査（マーケティング・リサーチ）

頻出度 A

重要ポイント
- ☑ 市場調査は、変化する市場に対して有効な戦略を立てるために重要である

1 マーケティングと市場調査

　市場は日々変化しているため、常に市場の状況を確認しながらマーケティング戦略も変化させていく必要があります。この市場の状況把握のためには**市場調査**が必要です。市場調査には、大きく分けて①**資料分析**（外部資料、内部資料）、②**市場調査**、③**テストマーケティング**の3種類があります。

2 市場調査の進め方

　既存の資料からだけでは得られない（存在しない）情報は、小売業側で独自に収集する必要があります。その手順は以下のようなものです。

❶ **調査方法の選択**…**質問法**（**個別面接法**、**留置法**（調査票を配布してそれを回収する方法）、**郵送法**、**集団面接法**、**電話質問法**）、**観察法**、**実験法**など
❷ **サンプル（標本）調査**…ランダム・サンプリングなど、無作為抽出法が基本
❸ **集計**…傾向分析のための単純集計、要素間の関連をみるクロス集計

3 エリア・データの情報源

　マーケティングのデータ源には、①**家計調査**（**家計調査年報**）［総務省］、②**商業統計調査**［経済産業省］、③**人口統計**（**国勢調査**［総務省］、**住民基本台帳**［総務省］、**人口動態**［厚生労働省］）などがあり、これらのデータを使って、需要予測、商圏調査、販売計画の立案やマーケティング活動を行います。

キーワード
☑市場調査　☑個別面接法　☑質問法　☑留置法　☑郵送法　☑集団面接法　☑電話質問法　☑観察法
☑実験法　☑家計調査　☑商業統計調査　☑人口統計　☑国勢調査　☑住民基本台帳　☑人口動態

Section 13

商圏の設定

頻出度 A

> **重要ポイント**
> - ☑ 一般的に最寄品を扱う小売店の商圏は狭く、買回品を扱う店や専門店の場合は広い
> - ☑ 商圏が狭い順に①近隣型、②地域型、③広域型、④超広域型となっている
> - ☑ 扱い商品や業態によって適切な商圏は異なる

1 商圏の特性

　商圏とは、商業施設における潜在的顧客がいる地域的な広がりのことであり、業態や売場面積、鉄道や道路の状況、河川や山林など地理的要因、駐車場の規模、競争環境、取り扱い商品の種類などによって変化します。

　一般的に最寄品を扱う小売店の商圏は狭く、買回品を扱う店や専門店の場合は広いといわれています。また商圏が狭い順に①近隣型、②地域型、③広域型、④超広域型となっています。

2 商品政策と集中戦略

　全体の市場を消費者の行動基準や、ニーズなどの類型に基づいて小規模市場に区分（セグメント）するのが、市場細分化（マーケット・セグメンテーション）です。市場細分化は顧客を絞り込み、そのニーズに応えるという意味で品ぞろえを専門化することともいえます。

3 商圏調査の方法

　商圏調査には、①アンケート調査、②来店者調査、③地図上の計測による商圏の推定、④ドライビングテスト、⑤GIS（地図情報システムを活用した分析）などの方法があります。

商圏の比較

	近隣型商圏	地域型商圏	広域型商圏	超広域型商圏
取扱商品	食品、日用品、消耗品	衣類、住関連、文化品	流行品、高級品	高級ブランド品
商業集積	近隣型商店街、近隣型スーパーセンター	量販店、専門店、ドラッグストア、地域型スーパーセンター	総合品ぞろえスーパー、大型専門店、広域型スーパーセンター	百貨店、総合品ぞろえスーパー、超広域型スーパーセンター、国際ホテル
1次商圏	1km以内	2〜3km以内	地域型商圏	地域型商圏
2次商圏	2〜3km以内	3〜6km以内	地域型商圏＋近隣型商圏	地域型商圏＋近隣型商圏＋広域型商圏
3次商圏	3km以上	6km以上	15km以上	30km以上
商圏人口	都市部：3万人以下 町村部：8千人程度	6〜9万人	10万人以上	30万人以上
来店頻度	週に数回	月に数回	月に1〜2回程度	年に2〜3回程度
特徴	住宅地に近い	地域のコミュニケーションの場	住宅地からの距離が遠く、非常に商圏が広い	住宅地からの距離が遠く、非常に商圏が広い

出典：「販売士検定試験2級ハンドブック」

キーワード

☑商圏 ☑近隣型 ☑地域型 ☑広域型 ☑超広域型

Section 14

立地選定の方法

頻出度 A

🌸 重要ポイント

- ☑ 大規模小売店舗立地法は、店舗面積**1,000㎡**を超える大型店を対象とし、**駐車場**の確保や**騒音**への配慮など、**地域住民**との調和を図るように定められている
- ☑ 小売業の競争力は第一に**集客力**であり、集客力を高めるためには立地戦略がきわめて重要である

1 立地調査の種類と方法

よい立地とは、①商圏内人口が充分あり、しかも増加傾向、②自店のターゲット顧客が多く居住している、③道路が整備されており、店舗にアクセスしやすい、④駐車場が広くとれる、⑤直接的な競争店が少ない、という条件に合うものです。

商圏を検討するための指標・モデルはいくつかあります。地域商業の活性化度合いを図る「**小売中心性指標**」と、都市が小売消費者をひきつける度合いのモデルである「**ライリーの法則**」、消費者がどの商業集積を使うかのモデルである「**修正ハフモデル**」などです。必要に応じて、出店の立地を検討する際に利用されています。

小売中心性指標の算出方法

$$\frac{\dfrac{都市の小売販売額}{都市内の人口}}{\dfrac{都道府県内の小売販売額}{都道府県内の人口}} = \begin{array}{l}\text{数値が、1より大きければ流入}\\\text{1より小さければ流出}\\\text{1であればどちらでもない}\end{array}$$

ライリーの法則の計算式

$$Ba/Bb = (Pa/Pb)^N \times (Db/Da)^n$$

Ba：都市Aが中間都市から吸引する小売取引
Bb：都市Bが中間都市から吸引する小売取引
Pa：都市Aの人口
Pb：都市Bの人口
Da：中間都市から都市Aまでの距離
Db：中間都市から都市Bまでの距離
N　：通常1
n　：1.5〜2.5、通常2

修正ハフモデルの計算式

$$P_{ij} = \frac{\dfrac{S_j}{T_{ij}^2}}{\displaystyle\sum_{j=1}^{n} \dfrac{S_j}{T_{ij}^2}}$$

i　：居住区（i＝1、2、…m）
j　：買物先（j＝1、2、…n）
Pij：居住地iに住む消費者が商業集積jへ買物に出向く確率（出向確率）
Sj：商業集積jの店舗面積
Tij：居住地iから商業集積jまでの距離

2 大規模小売店舗立地法の手続き

　大規模小売店舗立地法は、大型店が地域社会との調和を図っていくために、周辺の地域への影響について適切な対応を図ることを目的とする法律です。店舗面積**1,000㎡**を超える大型店を対象とし、**駐車場**の確保や**騒音**への配慮などにより**地域住民**との調和を図るように定められています。

第4章　マーケティング

キーワード
☑立地調査　☑小売中心性指標　☑ライリーの法則　☑修正ハフモデル

Section 15

競合店調査の実施方法

頻出度 A

重要ポイント

- ✓ **ストアコンパリゾン**には、①よいところを学びたい競合店を調査する「ベストプラクティス調査」、②自店に影響のある競合店を調査する「競合店調査」の2種類がある
- ✓ 競合店のよいところを参考にするためにも競合店調査は重要である

1 ストアコンパリゾンの考え方

ストアコンパリゾンとは、主としてチェーンストアにおける「店舗比較」のことで、自店と競合店を比較し、競合店の長所を自店の改善に役立てる手法です。ストアコンパリゾンでは、①定時・定点観測、②調査表の作成、③よいところを見る、④目的を明確にして時間とお金をかけない、などの4つの原則があります。

2 ストアコンパリゾンの進め方と注意点

ストアコンパリゾンの注意点は、①店内で写真を撮らない、②店内でメモをとらない、③服装に気をつける、④堂々とリサーチする、などであり、メモは店外の一定の場所を決めておき、そこで記録します。

3 ストアコンパリゾンの区分

ストアコンパリゾンには、①よいところを学びたい競合店を調査する「ベストプラクティス調査」と、②自店に影響のある競合店を調査する「競合店調査」の2種類があります。主な調査対象は、「商品構成」、「重点商品の売場訴求」、「レイアウト・売場面積」、「施設・運営体制」などです。

4 ストアコンパリゾンのための情報収集

ストアコンパリゾンに役立つものは、「顧客からの情報」、「仕入先企業か

らの情報」、「業界団体の同業者からの情報」、「専門調査機関からの情報」、「公刊印刷物からの情報」といった外部情報があります。

調査項目の具体例（衣料品専門チェーンの場合）

■ **商品について**
- どんな商品を扱っているか？（デザイン、色、素材、流行性など）
- 動きの良さそうな商品は？
- 商品の分類方法は何を基準としているのか？

■ **価格について**
- カテゴリーごとの価格レンジは一定しているか？
- 中心価格帯がよくわかるか？
- 戦略的価格設定はどんな方法で行われているか？

■ **接客について**
- 接客態度はよいか？　悪いか？
- どんな点がよかったか？　また悪かったか？

■ **プロモーションについて**
- どのくらいの頻度で、どんなプロモーションを実施しているか？
- 顧客の反応がよいプロモーションは何か？
- 季節の演出性はすぐれているか？

■ **店内レイアウトやディスプレイについて**
- 見やすく、選びやすく、買いやすい売場か？
- テイスト、デザイン、テーマの打ち出しは明確か？
- それは魅力的に感じるか？　どのような点が魅力的か？

■ **客層について**
- 店内の客層は？
- 滞在時間はどのくらいか？
- 平均買上店数はどのくらいか？

■ **その他特筆すべきこと、感想**

> 3～5段階
> （よい、普通、悪い）
> で評価する

出典：「販売士検定試験2級ハンドブック」

キーワード

☑ ストアコンパリゾン　☑ ベストプラクティス調査　☑ 競合店調査

Section 16

出店戦略の立案と方法

頻出度 A

> **重要ポイント**
> ☑ 出店戦略には、大きく「ドミナント型出店」と「大型拠点型出店」の2種類がある
> ☑ 出店立地の種類と、業態ごとの適切な出店立地について理解する

1 出店戦略の考え方

出店立地戦略のタイプには5つのタイプがあります。近隣の立地から郊外の立地の順に、「ダウンタウン(繁華街)」、「アーバン(都市エリア)」、「イクサーブ(都市エリアと住居エリアが混在)」、「サバーブ(住居エリア)」、「ルーラル(自然豊かなエリア)」の5つのタイプです。業態別の出店立地例は以下のようなものです。

❶ **総合品ぞろえスーパー(GMS)**…イクサーブからルーラルへ出店をすすめてきましたが、最近ではアーバンエリアへの出店を強化してきています。
❷ **ディスカウントストア**…サバーブエリア中心で展開しています。
❸ **カテゴリーキラー**…近年ではダウンタウンエリアへの出店が増えています。
❹ **ファッション**…近年ではサバーブのショッピングセンター内出店が増えています。

出店立地エリアのとらえ方

| ダウンタウン | アーバン | イクサーブ | サバーブ | ルーラル |

← 繁華街　　　　　　　住居　　　　　　　自然豊か →

出典:「販売士検定試験2級ハンドブック」

2 出店戦略の方法

出店戦略には、大きく「ドミナント型出店」と「大型拠点型出店」の2種類があります。「ドミナント型出店」は、標的とする地域を多くの店で埋めていく手法であり、コンビニエンスストアなどがこの手法をとっています。出店地域の販売情報を高い精度で得ることができ、物流面でもメリットがあります。「大型拠点型出店」は、標的地域に巨艦型店舗をつくり、圧倒的なパワーで顧客を吸引する方法です。

ドミナント型と大型拠点型

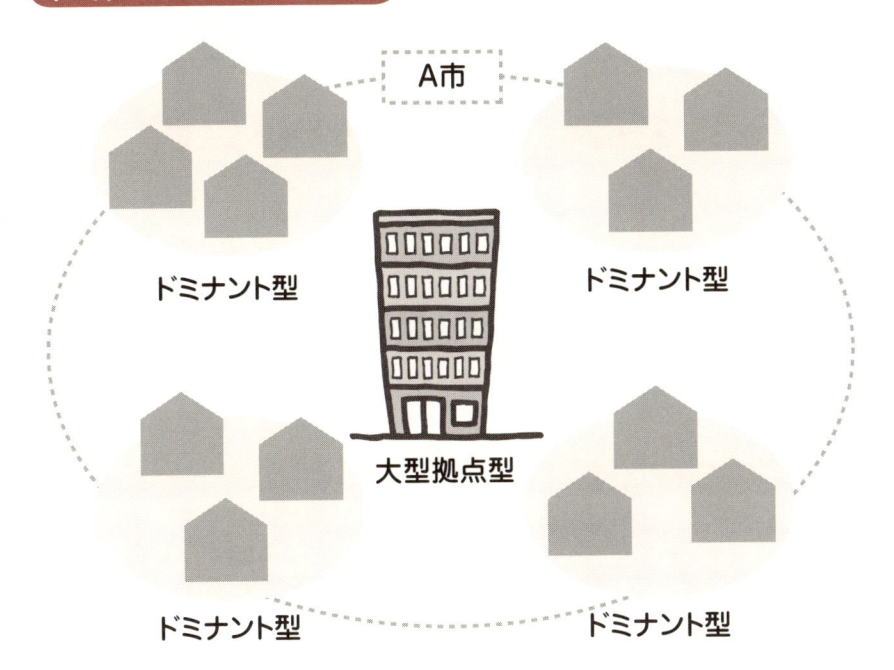

A市

ドミナント型　　ドミナント型

大型拠点型

ドミナント型　　ドミナント型

出典:「販売士検定試験2級ハンドブック」

キーワード

☑出店戦略　☑ダウンタウン　☑アーバン　☑イクサーブ　☑サバーブ　☑ルーラル
☑ドミナント型出店　☑大型拠点型出店

Section 17

販売促進策の企画方法

頻出度 C

> **重要ポイント**
> - ☑ 販売促進策を企画する手順は、まず、いつ、誰に、何を、どのように訴えるかを検討し、年間、季節、月間、週間、日のように、ブレイクダウンして計画化していく
> - ☑ これからの販売促進策では積極的に生活シーンの提案を行っていくことが不可欠である

1 これからの販売促進と販売促進企画の手順

モノあまりの成熟社会といわれる今日では、生活シーンの提案により、適量の商品を適宜顧客に買っていただけるような働きかけを行う、「販売促進策」が必要不可欠です。

販売促進企画の手順としては、まず、いつ、誰に、何を、どのように訴えるかを検討します。そして、❶販売促進計画スケジュールの作成（年間の部門別行事リストの作成）、❷販売促進プランごとの訴求テーマの設定、❸❶、❷にマッチングするタイムリーな商品の選定、の順に進めていきます。

販売促進企画の手順

訴求期間		
いつ 誰に 何を どのように	❶ 販売促進計画の スケジュール作成	年間の行事リスト（年度計画）の作成 年間の部門リスト（部門計画）の作成 計画の細部検討と修正
	❷ テーマの訴求	対象を絞る（または商品を絞る） 期間を絞る 強力なキャッチフレーズによる訴求
売上目標	❸ タイムリーな 商品の選定	量販店の商品選定 専門店の商品選定

出典：「販売士検定試験2級ハンドブック」

キーワード

☑ 販売促進策

Section 18

コミュニケーション・プロセスとしての販売促進プロセス

頻出度 B ★★★

🌸 重要ポイント

- ☑ **AIDMAの法則**と、各段階に有効なアプローチ方法についてよく理解すること
- ☑ 消費者の**購買心理**のプロセスを理解し、これに沿って提案を行う

1 コミュニケーション・プロセス

　販売活動は、商品、サービス情報を発信し、顧客に興味をもたせて納得して購入を決定してもらうというコミュニケーションのプロセスです。

小売業における販売促進のプロセス

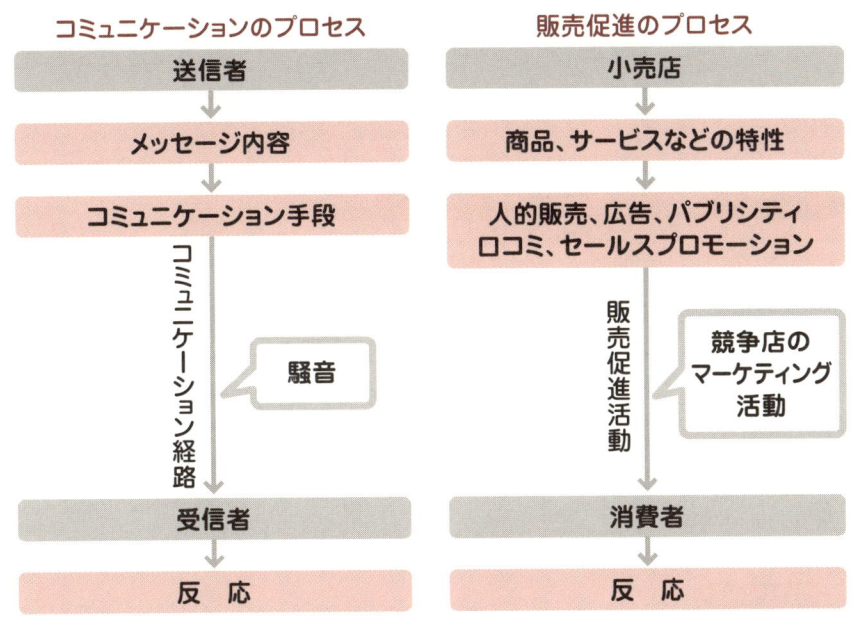

コミュニケーションのプロセス

送信者
↓
メッセージ内容
↓
コミュニケーション手段
↓（コミュニケーション経路）← 騒音
受信者
↓
反応

販売促進のプロセス

小売店
↓
商品、サービスなどの特性
↓
人的販売、広告、パブリシティ口コミ、セールスプロモーション
↓（販売促進活動）← 競争店のマーケティング活動
消費者
↓
反応

出典：「販売士検定試験2級ハンドブック」

第4章 マーケティング

2 AIDMA（アイドマ）の法則

消費者が商品を購買するまでの心理過程には、「注意（Attention）」、「興味（Interest）」、「欲望（Desire）」、「記憶（Memory）」、「行動（Action）」という5つのプロセスがあります。それぞれのプロセスの頭文字をとってAIDMA（アイドマ）の法則と呼んでいます。

消費者の購買心理プロセス

行動段階	消費者	販売者
認知段階	注意（Attention）	知ってもらう
感情段階	興味（Interest）	興味・関心をもってもらう
感情段階	欲望（Desire）	共感・納得してもらう
感情段階	記憶（Memory）	想像してもらう
行動段階	行動（Action）	買ってもらう・使ってもらう

3 AIDMAのプロセスに与えるプロモーションの影響

AIDMAのプロセスに、小売業の販促活動である①広告、②パブリシティ、③口コミ、④人的販売、などが、それぞれどのような影響を与えているのか、押さえておきましょう。

AIDMAと販売促進（プロモーション）の関係

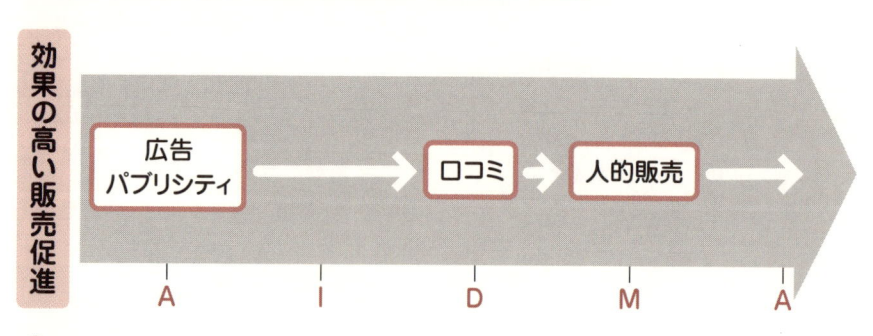

効果の高い販売促進

広告・パブリシティ → 口コミ → 人的販売

A　　I　　D　　M　　A

キーワード
☑コミュニケーション・プロセス　☑AIDMA（アイドマ）の法則

Section 19

販売促進広告

頻出度 B ★★☆

> **重要ポイント**
> - ☑ 広告の基本要件と、媒体別の特徴については理解すること
> - ☑ 広告は、掲載料が有料であり、広告主が明示されるものである
> - ☑ 販売促進方法別の特性と、効果については整理しておくこと
> - ☑ 販売促進手法を目的と予算で使い分け、効果的な販売促進をすることが重要である

1 広告の要件

広告とは、特定の広告主が明示され、連想される企業が発する有料のメッセージです。

2 小売広告の特質

小売広告では、最終的に顧客によって自店が選択され、商品が自店で購入してもらえるための広告を展開します。この点で、商品選択を強く訴求するメーカーの広告とは異なります。

3 広告計画のプロセス

広告計画は、①広告目標の設定、②広告予算の決定、③媒体戦略の決定、④表現戦略の決定、⑤広告原稿の作成と出稿、⑥広告効果の測定、という6つの手順で進められます。

4 マス媒体広告の特性

❶ 新聞…発行部数、発行頻度、宅配が多いため、広い地域にタイムリーに告知する場合に向いています。ほかの媒体と比べて広告料金は高くなります。

❷ 雑誌…読者ターゲットが狭く、限定されているため、ターゲットを絞った広告が可能です。反復閲覧の可能性が高く、月刊誌は広告の寿命が長

いのが特徴です。

❸ **テレビ**…視聴覚に訴えるため印象が強くなります。全国展開の告知も可能ですが、その分、広告料金はかなり高くなります。一瞬で訴える必要があるため、CM製作に工夫が必要です。

❹ **ラジオ**…番組によって愛顧性の高いリスナーがついている場合が多く、「説得型」や「クローズ型」のコミュニケーションに効果を発揮します。ローカル向けには比較的安い広告出稿が可能です。

5 主な販売促進の特性

主な販売促進方法と特性は以下のようになっています。

❶ **ダイレクトメール(DM)広告**…特定のターゲット顧客に向けて直接郵送するため、通信販売などに向いています。標的のニーズを間違えなければ費用対効果が高い宣伝が可能です。

❷ **チラシ広告**…特定地域に対して手撒きまたは新聞折込などで配布するため、即効性が期待でき、費用対効果が高い宣伝が可能です。

❸ **屋外広告**…屋外に設置された看板、広告塔、ネオンサイン、屋外ビジョン、ポスターなどを指し、特定地域に対する継続的な訴求に向いています。

❹ **交通広告**…電車の中吊広告、額面広告、駅貼りポスター、駅看板などを指し、沿線別のプロモーションに向いています。反復性も高いのが特徴です。

❺ **POP広告**…購買時点での購入意欲を高めるための広告で、店内のプライスカード、ポスターなどアクションにつながるような仕掛けをするものです。

❻ **インターネット広告**…バナー広告、メールニュース広告など、インターネットを使った広告で、急速に影響力が高まっています。

6 パブリシティと口コミ

パブリシティとは、マス媒体に掲載する**無料**の記事のことであり、第三者的な信頼が得られる反面、記事の内容は編集者にゆだねられています。**口コミ**は、自店のファンになった客が無料で友人・知人に紹介することによって、結果的に売上などによい影響が出るものです。新たなマーケティング手法として注目されています。

7 セールスプロモーション（狭義の販売促進）

セールスプロモーションには、①プレミアムの提供、②サンプル配布、③

消費者コンテストなどの手法があります。

8 マルチメディア時代への対応

インターネット、多チャンネル化したテレビでの販売促進など新たな手段を常に検討することも大切です。

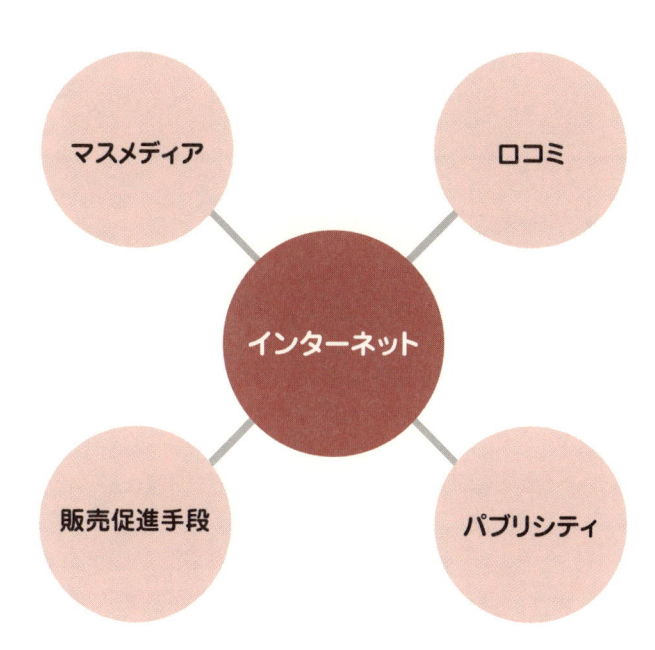

```
        マスメディア          口コミ

              インターネット

        販売促進手段          パブリシティ
```

今日の販売促進は、インターネットを介在して
複雑に組み合わされている

📝 **キーワード**

☑広告　☑マス媒体広告　☑新聞　☑雑誌　☑テレビ　☑ラジオ　☑ダイレクトメール広告
☑チラシ広告　☑屋外広告　☑交通広告　☑POP広告　☑インターネット広告　☑パブリシティ
☑口コミ

第4章　マーケティング

Section 20 戦略的POP広告の活用方法

頻出度 C

重要ポイント

☑ **POP広告**のポイントは、**パーチェースポイント**を訴求することであるため内容は短時間で読みやすいものとする

☑ **POP広告は、店内で購買**アクションを促すための広告である

1 POP広告の定義と目的

POP（Point of Purchase）広告とは、店内で顧客の購買行動を促進することを目的としたすべての広告物をいいます。

2 POP広告の基本的考え方

顧客が購買時にどういう商品なのかを判断するための、よき判断基準（パーチェースポイント）を明記することが重要です。5秒くらいの短い時間しか読まれないといわれるため、読みやすい内容とし、パーチェースポイントを訴求します。具体的には以下のようなPOP広告の手法があります。

❶ **シーリング・ディスプレイ**…天井から吊り下げるディスプレイです。種類としては、ハンガー・インフレータブル・ディスプレイ、店頭幕、のれん、バナー（旗）、モビール・ディスプレイ、懸垂幕、ハンガー・ディスプレイ、ファブリック・バナーなどがあります。

❷ **ウォール・ディスプレイ**…壁面を利用して掲示するPOP広告です。種類としては、ポスター、パネル、ウォール・マーチャンダイザーなどがあります。

❸ **シェルフ・ディスプレイ**…陳列棚に設置するPOP広告です。種類としては、シェルフ・トーカー、スイング・ステッカー、プッシュ・イン、ワイヤー・ウォブラー、ボトル・トッパー、ボトル・ネッカー、ゴンドラパネルなどがあります。

❹ **カウンター・ディスプレイ**…ショーケースやその他のカウンターに置くPOP広告です。種類としては、カウンター・ディスプレイ（音響）、カウ

ンター・ディスプレイ(動作)、カウンター・ディスプレイ(照明)、カウンター・カタログ・スタンドなどがあります。
❺ **ウインド・ディスプレイ**…ショーウインドで掲出されるPOP広告です。種類としては、ウインド・ディスプレイ・キットなどがあります。

そのほか、設置場所が限定されていないPOP広告の種類としては、キャンペーン・キット、スプリング・ポール・ディスプレイ、テスター、デモンストレーション・ディスプレイ、のぼり、プロダクト・スポッター(矢印や指差しの形で商品を示すもの)などがあります。

3 POP広告の制作

POP広告を制作するにあたっては、色は3色以内くらいに押さえ、読みやすいものとし、顧客の知りたいことをわかりやすく書くのがポイントです。

4 POP広告の留意点

顧客からの質問が多い商品や、新商品や推奨商品には、POP広告をつけて訴求を高めます。

POP広告制作のポイント

- 横書きの方が鮮明
- 業界用語、略語、英語などは避ける
- 価格表示はアラビア数字で
- 色は3色以内
- 誇張した内容は避ける
- 消費者にわかりにくい事項を明確に表示
- 誤字や価格間違いに注意

出典:「販売士検定試験2級ハンドブック」

キーワード
☑POP広告 ☑パーチェースポイント

Section 21
商品のライフサイクルと販売の適合性

頻出度 A

> **重要ポイント**
> ☑ 商品の**プロダクト・ライフサイクル**を見きわめ、プロダクト・ライフサイクルに合った、適切な**販売活動**を行うことが重要である

1 プロダクト・ライフサイクル

　商品が発売されてから、やがて市場から消えていくまでの段階は、「導入期」、「成長期」、「成熟期」、「衰退期」の4つに分類されます。この商品のライフサイクルを「プロダクト・ライフサイクル」（PLC）と呼びます。小売店では、各商品がどの時期にあるのかを読み取りながら販売活動を行うことが必要となります。

❶ **導入期**…商品のサンプル配布や、店頭での宣伝、実演などを行い、新商品の認知度を高めます。

❷ **成長期**…販売量が増加する時期です。欠品しないよう心がけ、商品の特徴を明確に説明できる接客が必要となります。

❸ **成熟期**…消費者は次の商品への買い替えも検討している時期です。現商品の継続使用とともに買い替え提案も含めて行っていきます。

❹ **衰退期**…早期撤退のタイミングをうまく図り、次の商品のプロモーションへつなげます。

キーワード
☑プロダクト・ライフサイクル(PLC)　☑導入期　☑成長期　☑成熟期　☑衰退期

Section 22 ポジショニングの設定

頻出度 B

重要ポイント
- ポジショニングとは、自社のターゲットを明確にし、ある程度狭く限定することで、焦点を絞ることである
- ポジショニングは、「誰の」、「どんなニーズに」、「どのような独自能力で応えていくか」の3つの軸で決まる

1 ポジショニングの意味

ポジショニングとは、小売業におけるドメイン（事業領域）を設定することです。具体的には、自社のターゲットを明確にし、ある程度狭く限定することで、焦点を絞ることです。「誰の」、「どんなニーズに」、「どのような独自能力で応えていくか」を決めます。

2 業態の確立が前提

ポジショニングによって「誰の」、「どんなニーズに」、「どのような独自能力で応えていくか」を決めたら、この3つの軸を具体的に実現する事業領域を検討していくことが必要です。

3 ポジショニング設定の要件

ポジショニング設定の前提となる要件は、外的要件と内的要件から構成されます。

❶ **外的要件**…ライフスタイル・トレンド、立地条件、地域のデモグラフィック要因（P165参照）、地域のサイコグラフィック要因（P165参照）、競争関係など

❷ **内的要件**…自社の経営理念・組織風土・戦略、経営資源（ヒト、モノ、カネ、情報など）

ポジショニングの設定フロー

現状における環境分析（市場調査）

外的要因

1. **ライフスタイル・トレンド**
   消費動向、需要予測
2. **立地条件**
   都市商業力の推移、都市の経済力、立地の構造分析、近隣商圏との比較
3. **デモグラフィック**
   人口構造、世帯構成、年齢、職業、所得水準、購買行動、在住期間
4. **サイコグラフィック**
   消費者の購買心理、考え方、人情、特質
5. **競争関係**
   吸引力、シェア比較、新業態

など

内的要因

1. **経営理念**
   組織風土、戦略
2. **中期経営基本構想**
   ❸ **経営者や従業員の資質**
3. **内部資源の評価と再活用**
4. **市場機会の分析**

など

↓

予測

どうあるべきか
ドメイン（事業領域）の検討をする

↓

ポジショニングの設定

↓

ターゲットの明確化による業態の確立

- **エリアの設定**
  どんな商圏をとらえていくのか
- **商品構成**
  何を売るのか
- **主要顧客層の選定**
  消費者のどんな生活シーンに応えようとするのか

出典：「販売士検定試験2級ハンドブック」を一部加筆・修正

キーワード
☑ ポジショニング　☑ 独自能力

Section 23
ストアコンセプトの策定方法

頻出度 C

> **重要ポイント**
> - ☑ **ストアコンセプト**が明確な小売店は、差別化された**商品**、**サービス**をターゲット顧客に効率的に提供できる
> - ☑ ストアコンセプトを具体的に**ビジュアル化**することで、より明確にコンセプトに沿った店づくりが実現できる

1 ストアコンセプト設定の具体的なプロセス

「誰の」、「どんなニーズに」、「どのような独自能力で応えるか」を具体的に決めるにあたり、以下のようなプロセスで検討します。

ストアコンセプトの策定プロセス例

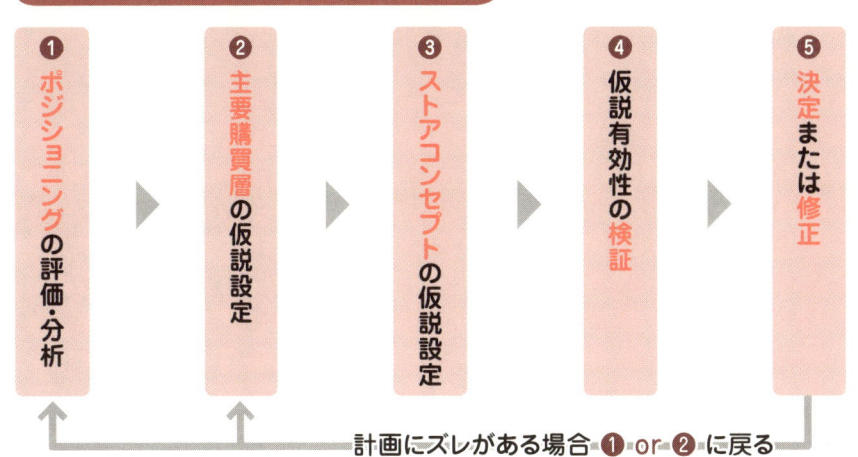

❶ ポジショニングの評価・分析 ▶ ❷ 主要購買層の仮説設定 ▶ ❸ ストアコンセプトの仮説設定 ▶ ❹ 仮説有効性の検証 ▶ ❺ 決定または修正

計画にズレがある場合 ❶ or ❷ に戻る

❶ **ポジショニング**の評価・分析…マーケットリサーチを評価し、主要顧客層がどういった層であるかの仮説を立てます。

❷ **主要購買層**の仮説設定…年齢や所得などで特定するのではなく、ライフスタイルや購買心理などを重視し、仮説を立てます。

❸ **ストアコンセプト**の仮説設定…メインターゲットに合わせたストアコンセプトのイメージを具体的に文章にします。
❹ 仮説有効性の**検証**…メインターゲットに向けたストアコンセプトイメージが、どの程度有効であるかを検証します。
❺ **決定**または**修正**…メインターゲットとストアコンセプトの仮説にズレがある場合は、再び❶もしくは❷に戻ります。

2 ストアコンセプトを実現するアソートメント(品ぞろえ)とそのビジュアル化

　欧米の有力小売店では、ストアコンセプトをストアデザイナーがレンダリングという手法で店舗内外の絵としてビジュアル化し、これにあらゆる部門の専門化が手を加えたものをベースに店舗のゾーニング、レイアウトを行うため、絵のとおりのきれいな売場となります。これを行うことを**ストアデザイン**といいます。

　特に今日の商品の**アソートメント**(品ぞろえ)については、用途・機能・ブランドや商品特性による分類よりも、購買目的や生活提案をベースにした商品分類へと変化しつつあり、ストアコンセプトのビジュアル化は、効果的なディスプレイにも役立つといわれています。

📝 **キーワード**
☑ストアコンセプト　☑主要購買層　☑ストアデザイン　☑アソートメント

Section 24

動線計画とゾーニング

頻出度 **B**

✿ 重要ポイント

- ☑ **顧客動線**を検討する場合は、忙しい方々のショートタイムショッピングニーズも考慮して検討することが必要である
- ☑ **顧客動線**と**従業員動線**の特徴を理解する
- ☑ 業態別の**ゾーニング**について理解する

1 顧客動線と従業員動線

　店内の動線には、「顧客動線」と「従業員動線」があり、顧客動線は、来店客の購買動機や心理に留意し、迅速性、便利性、選択性、安心性など買いやすさを基本とします。一方、従業員動線は、品出しや、バックルームへの取次などの際に顧客とぶつからない動線です。

　セルフサービスの店では、**ワンウェイコントロール**を基本動線として、主通路を計画し、主通路からそれぞれの副通路への流れを計画します。

2 ショートタイムショッピングニーズへの対応

　忙しい現代の顧客は、なるべく短い時間で欲しいものだけを買いたいという傾向が強く、長い回遊をさせて店内滞留時間を増やし、ついで買いをさせようという動線が逆効果になる場合もあります。わかりやすい表示やシンプルな**動線計画**を立てることが結果的に売上につながることもありますので、注意が必要です。

　ゾーニング設定の基本的なことを次の図に示します。

ゾーニング設定の基本的条件

通路は歩きやすく、商品は見やすく手に取りやすいこと

- できる限り多くの通路を歩いてもらう
- できる限り長い距離を歩いてもらう

↓

しかし、店内滞留時間は、わかりやすいゾーニングと便利に使えるレイアウトによって短縮化させる

↓

- 消費者の半数以上が通るコースをチェック
- 隅から隅まで広く歩けるように工夫

出典:「販売士検定試験2級ハンドブック」

３ 業態別ゾーニング

ゾーニングを検討する際には、メインターゲット商品は入り口から見やすく、吸引力の強いパワーカテゴリーは店奥に配置することで回遊性を高めるようにします。店舗形態別のゾーニングの特徴は以下のようなものです。

❶ スーパーマーケットのゾーニング

最近では、共稼ぎ夫婦の増加により、これまでの青果から精肉、鮮魚という回遊方法だけではなく、入り口付近にインストアベーカリーやデリカテッセンを設け、ショートタイムショッピングに対応する店も増えてきています。

❷ ドラッグストアのゾーニング

医薬品を店外から見やすい場所に配置し、店奥に洗剤や紙おむつなど反復性の高い商品を配置することで、回遊性を高めます。品ぞろえとしては、医薬品以外のコンビニ的な商品を置くことで来店頻度を高めます。

❸ コンビニエンスストアのゾーニング

外から見える部分に雑誌ゾーンを設置し、店内への誘導を高めます。入り口正面には、弁当・惣菜などを配置し、目的買いへのスピーディな対応を図る一方、関連商品を対面のゴンドラに配置して衝動買いを誘います。

❹ 靴専門店のゾーニング

ショーウインドには、ファッションを提案するディスプレイを行い、対話機会を増やします。プレゼンテーション、フィッティング、ディスプレイ、サービスなどのゾーンを明確に分けます。

スーパーマーケットのゾーニングの例

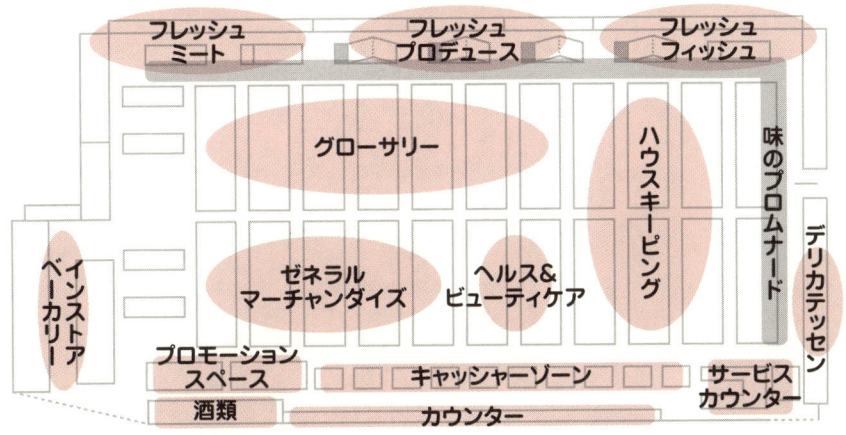

| フレッシュミート | フレッシュプロデュース | フレッシュフィッシュ |

- グローサリー
- ハウスキーピング
- 味のプロムナード
- デリカテッセン
- ゼネラルマーチャンダイズ
- ヘルス＆ビューティケア
- インストアベーカリー
- プロモーションスペース
- 酒類
- キャッシャーゾーン
- カウンター
- サービスカウンター

出典：「販売士検定試験2級ハンドブック」

ドラッグストアのゾーニングの例

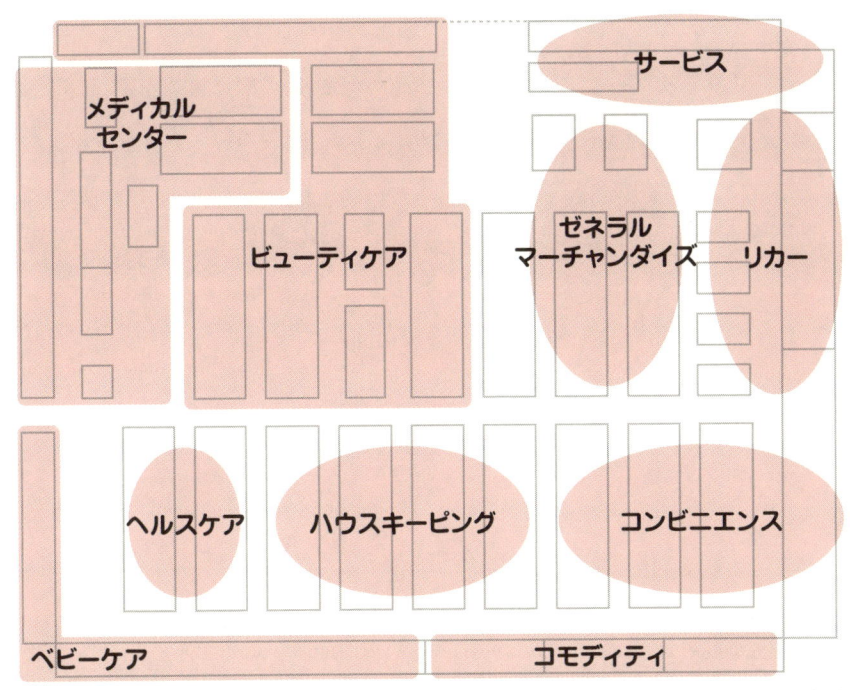

- メディカルセンター
- サービス
- ビューティケア
- ゼネラルマーチャンダイズ
- リカー
- ヘルスケア
- ハウスキーピング
- コンビニエンス
- ベビーケア
- コモディティ

出典：「販売士検定試験2級ハンドブック」

第4章 マーケティング

コンビニエンスストアのゾーニングの例

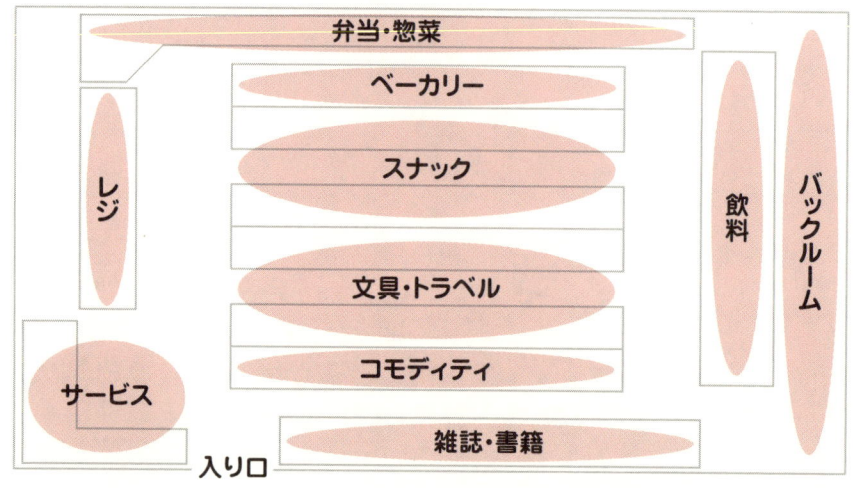

```
           弁当・惣菜
              ベーカリー
              スナック
  レジ                      飲料    バックルーム
              文具・トラベル
              コモディティ
  サービス
              雑誌・書籍
  入り口
```

出典：「販売士検定試験2級ハンドブック」

靴専門店のゾーニングの例

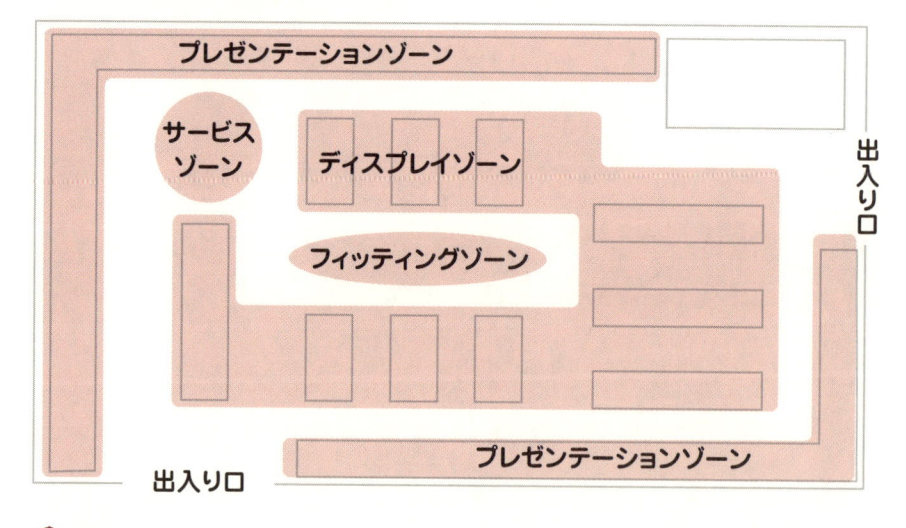

```
          プレゼンテーションゾーン
   サービス
   ゾーン    ディスプレイゾーン              出入り口
            フィッティングゾーン

          プレゼンテーションゾーン
  出入り口
```

キーワード

☑ 動線計画　☑ 顧客動線　☑ 従業員動線　☑ ワンウェイコントロール　☑ ゾーニング　☑ 回遊性

Section 25
レイアウトとスペースマネジメント

頻出度 B

重要ポイント
- ☑ レイアウトの基本を理解したら、実際にお店で確認して理解を深めること
- ☑ 効果のある**スペースマネジメント**のためには、ひざ上から目線の上までの**ゴールデンライン**に**主力商品**を配置し、**関連商品**は効果的に配置することが重要である
- ☑ スペースマネジメントは、**ゴンドラ**単位での最適なディスプレイを考えることである

1 レイアウト設定の基本と留意点

レイアウトとは、商品群ゾーンごとに商品カテゴリーを効果的に配置することです。ゾーンごとのメイン商品を中心に、わかりやすく、サブ商品との関連性も考慮して配置することが重要です。

通路をはさんで**ゴンドラ**の向かい合った面には、関連する商品を配置し、関連購買率を高めます。

2 効率的な販売促進策としてのゴンドラ設定

レイアウトを設定したあとに、**ゴンドラ**単位の**スペースマネジメント**を行います。これは、ゴンドラごとの最適なディスプレイパターンを考えるもので、商品価値と買い求めやすさを提案するのはもちろん、店のストアコンセプトやターゲットとする顧客への生活シーンの提案も含めて、総合的な検討が必要です。

3 品目配置の考え方

品目ごとの売上構成比に応じたスペース配分を行います。顧客の視野は、縦**20**cm、横**80**cmといわれているため、この単位を1ブロックとして商品配置を検討します。**ゴールデンライン**には主力商品を配置します。

4 フェイシング

フェイシングとは、品種ごとに何列でディスプレイし、店頭在庫をいくつもつかという品目の面取り技術のことです。POSシステムなどで検討を行い、フェイス数の増減を決めます。

5 品目別のポジショニング

売上と粗利益率の関係から見た品目別のポジショニングがあります。これは❶売上大、粗利益率大、❷売上大、粗利益率小、❸売上小、粗利益率大、❹売上小、粗利益率小の4つのポジションが考えられます。

この中では❶が最重点商品となり、ゴールデンラインへの配置と欠品防止が必要となります。また、❹の商品をどう育てるかも検討が必要です。

売上高と粗利益率によるポジショニング

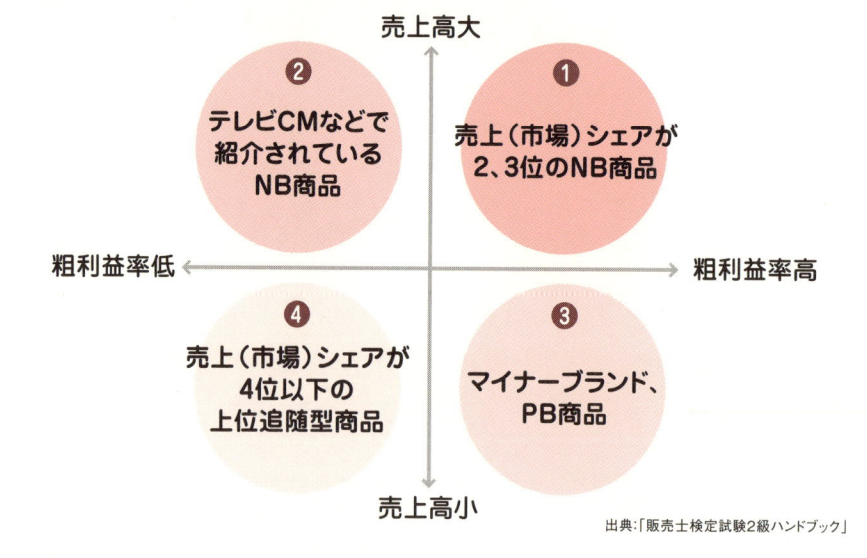

- ❶ 売上（市場）シェアが2、3位のNB商品（売上高大・粗利益率高）
- ❷ テレビCMなどで紹介されているNB商品（売上高大・粗利益率低）
- ❸ マイナーブランド、PB商品（売上高小・粗利益率高）
- ❹ 売上（市場）シェアが4位以下の上位追随型商品（売上高小・粗利益率低）

出典：「販売士検定試験2級ハンドブック」

6 グルーピングのポイント

商品をどうグルーピングするかも重要です。グルーピングする際には、買いたい商品が探しやすく、商品の使用目的に応じて比較選択ができ、関連商品にも気づくようなグルーピングが求められます。

グルーピングされた商品群の配置

両側関連

- ゴンドラの向かい合った面が関連商品になっている ◎
- ゴンドラの向かい合った面が一部関連商品になっている ○
- ゴンドラの向かい合った面が関連商品になっていない ×

曲がり角関連

- 曲がり角の連続が保たれていない ×
- 曲がり角の連続が関連商品で保たれている ◎

出典：「販売士検定試験2級ハンドブック」

第4章 マーケティング

キーワード

- ☑ レイアウト ☑ ゴンドラ ☑ スペースマネジメント ☑ ゴールデンライン ☑ フェイシング
- ☑ グルーピング

Section 26

売場を演出する色彩の技術

頻出度 C

重要ポイント
☑ 色は心理的に人に強い影響を与えるので、効果的に利用することが必要である

1 陳列装飾における色の組み合わせの効果

色から受けるイメージを活かして陳列効果を高めるとともに店舗のイメージアップにもつながるよう、色による演出を行う積極姿勢が重要です。ディスプレイと色の組み合わせの効果について説明します。

2 明度順、色相順配色の陳列

無彩色の商品を陳列する場合は、明度段階の順序で白から黒寄りへと配列するとよいといわれています。また、有彩色の色合いの商品を組み合わせる場合は、色相の順に陳列すると明るい楽しい感じが演出でき、顧客が自分の好みの色を選ぶときにも便利です。

3 同色配色の陳列

ショーウインドにさまざまな色の商品があるより、同色の商品が集中して陳列されている方が訴求力は強いとされています。しかし、同色だけでは全体的にピンボケな感じになりますので1、2点の対照的な色の商品を入れ、アクセントをつけると効果が増します。

4 類色、類似色、異色配色の陳列

❶ 類色配色の陳列…類色とは、赤と橙、青と青緑のように最も近い色相の関係をいいます。柔らかさやムードのある調和のとれた色の組み合わせになり、低い明度や彩度どうしでは重厚感が出る半面、野暮な感じにもなるので注意が必要です。

❷ 類似色配色の陳列…類似色とは、1類色の隣りの色どうしの色のことです。

この組み合わせは、最もバランスのとれた鮮やかな効果的な配色であるといえます。
❸ **異色**配色の陳列…異色とは、類似色よりもさらに1つ距離をおいた色の関係をいいます。この配色は自然に受け入れられる組み合わせといわれています。

5 補色と準補色の陳列

❶ **補色**配色の陳列…色相環で反対側となる向かい合った位置にある色を補色といい、最も離れた色どうしの組み合わせです。そのためお互いが強く自己主張し、効果的に配色するためには色彩感覚がより必要となります。赤と青緑は情熱的な感じ、燈と青は男性的な感じを与えます。
❷ **準補色**配色の陳列…赤と緑、青と黄といった補色の手前の色を準補色といいます。非常に華やかな感じが出せます。

6 無彩色と有彩色の組み合わせ

この場合は明度を中心に配色すると、まとまりが出ます。明度の差が大きくなるにしたがい、有彩色のもつ情感が強調されます。例えば高い明度の赤と低い明度の灰色の配色は、赤をより引き立てます。また、真赤と真黒のように、純色を組み合わせるとモダンな感じが強調されます。

7 カラーコントロールによるディスプレイ方法の基本

商品をより美しくみせるためには色の組み合わせの基本（カラーコントロール）を理解しなければいけません。ディスプレイ方法には、種類や形・素材の異なる商品の中から色合いのよく似たグループを集めてまとめたり、同一商品を虹色の順番に並べたりする手法などがあります。これらのカラーコントロールにより商品の整理整頓や売場の演出が容易となります。

📝 **キーワード**
☑明度 ☑色相 ☑無彩色 ☑有彩色 ☑類色 ☑類似色 ☑異色 ☑補色 ☑準補色

Section 27

売場を演出する照明の技術

頻出度 C

> 🌸 **重要ポイント**
> ☑ 照明の基本と、効果についてよく理解すること

1 照明方向、光量

　店舗における照明のあり方は、商品の陳列効果や顧客の購買意欲を高めるうえで大変重要な役割をもつため、照明の適否が売上を左右することもあります。照明による演出効果を高めるには、光の「量(明るさ)」「質(色、輝き)」「方向(照射角度)」などを効果的に組み合わせ、コーディネートすることが大切です。

2 光の方向が与える影響のパターン

　店内を照らす光の方向・角度によって商品の見え方と、さらには顧客の購買心理にも影響を与えます。
① 真上からの光は陰影が濃く、荘厳な感じを演出できます。
② 真正面からの光は陰影が少なく、平坦に見え、訴求力が弱まります。
③ 真後ろからの光は外形線が強調され、商品がシルエットになって期待感を演出できます。
④ 斜め上からの光は太陽光に似て自然な感じで安定感があります。ただ意外性やおもしろさに欠けるのが難点です。
⑤ 下からの光は自然にはない角度で、危機感や現代的な感じが演出できます。

3 明るさ(光の量)の決め方

　次の点に注意して、店舗の客層、取扱商品、店格、立地条件などにふさわしい明るさを見出します。
① 全般照明(ベースライティング)の明るさはどのくらいが適当か
② 照明の方式と器具の種類はどれがよいか
③ 全般照明の必要灯数、配列方法などをどうするか
④ 局部照明(アクセントライト)はどのような器具がよいか

また、効果的な位置はどこか
❺ 照明の組み合わせ、バランスをどのように配分するか

4 店舗照度の基準

　店舗の性質によって「適性な明るさ」の基準はさまざまです。店舗の適性な明るさを決める際に基準となるのは、以下のようなものです。
❶ **店舗の立地環地**…立地する街の平均照度、隣接店舗、近くの競合店の照度などを考慮して明るさを決めます。より明るい店舗は、顧客の店に対する安心感を高め、来店促進に貢献します。
❷ **店格や取扱商品**…色彩の暗い商品や細かい商品を主とする店舗では、より高い照度が必要となります。また、高級品を主力とする店舗では、照度を抑えて落ち着いた明るさにすると照明効果が増します。
❸ **店舗の構造**…店の奥行や天井の高さなどの構造、そして床、壁、天井の仕上げの材質や色などによっても照度は変わってきます。例えば、天井や壁の反射率が高いと照度が低くても明るく感じられます。

5 店舗照明の留意点

　店舗照明における計画および管理上の留意点は、以下のようなものです。
・**逆光**や強い**反射光**が当たらないよう、光源と視線との関係に注意します。
・照明により商品の変色、退色および鮮度を低下させないよう器具の選択や設置位置（発生熱が排出できるようにする）を決定します。
・ほかの商品や顧客によって商品に**影**ができないよう器具の取付位置に注意します。
・店内の模様替えにも対応できるよう、器具および取付方法を工夫します。また、電源容量の確保とともに、コンセントを十分に設けておくことが重要です。
・付近の建物や景色がガラス面に映るような店頭では、照明によりなんらかの対策を講じる必要があります。
・不要な電力を消費しないよう省エネルギーに努めます（器具類の清掃、省力型電球の使用、スイッチ操作による光量の調節など）。

📝 **キーワード**
☑照明　☑光量　☑光質　☑全般照明（ベースライティング）　☑局部照明（アクセントライト）

第4章 チャレンジ問題（マーケティング）

第1問 次の事項は、販売情報の種類について述べたものです。最も関係の深いものを、下記の語群から選んで、対応するア〜オの解答欄に記入しなさい。

ア　商品に関する情報
イ　商圏・立地条件に関する情報
ウ　消費者に関する情報
エ　競争に関する情報
オ　マーケティングミックスに関する情報

【語群】
1．デザイン・形状、ライフサイクルのポジションと今後の動き、効用など
2．都市のタイプ、人口・人口密度、交通構造など
3．過去数年間の販売実績など
4．購買の時間帯や場所、購買単価など
5．需要の価格弾力性、競争価格、消費者への訴求力の高い広告など
6．自店の歴史、経営方針など
7．相対的力関係、商圏内でのシェア・伸び率、商品構成など

解答欄	ア	イ	ウ	エ	オ

第2問 次の事項は、店舗の立地条件について述べたものです。正しいものには1を、誤っているものには2を、対応するア〜オの解答欄に記入しなさい。

ア　よい立地とは、商圏内人口が充分あり、しかも増加傾向な場所である。
イ　よい立地とは、自店のターゲット顧客が多く居住している場所である。
ウ　よい立地とは、道路が整備されていなくて、店舗にアクセスしにくい場所である。
エ　よい立地とは、駐車場が広くとれる場所である。
オ　よい立地とは、直接的な競争店が少ない場所である。

解答欄	ア	イ	ウ	エ	オ

第3問　次の事項は、ストアコンパリゾンを進める際の注意点について述べたものです。正しいものには1を、誤っているものには2を、対応するア～オの解答欄に記入しなさい。

ア　店内で写真を撮らないことは、ストアコンパリゾンの注意点である。
イ　店内でメモをとらないことは、ストアコンパリゾンの注意点である。
ウ　服装に気をつけることは、ストアコンパリゾンの注意点である。
エ　堂々とリサーチすることは、ストアコンパリゾンの注意点である。
オ　おどおどとリサーチすることは、ストアコンパリゾンの注意点である。

解答欄	ア	イ	ウ	エ	オ

第4問　次の事項は、広告の基本要件について述べたものです。文中の〔　〕の部分に下記の語群のうち最も適当なものを選んで、対応するア～オの解答欄に記入しなさい。

広告の基本要件の第一は、制作費や媒体の購入などのコストをすべて負担する特定の〔　ア　〕が明示されていることである。広告の基本要件の第二は、アの売上高と利益を増加させるため、特定の〔　イ　〕をアの意図する方向へ誘導することである。広告の基本要件の第三は、印刷物や〔　ウ　〕などの〔　エ　〕な媒体を通して〔　オ　〕活動を行うことである。

【語群】
1．コミュニケーション　　2．パブリシティ　　3．非人的
4．マーチャンダイジング　　5．電波　　6．消費者
7．注目率　　8．セールスパーソン　　9．欲望
10．広告主

解答欄	ア	イ	ウ	エ	オ

第5問 次の文章は、インターネット広告について述べたものです。文中の〔 〕の部分に、下記の語群のうち最も適当なものを選んで、対応するア～オの解答欄に記入しなさい。

需要が急速に増加しつつあるインターネット広告には、ウェブページの中に表示される〔 ア 〕広告、文字で送信する〔 イ 〕広告、利用者がニュースなどを〔 ウ 〕すると同時に配信される〔 エ 〕広告などの種類がある。ア広告は、〔 オ 〕の画面上に掲載された広告のことで、このアをクリックすると、より詳しい情報を得ることができる。

【語群】
1．ホームページ　　2．データマイニング　　3．データセンター
4．バナー　　　　　5．プッシュ型　　　　　6．ネットバンク
7．テレビ　　　　　8．Eメール型　　　　　9．ダイレクトメール
10．ダウンロード

解答欄	ア	イ	ウ	エ	オ

第6問 次の文章は、POP広告について述べたものです。文中の〔 〕の部分に、下記の語群のうち最も適当なものを選んで、対応するア～オの解答欄に記入しなさい。

顧客の〔 ア 〕の促進や、1人あたりの〔 イ 〕を増加させることなどを主たる目的として、新商品や〔 ウ 〕などに貼付するものをPOP広告という。POP広告は、顧客に購買時点での情報を提供するものであり、買ってもらう気持ちをそそるように〔 エ 〕や効能などを強調した〔 オ 〕を考えることが重要である。

【語群】
1．来店　　　　2．推奨商品　　3．バーコード　　4．用途
5．買上点数　　6．粗利益率　　7．補充発注　　　8．キャッチコピー
9．衝動買い　　10．仕入原価

解答欄	ア	イ	ウ	エ	オ

第7問 次の事項は、POP広告の種類について述べたものです。正しいものには1を、誤っているものには2を、対応するア～オの解答欄に記入しなさい。

ア　カウンター・ディスプレイとは、接客カウンターの上に置くPOP広告物であり、ジャンブル・バスケットやポール・ディスプレイなどがある。

イ　ウォール・ディスプレイとは、壁面を利用して掲示するPOP広告物であり、ポスターやパネルなどがある。

ウ　シェルフ・ディスプレイとは、陳列棚に設置するPOP広告物であり、厚紙をさまざまな形にカットして、陳列物に取り付けて顧客にメッセージを送るものがある。

エ　ウインド・ディスプレイとは、ショーウインドで掲示するPOP広告物であり、懸垂幕やバナーなどがある。

オ　シーリング・ディスプレイとは、天井に設置するPOP広告物であり、スピーカーによって音の効果をねらったものがある。

解答欄	ア	イ	ウ	エ	オ

第8問 次の文章は、商品のライフサイクルと販売の適合性について述べたものです。文中の〔　〕の部分に、下記の語群のうち最も適当なものを選んで、対応するア～オの解答欄に記入しなさい。

プロダクト・ライフサイクルの各段階と、営業利益との関連について検討した場合、〔　ア　〕においては、売上の急激な増加に伴い営業利益は相対的に増加する。しかし、〔　イ　〕に入ると、競争者の数が著しく多くなり、〔　ウ　〕が増加する分、営業利益は低下する。さらに、〔　エ　〕には積極的な値引きが必要となり、〔　オ　〕の減少とさらなるウの増加に伴い営業利益は大幅に低下する。

【語群】
1．導入期　　　2．経常利益　　　3．成長期　　　4．競争コスト
5．開拓期　　　6．収穫政策　　　7．技術開発費　　8．衰退期
9．売上総利益　10．成熟期

解答欄	ア	イ	ウ	エ	オ

第9問 次の事項は、業態別のゾーニングについて述べたものです。正しいものには1を、誤っているものには2を、対応するア〜オの解答欄に記入しなさい。

ア　スーパーマーケットのゾーニングでは、入り口付近にインストアベーカリーやデリカテッセンを配置し、ショートタイムショッピングへの対応も図る。
イ　ドラッグストアのゾーニングでは、医薬品を店外から見やすい場所に配置し、店奥に洗剤や紙おむつなど反復性の高い商品を配置することで、回遊性を高める。
ウ　コンビニエンスストアのゾーニングでは、外から見える部分にバックヤードゾーンを設置し、店内への誘導を高める。
エ　コンビニエンスストアのゾーニングでは、入り口正面には、弁当・惣菜などを配置し、目的買いへのスピーディな対応を図る一方、関連商品を対面のゴンドラに配置して衝動買いを高める。
オ　靴専門店のゾーニングでは、ショーウインドには、ファッションを提案するディスプレイを行い、対話機会を増やす。

解答欄	ア	イ	ウ	エ	オ

第10問 次の文章は、売場を演出する色彩について述べたものです。文中の〔　〕の部分に、下記の語群のうち最も適当なものを選んで、対応するア〜オの解答欄に記入しなさい。

色を効果的に組み合わせることは、売場や商品ひとつひとつをより美しく見せるために重要である。例えば種類や素材などが〔　ア　〕商品の中から色あいのよく似た暖色系や〔　イ　〕などのグループを集めてまとめる手法がある。また、同一商品で色が豊富にある場合は、赤から〔　ウ　〕まで虹色の順に並べる手法がある。こうしたカラーコントロールによって売場に〔　エ　〕が形成され、顧客の〔　オ　〕を促進することができる。

【語群】
1．中間色　　2．配色　　3．紫　　4．販売効率　　5．高級な
6．異なる　　7．装着感　　8．連続性　　9．比較選択購買　　10．緑

解答欄	ア	イ	ウ	エ	オ

第4章 チャレンジ問題 マーケティング 解答&解説

第1問

解答欄	ア	イ	ウ	エ	オ
	1	2	4	7	5

解説

アの商品に関する情報に関係しているのは商品のデザイン、形状、ライフサイクルなどです。イの商圏や立地に関する情報に関係しているのは、都市のタイプ、人口密度、交通情報などです。ウの消費者に関連する情報としては、購買の時間や、購買単価などがあります。エの競争に関する情報としては、相対的力関係、シェア伸び率、商品構成などがあります。オのマーケティングミックスに関する情報としては、需要の価格弾力性、競争価格、消費者への効果の高い広告などがあります。

第2問

解答欄	ア	イ	ウ	エ	オ
	1	1	2	1	1

解説

ア、イ、エ、オは問題文のとおりです。ウは間違いで、これは悪い立地の説明です。

第3問

解答欄	ア	イ	ウ	エ	オ
	1	1	1	1	2

解説

アからエまでは問題文のとおりです。オは間違いで、おどおどしているとあやしいと思われてしまいます。

第4問

解答欄	ア	イ	ウ	エ	オ
	10	6	5	3	1

解説

広告の基本的要件としては、まず広告主が明記されており、販売を目的として特定の消費者への誘導を行っていることです。また、印刷物や電波などの非人的媒体を介してコミュニケーション行うという特徴があります。

第5問

解答欄	ア	イ	ウ	エ	オ
	4	8	10	5	1

解説

インターネット広告には、バナー広告、Eメール型広告、ダウンロードによるプッシュ型広告などがあり、バナー広告はホームページ上に掲載されています。

第6問

解答欄	ア	イ	ウ	エ	オ
	9	5	2	4	8

解説

POP広告とは、顧客の衝動買いや、1人あたりの買上点数の増加を目的として、新商品や、推奨商品に貼り付けるものです。良い成果を出すためには、用途や効能を強調した効果的なキャッチコピーが大変重要です。

第7問

解答欄	ア	イ	ウ	エ	オ
	2	1	1	2	2

解説

イ、ウは問題文のとおりです。アはジャンブル・バスケットが入っているのが間違いで、エはバナーが入っているのが間違いで、オはスピーカーが入っているのが間違いです。

第8問

解答欄	ア	イ	ウ	エ	オ
	3	10	4	8	9

解説

プロダクト・ライフサイクルと営業利益の関連では、成長期では、売上の上昇により営業利益が増加しますが、成熟期になると競争コストが増加して営業利益は低下します。衰退期には売上利益の減少と競争コストのさらなる増加により、営業利益はさらに低下します。

第9問

解答欄	ア	イ	ウ	エ	オ
	1	1	2	1	1

解説

ア、イ、エ、オは問題文のとおりです。ウは間違いで、コンビニエンスストアは、外から見える場所に雑誌など興味を引くものを設置して集客装置とします。

第10問

解答欄	ア	イ	ウ	エ	オ
	6	1	3	8	9

解説

売場を美しく見せるためには、異なる商品から色合いが似た商品をまとめたり、虹のように赤から紫にかけて色を並べたりして、顧客の選択をしやすくする手法があります。

第5章
販売・経営管理

この科目では、販売管理者の基本業務と法令知識、販売事務管理者に求められる経営分析の手法など、販売管理者が身につけておくべき知識を学び、さらに店舗組織体制と従業員管理など人的管理も含むリーダーとして身につけておくべき知識や店舗施設の維持管理といった保守管理の知識も学びます。

Section 1

販売管理者の基本業務

頻出度 C

重要ポイント

- ☑ 販売管理者は、販売員がやる気を失わないよう目を配り、**インセンティブ**や**表彰制度**などで**動機づけ**を行うことで、目標予算を達成するためのチームづくりを行う必要がある
- ☑ 販売管理者は、**売上**、**利益予算**を達成することと同時に**人材の育成**も重要な任務である
- ☑ 部下の育成は、Plan（計画）⇒Do（実行）⇒See（検討・評価）のサイクルに基づいて効果的に行う

1 販売管理者の職務

販売管理者の職務には、①**販売予測**、②**売上**および**利益目標**の設定、③**売上予算**の設定、④**役割配賦**、⑤**販売管理**、⑥**調整機能**、⑦**改善取り組み**、⑧**人材育成**、などがあります。

2 販売管理者の役割

販売管理者の役割には、①チームづくり、②販売計画づくり、③販売員の管理、④仕入先の管理、⑤売場の管理、などがあります。

3 販売管理者の目標管理

販売管理者が目標管理のうえで留意すべき点には、①役割と課題の明確化、②直属の上司とのコミュニケーションの活性化、③実務を通じた能力開発、④業務改善とサービスレベルの向上、などがあります。

4 販売員の動機づけ

販売管理者は、販売員がやる気を失わないよう目を配り、**インセンティブ**や**表彰制度**などで**動機づけ**を行います。

5 売場の指揮

販売管理者は、売場を指揮するにあたり、①戦略的な顧客サービスを展開する、②従業員を激励、支援するように養成・訓練を行う、③顧客に喜ばれる仕組みをつくる、などの3つの要件について留意する必要があります。

6 売場の活性化

売場を活性化するためには、日々の環境変化に対応する具体的な方針・対応策を示し、組織の一人ひとりに何を期待しているのかを伝え、報告・相談のバックアップ体制のなかで主体的な取り組みができるようなチームづくりをすることが必要です。

7 部下の育成に対する基本的な考え方

今日における部下の育成は、いわれたことをただやるだけではなく、日々の環境変化に応じて自ら変化し成長していくような能力開発を自ら行うことができるよう、動機づけをする必要があります。

8 効果的な部下の育成

部下の育成は、Plan（計画）⇒Do（実行）⇒See（検討・評価）のサイクルに基づいて行います。
❶ Plan…各部下に求める知識・スキルレベルの判定と教育方法の決定
❷ Do…各部下への教育トレーニングの実施
❸ See…各部下の成長度合いの測定と次回教育プランの反映

キーワード
☑動機づけ ☑販売予測 ☑売上および利益目標の設定 ☑売上予算の設定 ☑役割配賦 ☑販売管理
☑調整機能 ☑改善取り組み ☑人材育成 ☑報告 ☑相談

Section 2

クレームへの対応方法

頻出度 B

> **重要ポイント**
> ☑ **クレーム対応**は、顧客からのロイヤルティを高めるチャンスと考えて、主体的かつ真摯な態度で対応することが重要である
> ☑ クレームは**ストアロイヤルティ**を高めるチャンスでもあるため、しっかり対応する

1 クレーム対応の重要性

クレームには、①**商品**の品質に関するクレーム、②**接客サービス**に関するクレームの2つがあり、それぞれ顧客満足を得て解決するように図ることが重要です。特に接客サービスに関するクレームは、顧客からの貴重な助言と考えて真摯に対応すべきです。原因は小さなひと言やちょっとした態度である場合が多く、そのために二度と来ないと考える顧客も多いからです。

2 返品対応の心構え

返品をしに店舗に来る顧客は販売した店に対しても基本的に不満をもっているため、正社員、パートタイマーの別なく、スムーズにクレームに応対し、その店の基準に応じた返品対応を行う必要があります。この段階できちんと対応しないと、もう二度と買わないというところまでこじれる可能性があります。

3 返品・交換の対応用語

基本的には「商品に問題があり、申し訳ございません」「レシートを拝見させていただき、さっそくお取り替えいたします」という対応になります。レシートがない場合は、記録確認のため時間がかかることを伝え、そのうえで名前、住所、連絡先などを控えます。また一般常識的に返品が受けられないと判断できる場合は、「誠に申し訳ございませんが、こちらの商品のご返品、ご交換は、ご遠慮いただいております。どうぞご了承ください」と丁寧に対応して理解

をいただくようにします。

4 クレームはストアロイヤルティ形成の最大の機会

クレームに真摯に対応すると、顧客は今までよりもその店が好きになることが多いといわれています。そのため、クレーム対応は**ストアロイヤルティ**形成の最大の機会ともいえます。

クレーム対応の手順

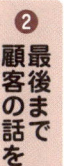

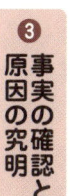

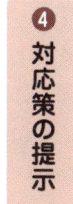

1. 謝る
2. 最後まで顧客の話をよく聞く
3. 事実の確認と原因の究明
4. 対応策の提示
5. 全員へのフィードバック
6. 店舗運営の改善

商品がなかった場合

NG：置いていません。ここにあるだけです

OK：申し訳ございません。ただ今、品切れしております。入荷予定日をお問い合わせいたしましょうか

キーワード
☑ クレーム　☑ ストアロイヤルティ

Section 3

契約に関する法知識

頻出度 A ★★★

🌸 重要ポイント

- ☑ **契約に関する法律**は実務にも役立つのでよく理解しておくこと
- ☑ 契約とは、いわゆる約束のことで、その約束により契約当事者の一方に**債権**が生じ、もう一方に**債務**が生じるものをいう
- ☑ 振出人が受取人に対し、一定の**期日**に一定の**金額**を支払うことを約束する有価証券を**約束手形**という

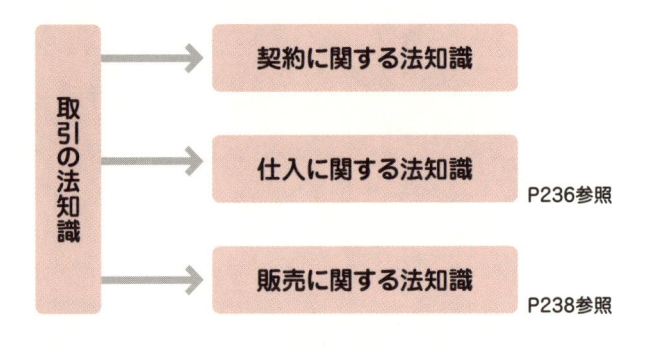

取引の法知識
→ 契約に関する法知識
→ 仕入に関する法知識　　P236参照
→ 販売に関する法知識　　P238参照

1 契約の成立と契約内容

売買契約は、双方の意思表示があり、合意したときに成立します。契約内容は当事者間で自由に定められます(**特約**という)。買取仕入の契約内容の法律常識を見てみましょう。

❶ 品質条件

特約のない品質は中等でよいとされています(民401条)。特約の場合は、具体的かつ明確に条件を決めます。

❷ 商品の受け渡し時期と場所

受け渡し時期の特約では、期日、期間、期限の区分を明確にします。引き渡し場所は特約がなければ、特定物は契約のときにその物が存在した場所、不特定物では、原則として買主の営業所または住所です。なお、運送費、荷

造費は、特約がなければ売主負担となります。

❸ 商品代金の支払い

　商品引き渡しと代金支払は同時履行が原則です。なお、特約がない場合は、商品受け渡し場所で現金支払が原則となります。手形支払は特約です。特約方法は、毎月〇日締切月末現金（または小切手、手形）払とし、これを持参債務の原則といいます。なお、契約すなわち約束を守らなければ、債務不履行となります。

2 売主の買主に対する債務不履行のケース

　買主は、相当の期間を定め、引き渡しの催告をし、不履行には強制執行権や、契約解除権を行使することができます。

❶ 履行不能…売主の責任で商品を引き渡すことができません。
❷ 履行遅延…引き渡しが約定納期に消印によって間に合わず遅延します。
❸ 不完全履行…商品が契約内容に不適合です。

3 印紙税の基礎知識

　商取引文書のうち、印紙の貼付と消印によって徴税できるのは、契約書、約束手形、金銭受取書などです。課税文書の種類と税率、納税義務者、納付や申告の手続きをする際は、印紙の貼付と消印を押さないと、科料、罰金や内容次第では１年以下の懲役刑の処分を受けます。無貼付でも取引は成立しますので注意しましょう。

4 小切手の基礎知識

　小切手は、発行者（振出人）が第三者（支払人＝銀行）に宛てて一定の金額を支払うべきことを委託する形式の有価証券（支払委託証券）です。小切手を発行するには「小切手要件」と呼ばれる一定の事項を小切手用紙に記入しなければなりません。

　小切手は、現金代用品のため、盗難、紛失、不正所持人への支払いなどの防止策として「線引小切手制度」というものがあり、厳重なチェックをされます。これが「横線小切手」と呼ばれるものです。その内容は次のとおりです。

❶ 一般線引小切手…小切手の表面に２本の平行線を引き、その間に空白か、銀行、Bankなどの文字を記載したものです。持参人のなりすましによる詐取を防ぐため、支払銀行は、ほかの銀行か、または支払銀行の取引先

に対してのみ小切手の支払いをすることができ、それ以外の人に対しては支払うことができません。つまり、銀行が信頼できる相手の口座を使って払うことで、信頼のできない人物への支払いを防止しているのです。そして銀行は、自分の取引先かほかの銀行にしか線引小切手の取立をすることができません。

❷ **特定線引小切手**…2本の平行線の間に特定の銀行名を記載したもので、線引に指定された銀行、または、その銀行から委託された銀行を通じて、支払いの請求がなされたときにのみ支払われます。

《小切手の呈示期間》

振出日の翌日から10日間であり、10日目が休日なら休日明けとなります。小切手の遡求権の行使は、呈示期間内に呈示した場合です。

5 約束手形の基礎知識

約束手形は発行者（支払者）が一定の金額を支払うことを約束する、小切手と同じく代表的な有価証券のひとつです。約束手形を発行するには「**手形要件**」と呼ばれる一定の事項を手形用紙に記入しなければなりません。手形要件として掲載する内容は、①約束手形の表示、②一定金額を支払う約束、③支払日、④支払地、⑤受取人、⑥振出日と振出地、⑦振出人の署名などです。これらは、ひとつでも欠落すると効力を生じません。しかし、実務では振出人の署名がなくてもよいものと、振出後に手形要件を補充する白地手形があります。手形金額の記載方法は小切手と同様です。

また、「手形の裏書譲渡」は以下のとおりです。

❶ **記名式裏書**…譲渡人（裏書人）が署名し、譲受人（被裏書人）を記入して譲渡する方法で、裏書の連続が必要です。
❷ **白地式裏書**…形式上の裏書連続で、譲受人が数人いても、最後の所持人が裏書すればよいものです。

《約束手形の呈示期間》

手形に対する請求権の時効期間は、振出人は満期日の翌日起算3年間で、裏書人は1年間です。

6 クレジット、プリペイドカードなどの基礎知識

クレジットカードは、カード会社が一時的に代金の支払いを立て替え、それをすることで手数料をとるという仕組みです。クレジットカードは代金後払いですが、プリペイドカードは代金前払いのシステムで、利用者は現金を持ち歩く必要がなく、カードによってはポイントなどを増やすメリットを受けられます。

手形による取引の流れ

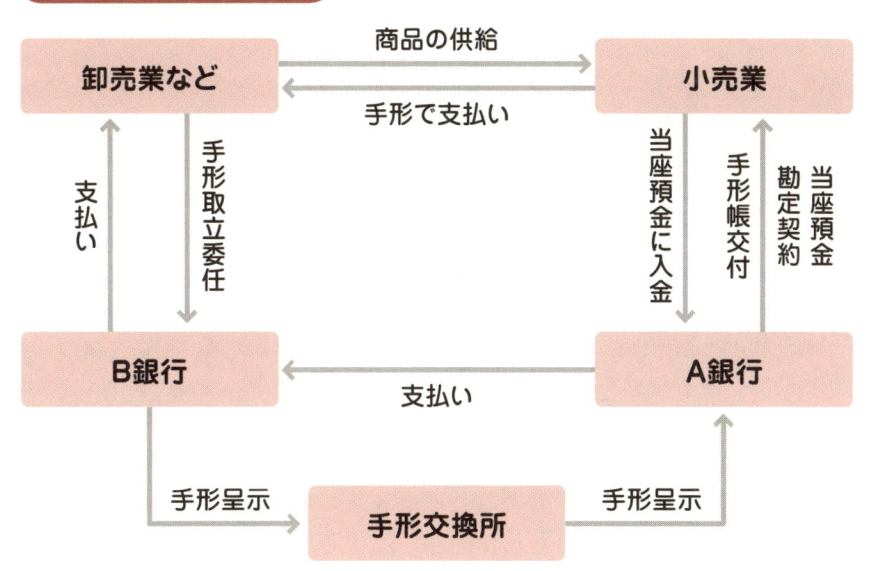

```
卸売業など ──商品の供給──→ 小売業
         ←──手形で支払い──
  │↑                        │↓
  │手形取立委任              当座預金に入金／手形帳交付／当座預金勘定契約
支払い                       
  ↓                          ↓
B銀行 ←────支払い──────── A銀行
  │                          ↑
  └──手形呈示──→ 手形交換所 ──手形呈示──┘
```

出典:「販売士検定試験2級ハンドブック」

キーワード

☑ 債務不履行　☑ 小切手　☑ 手形

Section 4

仕入に関する法知識

頻出度 B

> **重要ポイント**
> ☑ 独占禁止法では、独占的な取引と不公正な取引の排除を定めている
> ☑ 仕入の種類と関連法規について理解する

1 仕入の種類

仕入には、買取仕入と委託仕入があり、販売在庫リスクを誰が負担するかが異なります。よく整理して理解しましょう。

❶ **買取仕入**…自己の商品計画によって発注し、商品を仕入れます。売れ残りは返品できません。

❷ **委託仕入**…受託者である小売商は、販売商品に一定率の報酬を受け取る委託契約（商552条）に従い販売を行います。売れ残り損失、利益計上の損益は、所有権をもつ委託者が負担します。受託者は商品を善良に管理し（民644条）、売却代金は速やかに引き渡します（民646条）。販売代金回収不能の場合は、立て替えて委託者に支払います（商553条）。なお、販売方法、販売価格などの決定権は委託者にあり、受託者はこれに従いますが、指値を割るときは自己負担します。

2 商品仕入の特殊な形態

仕入には、小売店が販売代理店となる「代理店・特約店契約」や、契約によってフランチャイザーの仕入システムを使用する「フランチャイズ契約」などがあります。

❶ **代理店・特約店契約**…法的な代理人として権限を与えられた代理人が、本人の代わりに販売行為を行う仕組みのことです。契約の影響は代理を依頼した本人に及びます。契約を仲介しているだけの場合（旅行代理店、保険代理店など）もあります。

❷ **フランチャイズ契約**…フランチャイズ契約により、本部であるフランチャ

イザーのビジネスシステム、ノウハウ、ブランド、仕入システムを加盟店であるフランチャイジーが使えるようにしたものです。フランチャイジーは使用の対価としてロイヤルティをフランチャイザーに支払います。

代理店の流通形態

メーカーの直販

メーカー →(売買)→ 代理店・特約店 →(売買)→ 消費者

販売会社を通じた直販

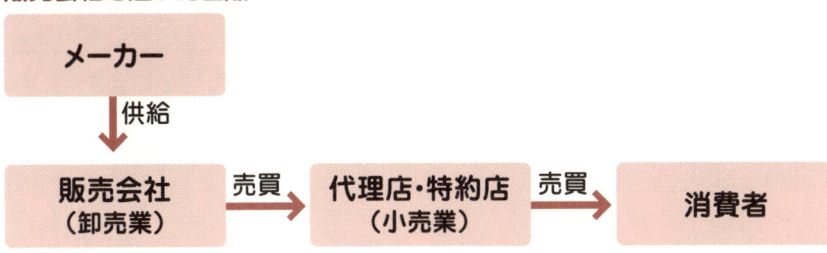

メーカー →(供給)→ 販売会社（卸売業） →(売買)→ 代理店・特約店（小売業） →(売買)→ 消費者

出典:「販売士検定試験2級ハンドブック」

3 独占禁止法

独占禁止法は、①私的独占、不当な取引制限、不公正な取引方法を禁止し、②事業支配力の過度の集中を防止し、③協定等の方法による生産、販売、価格の不当な制限や事業活動の不当拘束を排除することにより、自由な競争を確保することを目的としています。独占禁止法で禁止されていることは具体的には、協賛金の要請、納入後の価格値引き、押し付け販売、従業員の派遣要請などです。

4 下請代金支払遅延等防止法

資本金3億円以上の法人が、資本金3億円以下の企業に発注する場合は「**下請代金支払遅延等防止法**」が適用されます。書面による契約を結ぶことや、60日以内の支払いをすることが義務づけられています。

キーワード
☑独占禁止法 ☑買取仕入 ☑委託仕入 ☑代理店契約 ☑特約店契約 ☑フランチャイズ契約

Section 5 販売に関する法知識

頻出度 A

重要ポイント
- 販売に関する代表的な法律と、その内容はしっかりおさえておくこと
- **訪問販売**や**通信販売**など消費者トラブルを生じやすい取引類型を対象に、事業者が守るべきルールと、「**クーリングオフ**」などの消費者を守るルールを定めた法律のことを、**特定商取引法**という

1 契約の諸原則

契約の原則は、①信義則に基づくこと、②公序良俗に反しないこと、③誰とでも契約自由、の3つです。

2 消費者の保護から自立支援へ

「**消費者基本法**（平成16年）」の制定により、①消費者に理解のための情報を必要に応じて提供する事業者の責務、②自らも新しい知識を学び、リサイクルに配慮する消費者の責務、③ほかの関連法との関係、などが明確になりました。

消費者基本法の基本的施策と他の法令との関係

消費者基本法の基本的施策	関係する法律の規定
安全の確保	製造物責任法（PL）、食品安全基本法、薬事法など
消費者契約の適正化など	消費者契約法、特定商取引など
計量の適正化	計量法など
規格の適正化	JAS法、JIS法など
広告そのほかの表示の適正化など	食品衛生法、特定商取引法など
公正自由な競争の促進など	独占禁止法、景品表示法など

出典：「販売士検定試験2級ハンドブック」

3 消費者契約法

消費者契約法は、「基本的に事業者の方が情報や知識をもっている」という前提のもとに、弱者である消費者を保護するために、一定の条件のもとで消費者が契約を解除できる法律となっています。一方的に消費者に不利な契約内容はそもそも無効であるとされます（不当に高額な解約金や、遅延損害金、賠償責任免除など）。

4 電子商取引に関する法律効果

インターネットによる通信販売では、特定商取引法の適用によって下のような事項が規制されています。①広告であることの表示、②誇大広告の禁止、③前払い式通信販売の承諾、④顧客の意に反して申し込みをさせようとする行為の禁止、などです。

5 特殊な販売方法に関する法律

トラブルになりやすいビジネスを規制する「特定商取引法」では、❶訪問販売、❷通信販売、❸電話勧誘販売、❹特定継続的役務提供、❺連鎖販売取引、❻業務提携誘引販売取引、の6つについて、事業者による不公正な勧誘行為を規制し、クーリングオフ（一定期間内の無条件解約許可）などの適用を行っています（❶～❹は8日間、❺、❻は20日間）。

❶ 訪問販売…自宅への訪問販売、キャッチセールス（路上などで呼び止めたあとに営業所などに同行させて販売）、アポイントメントセールス（電話などで販売目的を告げずに事務所などに呼び出して販売）など

❷ 通信販売…新聞、雑誌、インターネットなどで広告し、郵便、電話などの通信手段により申込みを受ける販売（「電話勧誘販売」に該当するものは除く）

❸ 電話勧誘販売…電話で勧誘し、申込みを受ける販売

❹ 特定継続的役務提供…長期・継続的な役務（サービスの意）の提供とこれに対する高額の対価を約束する取引（エステティックサロン、語学教室、家庭教師、学習塾、結婚相手紹介サービス、パソコン教室の6役務が対象）

❺ 連鎖販売取引…個人を販売員として勧誘し、さらに次の販売員を勧誘させる形で、販売組織を連鎖的に拡大して行う商品、役務の販売

❻ 業務提携誘引販売取引…「仕事を提供するので収入が得られる」と誘引し、

仕事に必要であるとして、商品などを売って金額負担を負わせる取引

6 小売業の販売責任

小売業の販売責任としては、①販売商品の瑕疵担保責任、②請負契約の瑕疵担保責任、③返品と代金の返還請求を受ける責任、④保証書を発行する責任などがあります。

❶ 販売商品の瑕疵担保責任

販売商品に瑕疵のある場合で、顧客が購買目的を達せられないときは、契約解除と損害賠償請求を顧客が求めることができます。商品の数量不足では不足分につき代金減額か損害賠償請求をすることができます。期間は瑕疵を知ってから1年以内です。なお、現れた瑕疵とは、きずや欠点を表示した特売の場合、客が不具合を承知で買うことをさし、返品、代替品の請求には応えなくてもよいことになっています。しかし、隠れた瑕疵がある場合は、責任を負う必要があります。

❷ 請負契約の瑕疵担保責任

請負契約の原則として、瑕疵補修請求、損害賠償請求ができ、契約目的が達成不能なら契約解除ができます。なお、引き渡し後1年以内に請求する必要があります（民637条）。

❸ 返品と代金の返還請求

商品の品質、価格表示の誤りは、商品選択の判断を間違わせます。要素の錯誤による契約は無効（民95条）となり、顧客は返品することができます。逆に、顧客が選択を誤って購買し、その後、返品や代替品を要求しても、販売側には法的な責任は生じません。返品等への対応は営業上のメリットがあれば対応をし、なければ断ってもよいということです。

❹ 保証書

販売商品の品質・機能を保証し、一定期間の無料修理や取り替えを保証する発行者の保証責任によるもので、契約責任ではありません。

7 消費者保護と苦情処理

消費者基本法により、苦情処理を迅速に対応する体制の整備が義務づけられています。

8 割賦販売法

購入者から2ヶ月以上にわたって3回以上の分割で支払いを受ける指定商品の取引は、割賦販売法により、書面による契約締結と、クーリングオフの適用が定められています。

キーワード

☑消費者基本法 ☑消費者契約法 ☑電子商取引 ☑特定商取引法 ☑請負契約 ☑割賦販売法

Section 6
商標法、不正競争防止法、景品表示法

頻出度 B ★★★

> **重要ポイント**
> ☑ 商標法、不正競争防止法、景品表示法の基本的な内容はおさえておくこと

1 商標法

商標は、他の事業者と、自社を区別するためのものであり、商標の悪用を防ぐために登録制度によって保護を行うことが商標法で定められています。登録を受けた商標を「登録商標」といいます。

2 不正競争防止法

不正競争防止法では、以下の内容を禁止しています。
① 他人の商標と同一、または類似の商標を使用して他人の商品と混合させる行為
② 他人の商品の形態を模倣する行為
③ 営業秘密を侵害する行為
④ 特定の者だけに使用できるプログラムなどの規制を解除する行為
⑤ ドメインネームを不正取得する行為
⑥ 商品などに虚偽の産地を表示したり、誤認をさせたりする行為
⑦ 他人の営業上の信用を害する行為

3 景品表示法

景品表示法では、事業者が供給する商品サービスの取引について、「価格などの取引条件が、実際のものやほかの業者よりも著しく有利であると認識させるような表示」を禁止しています。顧客を誘引する手段として景品を使う場合は、景品表示法により景品類の最高額、総額、提供方法などが制限されます。

景品表示法の概要

景品表示法

一般懸賞（抽選で当たるといったもの）

懸賞による景品類の最高額および総額の制限

懸賞による取引価額	景品類の限度額	
	①最高額	②総額
5,000円未満	取引価額の20倍	懸賞に関わる売上予定総額の2%
5,000円以上	10万円	

※①と②両方の限度内でなければならない

共同懸賞（複数の業者が参加して行う懸賞）

懸賞による景品類の最高額および総額の制限

懸賞による取引価額	景品類の限度額	
	①最高額	②総額
取引価額に関わらず	30万円	懸賞に関わる売上予定総額の3%

※①と②両方の限度内でなければならない

総付（べた付）景品（商品を購入すると必ずついてくる「おまけ」のようなもの）

総付（べた付）景品の最高額の制限

取引価額	景品類の最高額
1,000円未満	200円
1,000円以上	取引価額の10分の2

出典:「販売士検定試験3級ハンドブック」

第5章 販売・経営管理

キーワード

☑商標法　☑不正競争防止法　☑景品表示法

Section 7

リスクマネジメント

頻出度 B

🌸 重要ポイント

☑ 個人情報保護法は、個人情報の保護と従業員情報の保護を定めている

☑ 個人情報保護法は、これまで個人情報の重要性をおろそかにしていた企業に、大きな影響を与えている

1 リスクマネジメントとは

リスクマネジメントとは、小売業がさらされているさまざまなリスクへの防衛手段を考慮した経営のことです。特にポイントカードなどで個人情報を扱う場合は「個人情報保護法」に準拠した対応が必要です。

2 個人情報保護法

個人情報とは、生存する個人を特定できる情報をいい、この保護について個人情報取扱業者（過去6ヶ月以内に一度でも5,000人超のデータを使用した業者）を規制するものが「個人情報保護法」（2005年4月1日施行）です。大まかな内容は以下のとおりです。

❶ 個人情報の保管方法…顧客情報は責任者を決めて保管し、パソコン管理の場合はパスワードを設定し、不正アクセスを防ぐとともに従業員の閲覧も管理責任者の許可を得ないと閲覧できないようにします。

❷ 従業員情報の保管方法…従業員採用時の履歴書は、不採用の場合は返送し、採用の際は責任者が厳重に保管します。

📄 キーワード

☑ リスクマネジメント　☑ 個人情報保護法

Section 8

まちづくり3法

頻出度 B ★★☆

🌸 重要ポイント

- [x] まちづくり3法とは、①**都市計画法**、②**中心市街地活性化法**、③**大規模小売店舗立地法**をいう
- [x] 新しいまちづくり3法は、今日的なまちづくりや、**大規模店**と**周辺環境**の関係改善を目指す内容となっている

1 新しいまちづくり3法

　まちづくりのための指針を定める「まちづくり3法」は、2006年の改正により、今日の環境変化に対応するものとなりました。

❶ **都市計画法**…大規模集客施設の立地場所をコントロールする法律であり、改正により、郊外に行くほど規制が厳しくなる体系に移行しました。

❷ **中心市街地活性化法**…改正により、少子高齢化、消費生活などの状況変化に対応して、中心市街地における都市機能の増進および経済の活力の向上を総合的、かつ一体的に推進する内容になりました。

❸ **大規模小売店舗立地法**…大規模商業施設と、付近住民の調整を図る法律です。改正により対象施設が商業施設からサービス施設へと拡大されました。

📝 キーワード

☑ まちづくり3法　☑ 都市計画法　☑ 中心市街地活性化法　☑ 大規模小売店舗立地法

Section 9
経営分析とは何か

頻出度 A

> **重要ポイント**
> - ☑ 今日の経営管理を行うには、**財務分析**を理解し、駆使できるようになる必要がある
> - ☑ 経営分析は、会社の状況を**数値的**に理解することであり、**経営改善**のためのヒントを得ることができる

1 経営分析の概要

　経営分析とは、企業の状況を損益計算書、貸借対照表、キャッシュフロー計算書などから分析し、現状を把握したり将来の改善へとつなげたりするためのものです。

　経営分析の方法の主なものに、①「損益分岐点分析（利益体質の分析）」、②「キャッシュフロー分析（現金についての分析）」、③「企業価値分析（M&Aなどに使う）」があります。分析比率の判断基準としては、①収益性（利益の上がる度合い）、②流動性（支払い能力）、③成長性（売上拡大能力）などがあります。

損益計算書
1年間の利益または損失を明らかにする
→ 収益性をみる

貸借対照表
1年経過した後の財産の変化を明らかにする
→ 安全性を分析する

上場企業には、損益計算書と貸借対照表に加え、キャッシュフローの計算書の報告が義務づけられている

貸借対照表の例

貸借対照表
（平成Y年3月31日）

単位：百万円

資産の部		負債の部	
勘定科目	金額	勘定科目	金額
Ⅰ 流動資産		Ⅰ 流動負債	
現金預金	105,000	支払手形	1,000
売掛金	18,500	買掛金	80,000
有価証券	40,000	短期借入金	4,000
棚卸資産	75,000	未払金	30,000
その他の流動資産	30,000	未払費用	10,000
流動資産合計	268,500	流動負債合計	125,000
Ⅱ 固定資産		Ⅱ 固定負債	
有形固定資産		長期借入金	10,000
建物	120,000	社債	120,000
構築物	8,000	退職給付引当金	36,000
車両運搬具	400	固定負債合計	166,000
什器備品	13,000	負債合計	291,000
土地	150,000		
有形固定資産合計	291,400	純資産の部	
		Ⅰ 株主資本	
無形固定資産		資本金	48,000
借地権	3,000	資本剰余金	
ソフトウェア	3,400	資本準備金	100,000
無形固定資産合計	6,400	その他の資本剰余金	1,000
		資本剰余金合計	101,000
投資その他の資産		利益剰余金	
投資有価証券	11,700	利益準備金	12,000
関係会社株式	154,000	別途積立金	500,000
長期差入保証金	300,000	繰越利益剰余金	80,000
投資その他の資産合計	465,700	利益剰余金合計	592,000
固定資産合計	763,500	株主資本合計	741,000
		Ⅱ 評価・換算差額など	0
		純資産合計	741,000
資産合計	1,032,000	負債・純資産合計	1,032,000

他人資本（負債合計）
自己資本（純資産合計）
総資本（負債・純資産合計）

出典：「販売士検定試験2級ハンドブック」

> **損益計算書の例**

損益計算書
自 平成X年4月1日 至 平成Y年3月31日

単位：百万円

Ⅰ	売上高		1,500,000
Ⅱ	売上原価※		1,085,000
	売上総利益		**415,000**
Ⅲ	販売費および一般管理費		
	販売費	150,000	
	減価償却費	140,000	
	その他	100,000	390,000
	営業利益		**25,000**
Ⅳ	営業外収益		
	受取利息・配当金	20,000	
	雑収入	4,000	24,000
Ⅴ	営業外費用		
	支払利息・割引料	5,000	
	雑損失	1,000	6,000
	経常利益		**43,000**
Ⅵ	特別利益		2,000
Ⅶ	特別損失		2,800
	税引前当期純利益		**42,200**
	法人税など		16,880
	当期純利益		**25,320**

- 売上総利益 → ざっくりとした儲け
- 営業利益 → 本業の儲け
- 経常利益 → オペレーションと金融活動の結果の儲け
- 当期純利益 → 企業全体の活動結果の儲け

※売上原価＝期首商品棚卸高＋当期仕入高－期末商品棚卸高
- 期首商品棚卸高： 80,000百万円
- 当期仕入高：1,080,000百万円
- 期末商品棚卸高： 75,000百万円（貸借対照表の棚卸資産）

出典：「販売士検定試験2級ハンドブック」

> **キーワード**
>
> ☑経営分析 ☑損益計算書 ☑貸借対照表 ☑キャッシュフロー計算書 ☑損益分岐点分析
> ☑キャッシュフロー分析 ☑企業価値分析 ☑収益性 ☑流動性 ☑成長性

Section 10

主要な経営分析指標①
貸借対照表中心の分析

頻出度 A ★★★

重要ポイント

- ☑ **貸借対照表**中心の分析は、主に企業の**安全度**（倒産しないかどうか）や**健全性**（どのくらい自前の資金で経営ができているか）について分析している
- ☑ **固定資産**は、現金資金を投下して手に入れるが、長期にわたって**現金資金**として回収されない。この固定資産を借金で手に入れている場合は、気をつけないと、返済資金がショートして倒産する場合がある

1 貸借対照表中心の分析

貸借対照表中心の分析では、企業の支払能力や安定性、投下資本の効率を中心とした分析が行われます。

❶ 流動比率

流動比率とは、1年以内に現金化できる可能性のある流動資産において、1年以内に現金で返済する義務である流動負債を返済できるか否かを示す比率です。150から200％になるのが理想の数字です。この数字は余裕をもって現金で短期の負債が返済できることを意味します。その企業の資金繰りの状態や、企業の安全性、信用度を判断する最も重要な比率です。

$$流動比率（％）＝流動資産÷流動負債×100$$

❷ 当座比率

当座比率とは、現金預金、売掛金、受取手形などの当座資産と、支払手形、買掛金、未払金、短期借入金などの流動負債との比率です。つまり、当座資産で流動負債をどの程度返済できるかを判定する比率で、即座に支払うことのできる支払能力を示しています。普通100％以上が望ましいといわれています。

流動比率がいかに高く示されていても、流動資産の中にまだ売却されてい

ない棚卸資産やデッドストックが多く含まれている場合には、支払能力に大きな差が出てきます。不良債権が含まれているかどうかも重要なポイントです。当座比率は、支払能力の判断基準として流動比率と併用されます。

当座比率(%)＝当座資産÷流動負債×100

❸ 固定長期適合率

固定資産への投資は自己資本でまかなうことが理想的ですが、現実的には、非常に困難な面があります。そこで、返済が長期にわたる固定負債を含めて、企業のもっている固定資産に対する健全性を検討する比率が、固定長期適合率です。

この比率が100%を超えている場合は、1年以内に現金化しない固定資産を1年以内に返済する借金で買っていることになるので大変危険です。

固定長期適合率(%)＝固定資産÷(自己資本＋固定負債)×100

❹ 自己資本比率

総資産に占める自己資本(純資産の部)の割合を示します。つまり、どの程度自前のお金で会社を運営しているのかを見る比率で、これが低いと借金経営体質ということになります。

急成長している企業では、拡大のために借入を活用するのでこの比率は低くなります。単純に判断せず、企業の成長段階を見て判断する必要があります。

自己資本比率(%)＝自己資本÷総資本×100

❺ 固定比率(%)

長期に資金が固定される固定資産をどのぐらい自己資本でまかなっているかを見る比率です。100%未満になるのが理想の数字です。100%を超えると、固定負債などを使ってまかなう部分もあるということになります。

固定比率(%)＝固定資産÷自己資本×100

キーワード

☑流動比率　☑当座比率　☑固定長期適合率　☑自己資本比率　☑固定比率

Section 11

主要な経営分析指標②
損益計算書中心の分析

頻出度 **A**

> **重要ポイント**
> ☑ **損益計算書分析**では、**経費構造**の問題点を発見し、直すことが重要である

1 損益計算書中心の分析

損益計算書の分析では、**企業の収益性**という観点から各項目ごとに適正かどうかを見ていきます。

売上原価が高ければ、仕入担当者に仕入原価を下げるよう指示を出し、販売費が高ければ、広告担当者に広告費の効率化について指示を出し、人件費が高ければ、人事部に給与システムに問題がないかどうか調べるよう指示を出します。経費構造を見直していくことが重要です。

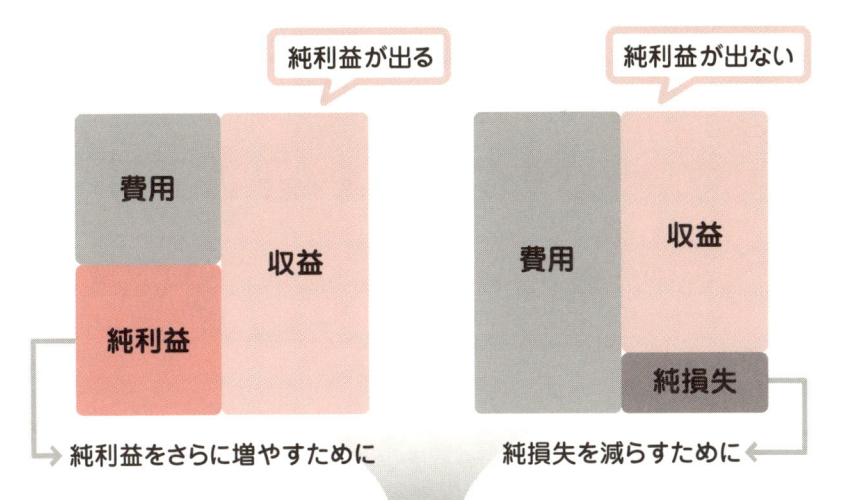

純利益が出る / 純利益が出ない

費用 / 収益 / 純利益

費用 / 収益 / 純損失

純利益をさらに増やすために ← → 純損失を減らすために

経営構造の問題点をみつけ、改善する

❶ 売上高対売上総利益率

　売上高対売上総利益率とは、売上高から売上原価を引いたものである売上総利益を、売上高で割って算出するもので、一般には、粗利益率と呼ばれます。この時点でそれなりに利益が出ていないと、損益計算書でこの後に続くさまざまな経費を吸収することができないため、本業では基本的に赤字になると予測できます。基本的にビジネスが成立するかどうかを判定する最初の指標であるといえます。

$$売上高対売上総利益率(\%) = 売上総利益 \div 売上高 \times 100$$

❷ 売上高対営業利益率

　売上高対営業利益率とは、販売費・管理費も含めて、本業でどれくらいの利益を出しているのかを見る比率です。売上高対売上総利益率が高いのに、この比率が低い場合は、販売費、管理費に問題があるケースが多く、個別費目を調べて改善することが必要です。

$$売上高対営業利益率(\%) = 営業利益 \div 売上高 \times 100$$

❸ 販売・管理費比率

　販売・管理費比率の比率が低いと、少ない経費で売上を上げていることになり、販売効率がよいと考えられます。しかし、売上が小さいほどこの比率は簡単に高くなる傾向があるため、売上額が伸びているかどうかも見る必要があります。

$$販売・管理費比率(\%) = 販売・一般管理費 \div 売上高 \times 100$$

キーワード

☑ 売上高対売上総利益率　☑ 売上高対営業利益率　☑ 販売・管理費比率

Section 12

主要な経営分析指標③
貸借対照表と損益計算書をつかう分析

頻出度 A

重要ポイント

☑ 貸借対照表と損益計算書をつかう分析では、資産活用効率を見るものと、資本回収効率を見るものがある。各比率の意味と計算方法をしっかり理解すること

1 資産活用効率を見るもの

資産の活用効率を見る分析では、投下した資産に対してどのくらい儲けられたかを見ます。

❶ 総資本対経常利益率

これは、企業に投下されたすべての資本に対する収益性を見るもので、高ければ高いほど資本効率がよいことを示します。総合的な観点から見る場合に重要となる比率です。

この比率が低く表れる原因としては、設備の過大投資、遊休資産の増大、借入金の増加、売上高の伸び悩み、経費のムダ使いなど、非効率経営の原因となるものが挙げられます。

総資本対経常利益率(%)＝経常利益÷総資本×100

❷ 経営資本対営業利益率

企業経営に直接使用されている経営資本(総資産から建設仮勘定、遊休資産、投資など実際に稼動していない資産を引いたもの)をつかって、いくらの営業利益を上げたかを示すものです。

経営資本対営業利益率(%)＝営業利益÷経営資本×100

2 売上高による資産回収効率を見るもの

　貸借対照表と損益計算書をまたぐ分析(両方の要素を使う計算)には、資産に対してその資産を使って得た収益を見るものと、資産を売上高でどのくらい回収できているのかを見るものがあります。次に説明する一連の「回転率」は、売上高を何らかの資産で割ることで求めます。つまり、売上高によって、その資産を何回回収できるかを見ているのです。

❶ 経営資本回転率

　この比率は、1年間(会計年度)に経営資本が何回転したか(つまり、売上高で経営資本を何回回収することができたか)を示すもので、投下資本の効率を表します。この数値が高いほど資本効率がよいとされます。

経営資本回転率(回)＝売上高÷経営資本

❷ 固定資産回転率

　この比率は、売上高で、固定資産を何回回収することができるかを見る比率で、固定的な資本投下に対する企業の安全度がわかります。

固定資産回転率(回)＝売上高÷固定資産

❸ 商品回転率

　商品棚卸高(在庫高)の回転速度を示すもので、高いほど販売活動が活発ということになります。収益性を高める要因となります。

商品回転率(回)＝売上高÷平均商品在庫高

❹ 受取勘定回転率

　受取勘定回転率は、売上に対する掛売上(つまり現金がすぐに入ってこない取引)の大きさを見ます。これが多すぎると、資金繰りが悪化したり、売上債権が不良債権になったりした場合に危険な状態になります。

受取勘定回転率(回)＝売上高÷受取勘定(受取手形＋売掛金)

📖 **キーワード**
☑総資本対経常利益率　☑経営資本対営業利益率　☑経営資本回転率　☑固定資産回転率　☑商品回転率
☑受取勘定回転率

Section 13 売上高

頻出度 C

🌸 重要ポイント

- ☑ 純売上高とは、実際の売上高のことで、総売上高から、売上戻りや売上値引きなど実現しなかったものを除いて計算する
- ☑ 売上原価の計算は図解で解くようにする

1 売上高の計上基準

売上高は、発生主義会計により、商品を渡しずみで所有権が移転していたり、サービスを提供ずみで提供義務が終了していたりする場合に認識されるもので、現金の授受とは関係のないタイミングで計上されます。

❶ **実現基準**…売上高は商品の引き渡し時、または商品発送の時点に販売価額で計上しなければいけません。つまり収益の認識には、商品の引き渡しと現金（または現金同等物）の受領の2つの要件を満たす必要があります。

❷ **割賦基準、回収基準**…割賦販売に適用される認識基準です。割賦販売は、商品の引き渡しは事前に行われますが、回収が長期にわたるため、割賦金の回収期日が到来したものを売上高として計上します。これは、現実に現金入金があったか否かではなく、期日がきたものであるという点に注意が必要です。

2 管理会計から見た売上高の把握

管理会計から見た売上高の把握は、量そのものよりも、売上内容が重要です。

❶ **売価修正**…事業年度の期中において値上げ、値下げなどの売価修正を行った場合には、当初の売価と修正売価の増減差額を把握しておかなければなりません。

❷ **売上値引**…売上値引は、販売政策上やむを得ない場合があります。販売時点の値引きは、売上高から控除してもよいですが、後日、値引きした場合には、売上高とは別に売上値引として把握しなければいけません。売上値引は、販売政策と価格政策上、特に重要になってきます。

❸ **売上内容の分類記録**…特に管理会計では、売上内容の分類記録が将来の販売情報として重要になります。売上内容の分類としては、商品種目別、単価別、材質別、売場別、販売員別、販売時間帯別などに分類して分析します。

3 売上原価の計算

売上原価は、期首棚卸資産、当期商品仕入高、期末棚卸資産の関係から下記のような図で導くことができます。

図解による売上原価の算出方法

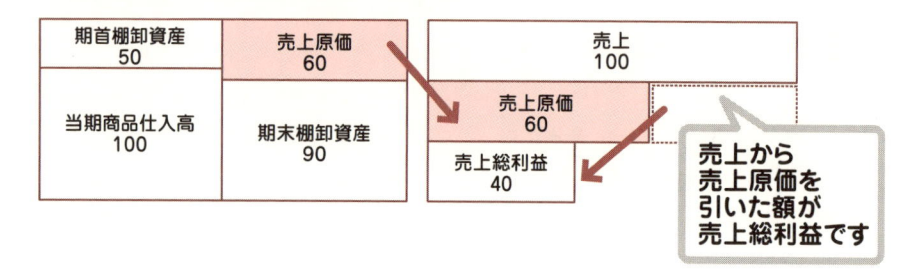

期首棚卸資産 50	売上原価 60
当期商品仕入高 100	期末棚卸資産 90

売上 100	
売上原価 60	
売上総利益 40	

売上から売上原価を引いた額が売上総利益です

📄 **キーワード**

☑ 実現基準　☑ 割賦基準　☑ 回収基準　☑ 売上原価

Section 14

期末棚卸資産の評価方法

頻出度 C

🌸 重要ポイント

- ☑ 期末棚卸資産のさまざまな評価方法についてはよく理解しておくこと
- ☑ 売上原価を算出するには、期末棚卸資産（単価×個数）を確定することが必要であるが、このとき、商品の単価をいくらにするかについては、いくつかの方法がある

1 期末棚卸資産の評価方法

　棚卸資産（在庫）は財務諸表の貸借対照表に資産として計上されます。したがって、最低でも期末には、棚卸資産について金額の評価を行わなければなりません。棚卸資産の評価方法は大きく分けて、原価法（期末時点で保有する在庫を取得原価で評価する方法のこと）、低価法（資産の取得原価と時価とを比較し、いずれか低い方の価額を期末資産の評価額とする資産の評価方法のこと）の2つに分類されます。本書では、原価法の評価方法について説明します。原価法の評価方法には下記の7つのものがあります。

❶ 先入れ先出し法…先に仕入れたもの（古いもの）から先に売れたと仮定して評価する方法です。したがって、期末の棚卸資産は最も新しく仕入れたものから順に残っていると仮定します。

❷ 後入れ先出し法…先入れ先出し法とは逆に、新しく仕入れたものから売れたと仮定し評価する方法です。

❸ 総平均法…棚卸資産の期首繰越額も含めた仕入原価の合計を仕入数量（期首繰越数量も含む）合計で除して、総平均した単価をもって評価する方法です。

❹ 移動平均法…新しい仕入が行われるごとに、新しい平均単価を求める方法です。

❺ 単純平均法…数量に関係なく、仕入単価のみを平均して評価する方法です。すなわち、期中における仕入単価を合計し、これを仕入回数で除して平

均単価を求めます。

❻ **最終仕入原価法**…これは文字どおり最終に仕入れた単価をもって評価する方法です。税法では、評価方法を届け出なかった企業に対しては、すべてこの最終仕入原価法によって評価することを定めています。

❼ **売価還元法**…小売棚卸評価法とも呼ばれ、商品の記録計算はすべて売価で行い、期末棚卸資産の売価合計額に原価率を乗じて評価額とする方法です。

キーワード

☑先入れ先出し法 ☑後入れ先出し法 ☑総平均法 ☑移動平均法 ☑単純平均法 ☑最終仕入原価法
☑売価還元法

Section 15 店舗組織の考え方

頻出度 A
★★★

重要ポイント
- 組織は**階層化**と**分業**によって形成されている
- 組織は、**水平的**・**垂直的**分業で編成され、**統一性**と**能率性**を確保する。その組み合わせの形態には、4つの基本形のパターンがある
- 大企業は**事業部制**、**カンパニー制**などにより、より機動性の高い組織を形成している

1 組織の意義

　組織とは、「一定の目的を達成するために意識的に総括された、複数の人間の活動ないし諸力の体系である」と定義されています。この意味から、たとえ小企業といえども協働し、秩序だったシステムをもつ組織が必要となります。

　また、人間の能力には限界があります。人々はより高度な目的を達成するために協働したり、分業しあったりして組織を形成します。人間は組織の発展によって生産活動を拡大してきました。

2 組織の構造

　多人数の人間が、効率的かつ統一性をもって活動するために組織は分業という構造をとります。分業を大きく分けると、「**仕事の分業**」と「**権限の分業**」とがあります。仕事の分業は、企業目的の達成のため、性格別、種類・量別などから一定の基準で水平的に分業するもので、**部門化**ともいいます。権限の分業は、水平的分業による各部門を統括し、統一性のある活動をねらいます。そして、管理機能面の質的分化による統制負担の分業も図ります。垂直的分業や**階層化**ともいいます。

（1）部門化

一定の基準に従った分類例を説明しましょう。

❶ **機能別**…販売部、経理部など専門化が徹底されるので、統制は容易である反面、部門間の協調性が取りづらくなります。また、商品が多様化すると、迅速な意思決定ができなくなるといった支障が起こります。

❷ **地域別**…東京地区、大阪地区などに分けます。これは企業活動が広域に渡る活動となる場合に採用されます。食品の鮮度保持、輸送コスト節減といった経済的メリットがあります。地域特性が消費市場に適応される反面、全体統制が困難になります。

❸ **商品別**…衣料品、食料品など商品が質的に異なり、高度の専門的知識を要する場合に適しています。臨機応変に対応できる反面、全体統制が困難になります。

❹ **顧客別**…高齢者向け、婦人向け用品部など顧客層別に分類するもので、商品別と類似しています。

そのほか、業態別、設備別などがあり、企業ごとに最適の分業を行う必要があります

（2）階層化

通常は、社長、部長、課長、係長、一般社員といった階層化の例が多くあります。なお、次の視点から企業活動の計画・統制が図られます。

❶ **経営者**機能…全社的、長期的、戦略的
❷ **中間管理者**機能…部門的、中期的、戦術的
❸ **現場監督者**機能…現業的、短期的、日常的

3 組織の形態

基本的な組織形態は、①ライン組織、②ファンクショナル組織、③ラインアンドスタッフ組織、④マトリックス組織の4つです。

❶ **ライン組織**…命令系統が明確であり、管理者は部下に対して権限と責任をもちます。しかし、管理者の専門性は活かされづらいです。

❷ **ファンクショナル組織**…管理者の専門性が活かされます。しかし、命令系統に明確さを欠くため、混乱が起きやすくなります。

❸ **ラインアンドスタッフ組織**…命令系統も明確で、管理者の専門性も活かしやすくなります。ここでいうラインとは、小売業における販売、仕入などの組織目標を達成するための販売活動に関わる直接実務をさします。また、スタッフとは、企画調査、広告、経理など、直接実務を支援する間接実務のことをさします。
❹ **マトリックス組織**…マトリックス組織とは、機能別組織、商品別組織、顧客別組織などの利点を効果的に組み合わせたものです。

マトリックス組織

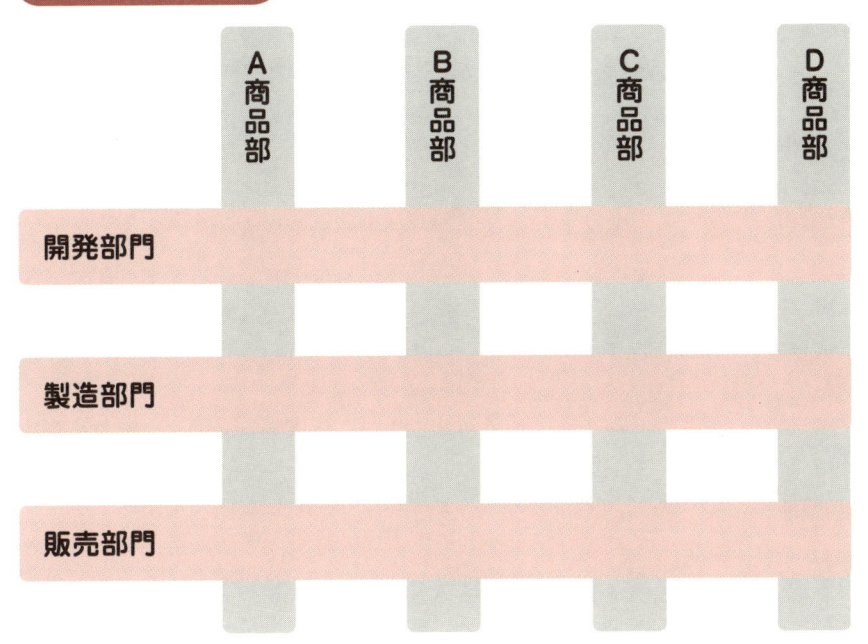

	A商品部	B商品部	C商品部	D商品部
開発部門				
製造部門				
販売部門				

出典：「販売士検定試験2級ハンドブック」

4 組織の実例

小売業の組織を理解するために、規模の比較的大きい企業の実例をみてみましょう。通常は、**ラインアンドスタッフ組織**が基本形態です。なお、必要に応じて、**事業部制**、**プロジェクトチーム**および**タスクフォース**などの戦略的部門の組織が、臨機応変に取り入れられています。

❶ ラインアンドスタッフ組織

ラインは、垂直的な分業です。社長、地域運営本部長、各店長の順番です。階層化ともいいます。スタッフは水平的な分業であり、専門性別に並列的に部門を分割して効率性を高めます。この業務を率先して行うのが、人事部長、物流部長などです。ラインの各現業部門を見ると、各地域本部の地域別分業と、フランチャイズ部門やレストラン部門の業態別分業などに分かれています。

これらの現業部門に対して、スタッフの本社機構には、商品部や物流部の上部機構として商品本部があります。この部署が、商品企画から仕入および販売政策までを含む商品活動を行います。また、本社機構のうち、総務部、財務部などのグループは、管理活動を総合的に行う部署です。このようなスタッフ部門は、本社に集約して経費節減を図り、高い専門性を保持しています。なお、近年重視されている部門は、企画および能力開発部門です。

❷ 事業部制

事業部制とは、組織が硬直化したり、計画・方針の浸透が不徹底となることを防止するため、製品別、地域別などの組織単位を設け、それぞれに利益目標を与え、達成手段は一任する制度です。したがって、各事業部が異なる路線を追求する場合には、全社的に見てみると資源の有効利用が阻害されやすいという欠点があります。

❸ プロジェクトチーム、タスクフォース

プロジェクトチームとは、特定の緊急課題を解決するために、臨時に編成する組織をいいます。これらの組織は目的を達成すると解散し、メンバーは元の部署に戻ります。プロジェクトチームより小さな規模の集団を、タスクフォースといいます。プロジェクトチームは人材を効率的に活用できるとともに従業員が主体性をもって業務に従事できるという長所があります。

❹ カンパニー制

カンパニー制とは、本社（本部）のもとに、組織ごとの独立性と自立性を高めた組織を配置した組織です。事業部よりも独立性、自立性の高い組織となり、ひとつの企業内において事業分野ごとに独立した権限や社内資本金の一部を与えることによって、分社化と同様の経営効率を図る制度です。

📝 **キーワード**

☑ ライン組織　☑ ファンクショナル組織　☑ ラインアンドスタッフ組織　☑ マトリックス組織
☑ プロジェクトチーム　☑ タスクフォース　☑ 事業部制　☑ カンパニー制

Section 16
組織化における代表的な5つの原則

頻出度 C

重要ポイント
- ☑ 効率的に組織化を行うためには、組織化における代表的な5つの原則が重要である
- ☑ 組織化の基本原則には実務で役立つものが多くある

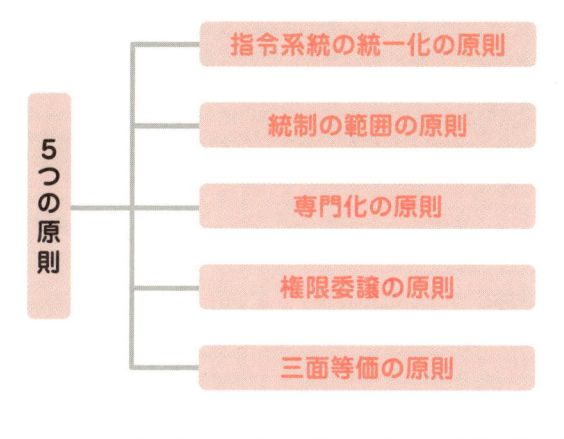

```
5つの原則 ─┬─ 指令系統の統一化の原則
          ├─ 統制の範囲の原則
          ├─ 専門化の原則
          ├─ 権限委譲の原則
          └─ 三面等価の原則
```

1 指令系統の統一化の原則

命令一元性の原則ともいいます。すなわち、組織の中で複数の上司から指示・命令を受けると混乱するので、1人の部下に指示・命令できる上司は1人に限るようにするという原則です。ただし、厳密に適用すると緊急時の指示・命令に支障が出たり、組織を硬直化させたりすることもあるので、実務では必ずしも厳密に守られているわけではありません。むしろ、究極的な結果責任を、誰が負うのかについて明確に理解されていることが重要といえます。

2 統制の範囲の原則（スパン・オブ・コントロール）

管理範囲の原則ともいいます。英語の（Span of Control）の直訳です。この原則の意味は、「組織の秩序を保つためには、1人の管理者が直接にしか

も有効に管理・統制できる部下の数に限界がある」ことを示しています。すなわち、高度の判断業務である組織の上層部では5～6名、単純な繰り返し作業である末端では20名程度といわれています。

しかし、これを形式的に適用すると、従業員が多人数の組織では階層の数が増大し、その結果、命令系統も長くなってしまいます。また、情報伝達のスピードが遅くなりかつ不正確になるので、従業員の経営帰属意識を弱めるなどの欠点が出ます。

したがって、実務では、教育訓練による従業員の質の向上やコミュニケーション体系の整備により、統制の範囲の人数を増大したり、課制廃止、権限委譲などにより、階層を減少させる方向に努める必要があります。これらの統制方法の改善により、管理者の質は向上し、従業員の士気も高揚するというメリットが増大することになります。

3 専門化の原則

専門化の原則とは、「業務を効率よく行うためには、同種類の仕事や、関連性の高い限定された分野に専念させることがよい」という原則です。具体的には、部門化、階層化がこの原則に沿っています。個々の職務に対しては、効率性を求め習熟度を高めるために同質の職務を割当てます。これを「同質的な職務割当の原則」といい、専門化の原則の一部として専門化の原則とともに適用されます。

専門化には、単純な反復的職務としての単純職化と、限定された職務であっても、高度の知識・技術および経験を要する研究・開発などの専門職化があります。専門化が過度になると、単純職化では疎外感や勤労意欲の低下が生じ、専門職化ではセクショナリズムを生み、組織の効率が低下します。したがって、実務では、職務内容を多様化させる職務の拡大や、計画段階から参加させたり、調整業務まで含めたりする職務内容の充実化に留意する必要があります。

4 権限委譲の原則

権限委譲の原則とは、「階層の上位者が、その職務の一部を下位者に委任する場合、その委任した職務を遂行するために必要な権限も委譲しなければならない」という原則です。しかし、権限を委譲しても責任はなくなりません。すなわち、権限を委譲したことの責任は上位者に残ります。したがって、権限を委譲された下位者は、委譲されたことに関する結果については、上位者

へ報告する義務をもつものといえます。

通常、日常的で定型的な業務に関する権限は、可能な限り委譲すべきです。しかし、管理上の重要問題や業務遂行に対して新たな創造を要するものなど例外事項は管理者が専念し、権限の委譲を行ってはいけません。これを「例外の原則」といいます。

権限の委譲は部下の意欲増大や業務処理の迅速化といったメリットが大きくなるため、努めて委譲することが望まれます。ただし、権限を委譲される者の能力を超えた権限を与えてもかえって部下の負担になり、マイナス効果にもなりかねないので注意が必要です。いかに権限を委譲するかという問題より、むしろ結果責任のあり方が、より重要問題となりうるのです。

5 三面等価の原則

三面等価の原則とは、「職務を明確にするには、各職務の権限・責任・義務が互いに同等の大きさをもって対応しなければならない」という原則です。

権限とは、職務責任を公に果たしうる権力(パワー)であり、命令権・指示権・助言権などがあります。責任とは、職務の担当者が果たさねばならない活動の個々の内容で、職務の構成要素、責任事項のことです。義務とは、責任と権限を行使する義務であり、その遂行の結果に対する責任ともいえます。

すなわち、職務担当者が責任を果たすうえで、権限はきちんと与える必要があり、この権限を行使した仕事の結果についての責任は、本人が負わなければいけません。ただ、わが国では、職責が不明確なことが多く協調性を重視するので、この原則は必ずしも守られてはいません。

📄 **キーワード**

☑ 指令系統の統一化の原則　☑ 統制の範囲の原則(スパン・オブ・コントロール)　☑ 専門化の原則
☑ 権限委譲の原則　☑ 三面等価の原則

Section 17 職場の人間関係管理

頻出度 C

🌸 重要ポイント
- ☑ **人間関係管理**を学ぶことは、よりよいチームづくりに役立つ
- ☑ セクシャルハラスメントとは「**職場**」、「**性的な言動**」、「**嫌がらせ**」の3つを満たすものである

1 人間関係管理（Human Relations）の意味

人間関係管理は、従業員との協調と協働の関係に基づき、**モラール**（**勤労意欲**）の向上を図るものです。

2 職場の雇用の動向

非正規雇用者の増加傾向が続いており、そのうち、非正規雇用者の70%が女性です。また、新卒採用も2006年度以降急激な回復はない基調にありますが、これ以前の約10年間にわたる長期不況により、非正規雇用者となった若年労働者が増えています。

3 職場の人事管理

メイヨー博士やレスリスバーガー博士によるホーソン実験以来、職場の人事管理は、人間の感情や**インフォーマルグループ**（非公式組織）を考慮したものとなっていきました。

4 職務割当て

適材適所の人事を図るためには、職務の目的を明確化するとともに、職務分析、職務評価などにより職務の内容を体系化し、適材を適所に配置することが重要です。

5 就業管理

労働基準法では、常時10名以上の労働者を雇用する雇用者は「**就業規則**」

を作成し、行政官庁に届け出る必要があります。今日では**セクシャルハラスメント**への対応も必要となってきています。セクシャルハラスメントとは「**職場**」、「**性的な言動**」、「**嫌がらせ**」の３つを満たすものです。

6 パートタイマーの活用

パートタイマーの活用も小売業の大きな課題です。「**パートタイム労働法**」および「パートタイム労働指針」などに準拠することが必要です。

職務割当てに必要な管理者の業務手順

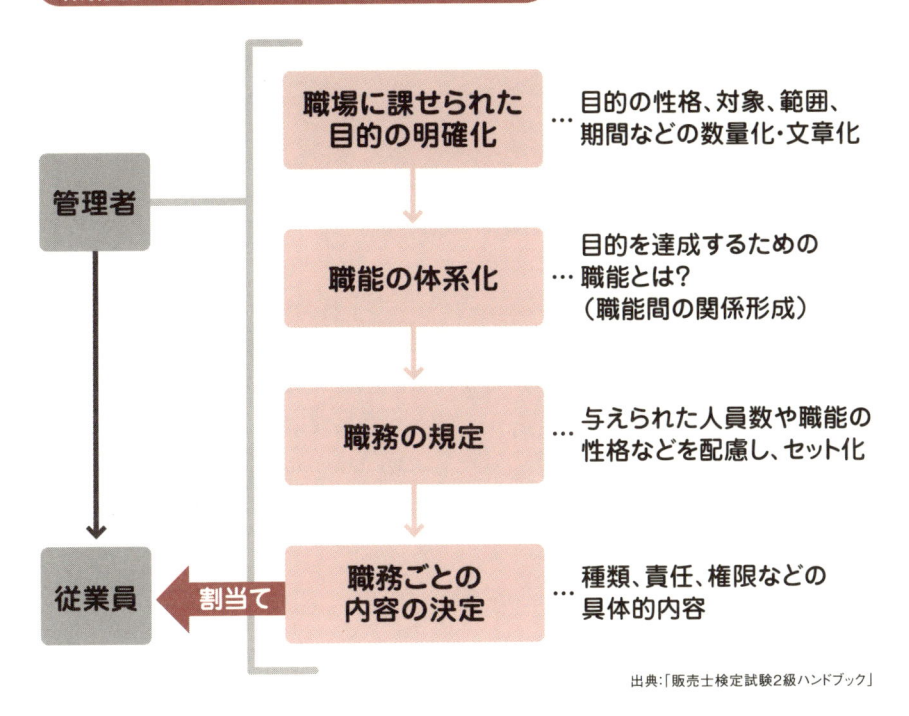

管理者	→	職場に課せられた目的の明確化	…	目的の性格、対象、範囲、期間などの数量化・文章化
		↓		
		職能の体系化	…	目的を達成するための職能とは？（職能間の関係形成）
		↓		
		職務の規定	…	与えられた人員数や職能の性格などを配慮し、セット化
		↓		
従業員	←割当て	職務ごとの内容の決定	…	種類、責任、権限などの具体的内容

出典：「販売士検定試験2級ハンドブック」

📝 **キーワード**

☑ モラール(勤労意欲)　☑ インフォーマルグループ　☑ 就業規則　☑ セクシャルハラスメント
☑ パートタイム労働法

Section 18
人材育成とリーダーシップのあり方

頻出度 A ★★★

🌸 重要ポイント

- ☑ 従業員の性格や状況に応じたリーダーシップを発揮することが効果的である
- ☑ 代表的なリーダーシップ理論について理解する
- ☑ 従業員のモチベーションを高めるためには、動機づけ理論の理解をベースにした動機づけの実践が必要である

1 小売業の人材育成

　小売業の人材育成では、各従業員に適切な職務を割当て、必要な能力のレベルとスキルの範囲を見きわめたうえで、OJTやOffJTなどをバランスよく活用して従業員の能力を計画的に高めるべきです。従業員の成長意欲とモチベーションを維持するには、より高いレベルでの意思決定に参加させたり、提案制度をもうけたりするのが効果的です。また職場の環境を良好に保ち、従業員の健康、安全、ストレスに気を配ることも必要です。

　リーダーは従業員の人材育成のほかに、従業員の能力や業績を考慮し、正しい評価ができる仕組みを取り入れることが重要です。

2 リーダーシップのあり方

　勤労意欲を持たせる持たせ方として、従来のような賃金だけを中心に考えたやり方では効果がそれほど出なくなってきました。各種の欲求を満たす動機づけ管理（モチベーション管理）が必要です。この動機づけ管理の方法は、アメリカを中心に発達した行動科学の研究成果を活かしたものが有名です。右ページの表は、アメリカの経営学者や行動学者が提唱する代表的なリーダーシップ論です。

人物	理論	説明
リカート	システム4理論	リーダーシップのスタイルと能率との間に相関関係を見つけ、あるべき管理のパターンを管理システムとして提唱する理論。
マグレガー	X理論とY理論	組織で働く人たちのモチベーションとモラルに関する理論。 X理論…「人間は本来、仕事が嫌いで、お金のためにしかたなく労働する」というもの Y理論…「人間は遊びと同様に仕事も好きで、自己実現のために自ら仕事に励む」というもの
ムートン ブレーク	グリッド理論	リーダーの自己評価と部下の評価を総合し、理想的なリーダー像になるには、どのような自己革新が必要であるかを理解し実践していくことを唱える理論。リーダーシップの型が典型的な5つの類型に分類され、この類型の中では9.9型が最も理想的なリーダーの類型であるとされている。
フィードラー ハーシー ブランチャード	SL理論	管理者（リーダー）は、部下の成熟度の変化に合わせてリーダーシップのスタイルを変えていくことが重要であると唱える理論。依存心が強い場合は権威的なリーダーシップ、自立心が強い場合は放任的なリーダーシップ、依存心と自立心が共存する場合は民主的リーダーシップを発揮するのが有効である。
アージリス	未成熟＝成熟理論	企業は、人間の欲求の中で最も人間らしい欲求に関心を払う義務があると唱える理論。

3 マズローの欲求段階説

アメリカの心理学者アブラハム・マズローによれば、人間の基本的な欲求は、以下の5つに分けられると考えられています。

❶ **生理的欲求**…賃金など
❷ **安全・安定欲求**…労働時間、労働環境など
❸ **社会的と親和の欲求**…職場の人間関係など（社会的欲求とも呼ばれる）
❹ **自我・自尊の欲求**…責任・権限の拡大、職務充実など（自己尊重の欲求とも呼ばれる）
❺ **自己実現の欲求**…経営参画、自主化など

4 ハーズバーグの動機づけ・衛生理論

　マズローの唱える欲求段階説を基礎にして、労働条件など(衛生要因という)が、他社と劣っているとき、労働者は不満をいいます。しかし、これらの労働条件が改善されても必ずしも積極的な勤労意欲の向上には直接的に結びつかないとする理論がハーズバーグの動機づけ・衛生理論です。動機づけをするためには、承認欲求や自己実現の欲求と関係ある事項(動機づけ要因という)に働きかけることが有効であり、かつこれが勤労意欲と深い関係にあります。

📝 **キーワード**

☑ リカート　☑ システム4理論　☑ マグレガー　☑ X理論とY理論　☑ ムートン　☑ ブレーク
☑ グリッド理論　☑ フィードラー　☑ ハーシー　☑ ブランチャード　☑ SL理論　☑ アージリス
☑ 未成熟＝成熟理論　☑ マズロー　☑ 欲求段階説　☑ ハーズバーグ　☑ 動機づけ・衛生理論

Section 19

防犯対策と店舗施設の保守

頻出度 B ★★☆

> **重要ポイント**
> ☑ 犯罪が増加している今日では、適切に犯罪防止を行い、対策を用意することも重要である
> ☑ 防犯対策は、店の利益を守ることでもある

1 防犯対策

防犯対策の対策をとるべき代表的なテーマは以下のようなものです。
❶ 万引き対策…人的アプローチ(声がけ)、店舗改善(防犯設備設置)
❷ 不審者・強盗対策…店内回遊および駐車場対策
❸ 防火対策…不審者に対する警戒および、ゴミ箱などをチェック

2 付帯施設管理

各種賠償責任保険に加入するなどしてリスク対策をします。駐車場対策としては立体駐車場も検討します。廃棄物対策や、衛生管理、安全対策なども常に検討する必要があります。

3 テナントの管理業務

ショッピングセンターといった業態では、テナント管理が必要になります。管理規約などをしっかり定め、業種業態ごとに適正な管理を行うようにします。

キーワード
☑防犯対策 ☑万引き対策 ☑防火対策

第5章 チャレンジ問題　販売・経営管理

第1問 次の事項は、部下の育成を行ううえでの管理者の心得について述べたものです。正しいものには1を、誤っているものには2を、対応するア〜オの解答欄に記入しなさい。

ア　自分をモノサシにして、教育がうまくいかない原因を部下の素質や意欲のなさだと考えて教育する。

イ　教えたとおりに部下が理解していると思い込まないようにする。

ウ　罰を受けるような態度や行動は強化され、賞を受けるような態度や行動は次第にとらなくなっていくという傾向を活かす。

エ　部下に甘くみられないように教えてやるという気持ちで教育にあたる。

オ　部下に信頼感を抱かれることは大切だが、親近感を抱かせないようにふるまう。

解答欄	ア	イ	ウ	エ	オ

第2問 次の事項は景品表示法と不正競争防止法について述べたものです。正しいものには1を、誤っているものには2を、対応するア〜オの解答欄に記入しなさい。

ア　景品表示法では、一般懸賞によって提供できる景品類の最高額について、取引価格が5,000円未満の場合、その10倍までと規定している。

イ　2003年に行われた景品表示法改定の要点は、①不実証広告規制の導入、②都道府県知事による執行力の強化、③手続規定の整備の3点である。

ウ　不正競争防止法では、事業者が供給する商品やサービスの取引について、「価格などの取引条件が実際のものや他の業者のものよりも著しく有利であると誤認させるような表示」を禁止している。

エ　景品表示法では、「商品などに虚偽の原産地を表示したり原産地などを誤認させたりする行為」を禁止している。

オ　不正競争防止法では、「商品などに品質などについて誤認させる表示をするなどの行為」を禁止している。

解答欄	ア	イ	ウ	エ	オ

第3問 次の事項は、個人情報保護法における個人情報の保管方法について述べたものです。正しいものには1を、誤っているものには2を、対応するア～オの解答欄に記入しなさい。

ア 個人情報保護法における個人情報の保管方法として、顧客情報は全社員が誰でも見られるように共有する。
イ 個人情報保護法における個人情報の保管方法として、パソコン管理の場合はパスワードを設定する。
ウ 個人情報保護法における個人情報の保管方法として、不正アクセスを防ぐとともに従業員の閲覧も管理責任者の許可を得るようにする。
エ 個人情報保護法における従業員情報の保管方法として、従業員採用時の履歴書は、不採用の場合は返送する。
オ 個人情報保護法における従業員情報の保管方法として、採用の際は責任者が厳重に保管する。

解答欄	ア	イ	ウ	エ	オ

第4問 次の文章は、組織の運営について述べたものです。文中の〔　〕の部分に、下記の語群のうち最も適当なものを選んで、対応するア～オの解答欄に記入しなさい。

組織の運営において、命令系統を考えることは重要である。まず〔 ア 〕を受けるものが〔 イ 〕を起こさないために、できるだけ〔 ウ 〕の人物から伝達されるようにしなければならない。これを〔 エ 〕の原則と呼ぶ。この原則を採用する場合、〔 オ 〕を各職務担当者に明確に理解させる必要がある。

【語群】
1．結果責任　　　2．統制の範囲　　3．教育訓練　　4．指令
5．混乱　　　　　6．調整　　　　　7．単一　　　　8．課制廃止
9．指令系統の統一化　　10．複数

解答欄	ア	イ	ウ	エ	オ

第5問 次の事項は、組織の形態について述べたものです。正しいものには1を、誤っているものには2を、対応するア〜オの解答欄に記入しなさい。

ア　ファンクショナル組織は、命令系統が明確であるため、迅速に上からの命令が行きわたる。
イ　タスクフォースとは、特定の緊急課題を処理するための臨時的なチーム組織のことである。
ウ　組織における垂直的分業とは、統制の負担を分業化するもので、部門化とも呼ばれる。
エ　カンパニー制とは、ひとつの企業内において事業分野ごとに独立した権限や社内資本金の一部を与えることによって分社化と同様の経営効率を図る制度である。
オ　チェーンストアの組織では、仕入と販売の機能を分化して、効率性と市場密着の両方を追求する。

解答欄	ア	イ	ウ	エ	オ

第6問 次の事項は、組織化における原則について述べたものです。正しいものには1を、誤っているものには2を、対応するア〜オの解答欄に記入しなさい。

ア　指令系統の統一化の原則とは、ひとりの部下に指示命令できる上司をひとりにしないと、部下が混乱するということである。
イ　統制の範囲の原則とは、部下が多すぎると面倒見切れませんということである。
ウ　専門化の原則とは、同じことを集中してやらせると専門家になるのが遅いということである。
エ　権限委譲の原則とは、部下に仕事を任せる場合には、権限も与えないと仕事がうまくまわらないということである。
オ　三面等価の原則とは、仕事の権限、責任、義務が同じくらいでないと、仕事の形が明確にならないということである。

解答欄	ア	イ	ウ	エ	オ

第7問 次のア～オに最も関係の深いものを下記の語群から選んで、対応するア～オの解答欄に記入しなさい。

ア 「欲求段階説」を提唱した人物
イ 企業は人間欲求の中で最も人間らしい欲求に関心を払う義務と必要があると考えた人物
ウ 管理者のリーダシップ・スタイルと生産性に関する研究から「システム4」を提唱した人物
エ 「X理論・Y理論」を提唱した人物
オ 9.9型など5つの枠組みでとらえる動態的組織づくりのための「グリッド理論」を考えた人物

【語群】
1．マズロー　　2．リカート　　3．マグレガー　　4．フィードラー
5．ムートン　　6．レヴィン　　7．アージリス

解答欄	ア	イ	ウ	エ	オ

第8問 次の文章は、人材育成について述べたものです。文中の〔　〕の部分に、下記の語群のうち最も適当なものを選んで、対応するア～オの解答欄に記入しなさい。

職場のリーダーである管理者に部下が求める気持ちには、依存と〔 ア 〕という、相反するものがある。部下に依存の気持ちが強い場合は、〔 イ 〕なく仕事に取り組めるようにする〔 ウ 〕リーダーシップをとる。アの気持ちの強い場合は、重要なことだけ説明し、あとは本人にまかせきるという〔 エ 〕リーダーシップをとる。依存とアの両方がある場合は、部下の相談にのったり、必要な助言をしたりするなど、部下との話し合いで仕事の進め方などを決めていく〔 オ 〕リーダーシップをとる。

【語群】
1．指示的　　2．常識的　　3．自立　　4．独裁的　　5．共存
6．放任的　　7．不安　　8．民主的　　9．合理的　　10．甘え

解答欄	ア	イ	ウ	エ	オ

第9問

次の文章は、ハーズバーグの動機づけ・衛生理論について述べたものです。文中の〔　〕の部分に、下記の語群のうち最も適当なものを選んで、対応するア〜オの解答欄に記入しなさい。

今日では、かつてのように〔　ア　〕のあり方だけを中心とした考え方から、アメリカを中心として発達してきた〔　イ　〕の研究成果を活かした〔　ウ　〕へと移行することが、従業員に勤労意欲をもたせるための重要なテーマとされている。独自のウ論を唱えたハーズバーグは、知的労働者への調査から、「昇進、〔　エ　〕、達成度、仕事のやりがいなどの〔　オ　〕は、積極的な勤労意欲と深い関係にある」と提唱した。

【語群】

1. 所属
2. 職場内訓練
3. 行動科学
4. 賃金
5. 動機づけ要因
6. 承認
7. モチベーション管理
8. 安全・安定欲求
9. X理論
10. 衛生要因

解答欄	ア	イ	ウ	エ	オ

第10問

次の事項は、防犯・防火・万引き対策について述べたものです。正しいものには1を、誤っているものには2を、対応するア〜オの解答欄に記入しなさい。

ア　万引き対策としては、人的アプローチ(声がけ)を行う。
イ　万引き対策としては、店舗改善(防犯設備設置)を行う。
ウ　不審者・強盗対策としては、店内回遊を行う。
エ　不審者・強盗対策として駐車場を監視する必要はない。
オ　防火対策としては、不審者に対する警戒およびゴミ箱などをチェックする。

解答欄	ア	イ	ウ	エ	オ

第5章 チャレンジ問題 販売・経営管理 解答&解説

第1問

解答欄	ア	イ	ウ	エ	オ
	2	1	2	2	2

解説

イは問題文のとおりです。アのようにすると部下の不満が高まります。ウはこの逆をやらなくてはいけません。エは部下に反発されます。オは親近感を抱かせることも大切です。

第2問

解答欄	ア	イ	ウ	エ	オ
	2	1	2	2	1

解説

イ、オは問題文のとおりです。アは間違いで、20倍までです。ウも間違いで、これは景品表示法の説明です。エも間違いで、これは不正競争防止法の説明です。

第3問

解答欄	ア	イ	ウ	エ	オ
	2	1	1	1	1

解説

イからオまでは問題文のとおりです。アは間違いで、顧客情報は責任者を決めて管理しなくてはいけません。

第4問

解答欄	ア	イ	ウ	エ	オ
	4	5	7	9	1

解説

組織の運営においては、指令を受ける者が混乱を起こさないために単一の人物から命令を伝達させるようにすることが重要です。これを指令系統の統一化の原則といいます。結果責任を担当者に明確に理解させることが大事です。

第5問

解答欄	ア	イ	ウ	エ	オ
	2	1	2	1	1

解説

イ、エ、オは問題文のとおりです。アは間違いで、ファンクショナル組織は命令系統が不明確となりやすいです。ウも間違いで、これは水平的分業の説明です。

第6問

解答欄	ア	イ	ウ	エ	オ
	1	1	2	1	1

解説

ア、イ、エ、オは問題文のとおりです。ウは間違いで、同じことを集中してやらせると専門家になるのが早くなります。

第7問

解答欄	ア	イ	ウ	エ	オ
	1	7	2	3	5

解説

「欲求段階説」はマズロー、アージリスは人間らしい欲求への関心、「システム4」はリカート、「X理論とY理論」はマグレガー、「グリッド理論」はムートンと覚えましょう。

第8問

解答欄	ア	イ	ウ	エ	オ
	3	7	1	6	8

解説

依存の気持ちが強い部下には指示的なリーダーシップ、自立の気持ちが強い部下には放任的なリーダーシップが有効です。両方があるときは民主的なリーダーシップが有効です。

第9問

解答欄	ア	イ	ウ	エ	オ
	4	3	7	6	5

解説

今日では賃金だけを考慮するのではなく、行動科学の研究を活かしたモチベーション理論を活用して経営がされています。ハーズバーグは、動機づけされる要因を明らかにしました。

第10問

解答欄	ア	イ	ウ	エ	オ
	1	1	1	2	1

解説

ア、イ、ウ、オは問題文のとおりです。エは間違いで駐車場もよく監視すべきです。

memo

INDEX

英数字

ABC分析 ……………………………… 111
AIDMA（アイドマ）の法則 ……… 196
COOP ……………………………… 19, 24
CSC（コミュニティSC） …………… 54
DIY型 ………………………………… 36
EDI ……………………………… 16, 73
EOS ……………………………… 16, 72
ISM（イズム） ……………… 136, 174
ITFコード ………………………… 17
JANコード ………………… 72, 110
M&A ………………………………… 49
NSC（ネイバーフッドSC） ………… 54
OffJT ……………………………… 153
OJT ………………………………… 153
POP広告 ……………………198, 200
POS ………………………………… 72
POSシステム ……………………… 110
POSデータ ………………………… 111
QR ……………………………… 18, 73
RSC（リージョナルSC） …………… 54
SCMラベル ………………………… 17
SKU ………………………………… 93
SL理論 …………………………… 269
SRSC（スーパーリージョナルSC） …… 54
W/R比率 …………………………… 14
X理論とY理論 …………………… 269
1次品質 …………………………… 76
2次品質 …………………………… 76
3次品質 …………………………… 76
5つの適正 ………………………… 66

あ

アージリス ……………………… 269
アーバン ………………………… 192
アイコンタクト ………………… 135
アイテム ………………………… 93
アイテムブランド ……………… 169
アウトレットセンター …………… 55
アコーディオン理論 ……………… 7
アソートメント ………………… 206
後入れ先出し法 ………………… 257

アプローチ ……………………… 150
アメリカ・マーケティング協会 … 102
アルバイト ……………………… 153

い

イクサーブ ……………………… 192
異色 ……………………………… 215
委託仕入 …………………… 43, 236
一貫型 …………………………… 12
一店一帳合制 …………………… 13
移動平均法 ……………………… 257
イベント・販売促進事業 ………… 53
インストアプロモーション …… 136
インストアマーキング ………… 110
インストア
マーチャンダイジング ……136, 174
インターネット広告 …………… 198
インターネットの活用 ………… 50
インフォーマルグループ ……… 266
インプロプライス ……………… 171

う

請負契約 ………………………… 240
受取勘定回転率 ………………… 254
売上および利益目標の設定 …… 228
売上原価 ………………………… 256
売上高対売上総利益率 ………… 252
売上高対営業利益率 …………… 252
売上予算の設定 ………………… 228

え

エブリディ・ロープライス
（EDLP） ……………………34, 171
エリア・マーケティング ……… 181
エリアニーズ …………………… 49
エレクトロニック・マーケティング … 181

お

オープントゥバイコントロール
（OTB）方式 ……………………… 88
オープンプライス ……………… 171
大型カート ……………………… 34

INDEX

大型拠点型出店·························· 193
屋外広告····························· 198
お見送り····························· 151

か

回収基準····························· 255
外商部門······························ 43
改正薬事法···························· 38
改善取り組み························· 228
買取仕入························ 43, 236
開発期商品···························· 83
回遊性······························ 208
価格戦略···························· 180
家計調査···························· 185
カスタマーリレーションシップ
マネジメント（CRM）············ 174, 179
カットケース（ダンボール）陳列······ 142
割賦基準···························· 255
割賦販売法·························· 241
カテゴリーブランド·················· 169
カテゴリーマネジメント·············· 104
環境整備事業························· 53
観察法······························ 185
間接流通······························ 11
カンパニー制························ 262

き

企業価値分析························ 246
季節商品······························ 82
基礎的消費·························· 164
キャッシュ＆キャリー··················· 9
キャッシュフロー計算書·············· 246
キャッシュフロー分析················ 246
競合店調査·························· 190
強者の戦略·························· 180
業種専門店···························· 40
業態専門店···························· 40
共通目標確認························ 128
共同化································ 51
局部照明（アクセントライト）········ 216
金銭授受···························· 150
近隣型······························ 186

く

口コミ······························ 198
クラス································ 93
グリッド理論························ 269
クリンリネス························ 133
グルーピング························ 212
グループ······························ 93
クレーム···························· 230
クロージング························ 150

け

経営企画部門························· 43
経営資本回転率················ 113, 254
経営資本対営業利益率················ 253
経営スタイルの確立·················· 50
経営戦略···························· 182
経営分析···························· 246
経営理念···························· 182
継続棚卸法·························· 100
景品表示法·························· 242
欠品································ 130
限界利益···························· 108
原価値入率··························· 99
権限委譲の原則······················ 264
現品棚卸法·························· 100

こ

コーポレートブランド················ 169
ゴールデンライン··············· 141, 211
広域型······························ 186
広告································ 197
交叉比率····························· 90
光質································ 216
交通広告···························· 198
後発戦略···························· 181
小売中心性指標······················ 188
小売の輪の理論························ 7
光量································ 216
小切手······························ 233
顧客管理···························· 178
顧客中心···························· 176
顧客データ·························· 178

顧客動線	207
顧客ニーズ対応型の物流	116
国勢調査	185
個人情報保護法	244
コストのリーダーシップ	70
固定資産回転率	113, 254
固定長期適合率	250
固定費	108
固定比率	250
個別面接法	185
コミュニケーション・プロセス	195
ゴンドラ	211
コンビニエンスストア	32
コンビネーションストア	31

さ

サイコグラフィック要因	165
最終仕入原価法	258
最低陳列量	130
債務不履行	233
先入れ先出し法	257
雑誌	197
サバーブ	192
サブクラス	93
サプライチェーン	16, 73
サプライチェーン・マネジメント	73
差別化	70
三面等価の原則	265

し

仕入情報	85
シェルフマネジメント	137
ジオグラフィック要因	165
色相	214
事業協同組合	52
事業協同組合連合会	52
事業部制	262
自己資本比率	250
市場機会	184
市場細分化戦略	180
市場調査	185
システム4理論	269

システム的懸隔	2
実現基準	255
実験法	185
実数分析	112
質問法	185
品減り額	100
死に筋商品	32
弱者の戦略	180
収益性	246
従業員動線	207
就業規則	266
修正ハフモデル	188
集団面接法	185
集中	70
集中貯蔵の原理	3
重点商品	83
住民基本台帳	185
出店戦略	192
主要購買層	205
需要の価格弾力性	83
主力商品	83
準補色	215
消化仕入	43
商業統計調査	185
商圏	186
商店街	52
商店街振興組合	52
商店街振興組合連合会	52
消費者基本法	238
消費者契約法	239
消費者情報	80
商標法	242
商品	76
商品回転率	103, 113, 254
商品カテゴリー	90
商品カテゴリー構成	92
商品コンセプト	78
商品情報	80
商品説明（セリングポイント）	150
商品提示	150
商品の多様化戦略	180
商品別の売上構成	112

INDEX

商品本部	43
情報化	51
情報共有	128
情報流	5, 10
照明	216
商流	5, 10
食品スーパー	30
ショッピングセンター	54
ジョブローテーション	152
指令系統の統一化の原則	263
人口統計	185
人口動態	185
人材育成	228
新聞	197

す

スーパーストア	31
スーパーセンター	9, 34
スーパーバイザー	44
スーパーマーケット	30
スーパーレット	31
衰退期	202
衰退期商品	83
ステープル商品	130
ストアコンセプト	205
ストアコンパリゾン	190
ストアデザイン	206
ストアロイヤルティ	172, 231
スペースマネジメント	136, 211

せ

成熟期	202
成熟期商品	83
生鮮食品	130
成長期	202
成長期商品	83
成長性	246
セクシャルハラスメント	267
セルフサービス	151
前進立体陳列	131
選択的消費	164
専売店制	13

先発戦略	181
全般照明(ベースライティング)	216
専門化(スペシャライゼーション)	44
専門化の原則	264
戦略ドメイン(事業領域)	182

そ

ゾーニング	208
総合品ぞろえスーパー	28
総資本対経常利益率	253
相談	229
総平均法	257
ソリューション	146
損益計算書	246
損益分岐点	108
損益分岐点分析	246

た

対価	77
待機	150
大規模小売店舗立地法	29, 245
貸借対照表	246
代理店・特約店制度	12
代理店契約	236
ダイレクトメール広告	198
ダウンタウン	192
タスクフォース	261
建値制	13
多店舗展開	46
棚卸	100
棚ラベル	134
棚割	96
単純平均法	257
単品管理	103

ち

地域型	186
チェーンオペレーション	46
チェーンストア	44
チェッカー	135
中小企業協同組合法	52
中心市街地活性化法	245

調剤	38		特売価格	171
調整機能	228		特約店契約	236
超広域型	186		都市計画法	245
朝礼	128		ドミナント型出店	193
直接流通	11		ドミナント展開	27
直販型	12		ドメイン	51
チラシ広告	198		ドラッグストア	38
陳列	140		取引数極小の原理	3
			ドロシーレーンの法則	170

て		な	
データベースマーケティング	181	ナショナルブランド	169
ディープディスカウントプライス	171		
ディスカウントプライス	171	に	
ディスプレイ	131, 140		
定番商品	82	二重価格	171
ディマンドチェーン	16	人時生産性	138
手形	234		
適正在庫	101	は	
テナント	43		
デパートメント	93	ハーシー	269
デモグラフィック要因	165	ハーズバーグ	270
テリトリー制	13	パーチェースポイント	200
テレビ	198	パートタイマー	152
店会制	13	パートタイム労働法	267
展示型陳列	140	バイイングパワー	27
電子商取引	239	売価還元法	258
電話質問法	185	売価値入率	99
		ハイパーマーケット	8
と		バイヤー	28
		パブリシティ	198
統一ブランド	169	バラエティ型	36
動機づけ	148, 228	バラ積み陳列	142
動機づけ・衛生理論	270	パワーセンター	55
当座比率	249	販社型	12
統制の範囲の原則		販売・管理費比率	252
（スパン・オブ・コントロール）	263	販売員育成	148
動線計画	207	販売管理	104, 228
導入期	202	販売効率	113
導入期商品	83	販売情報	80
登録販売者	38	販売推進部門	43
独自能力	203	販売促進策	194
独占禁止法	237	販売予測	228
特定商取引法	239		

INDEX

ひ

非価格戦略 …………………………… 180
ビジュアルマーチャンダイジング
（VMD）…………………………… 143
百貨店 ………………………………… 42
品目構成 ……………………………… 94

ふ

ファッション商品 …………………… 130
ファミリーブランド ………………… 169
ファンクショナル組織 ……………… 260
フィードラー ………………………… 269
フェイシング …………………… 97, 212
フェイシング管理 …………………… 129
フェイス ……………………………… 97
フォード効果 ………………………… 6
不正競争防止法 ……………………… 242
プッシュ戦略 ………………………… 180
物流 ………………………………… 5, 10
プライスカード ……………………… 133
プライスゾーン ……………………… 98
プライスライン ……………………… 98
プライベートブランド ……………… 169
プラノグラム ………………………… 97
ブランチャード ……………………… 269
フランチャイザー ………………… 23, 32
フランチャイジー ………………… 23, 32
フランチャイズ・システム ………… 23
フランチャイズ契約 …………… 32, 236
フランチャイズチェーン ……… 19, 21, 22
ブランドネーム ……………………… 168
ブランドマーク ……………………… 168
フリークエント・ショッパーズ・
プログラム（FSP）……………… 174, 177
プル戦略 ……………………………… 180
ブレーク ……………………………… 269
フロアマネジメント ………………… 136
プロジェクトチーム ………………… 261
プロダクト・ライフサイクル
（PLC）………………… 83, 87, 202
プロのサービス技術 ………………… 77
プロパープライス …………………… 171

へ

ベーシック・ストック・リスト ……… 87
平均在庫高 …………………………… 103
ベストプライス ……………………… 171
ベストプラクティス調査 …………… 190
ベタープライス ……………………… 171
ヘルス＆ビューティケア …………… 38
便益（ベネフィット）………………… 78
ベンダーマーキング ………………… 110
変動費 ………………………………… 108

ほ

ホームセンター ……………………… 36
ホールセールクラブ ………………… 9
防火対策 ……………………………… 271
報告 …………………………………… 229
包装 …………………………………… 150
防犯対策 ……………………………… 271
補完商品 ……………………………… 83
ポジショニング ……………………… 203
補充 …………………………… 131, 140
補充型陳列 …………………………… 140
補色 …………………………………… 215
ホスピタリティ ……………………… 146
ポピュラープライス ………………… 171
ボランタリーチェーン …………… 19, 20

ま

マーチャンダイザー ………………… 28
マーチャンダイジング …………… 66, 80
マイクロマーケティング …………… 182
マイケル・ポーター ………………… 69
前出し作業 …………………………… 131
マグレガー …………………………… 269
マス媒体広告 ………………………… 197
マズロー ……………………………… 269
まちづくり3法 ……………………… 245
マトリックス組織 …………………… 260
マニュアル化 ………………………… 46
万引き対策 …………………………… 271

み	
ミールソリューション………………	31
未成熟=成熟理論………………	269

む	
ムートン……………………………	269
無彩色………………………………	214

め	
明度…………………………………	214
目玉価格……………………………	171

も	
モデル・ストック・プラン………………	89
モデレートプライス…………………	171
モラール（勤労意欲）………………	266

や	
役割配賦……………………………	228

ゆ	
有彩色………………………………	214
郵送法………………………………	185

よ	
要素的懸隔…………………………	2
予算管理……………………………	106
欲求段階説…………………………	269

ら	
ライリーの法則………………………	188
ライン………………………………	93
ラインアンドスタッフ組織……………	260
ライン組織…………………………	260
ラジオ………………………………	198

り	
利益計画……………………………	107
リカート……………………………	269
リクルーター…………………………	32
リスクマネジメント……………………	244
立地調査……………………………	188

リテールサポート……………………	14
リベート……………………………	13
流行商品……………………………	82
留置法………………………………	185
流通懸隔……………………………	2
流動性………………………………	246
流動比率……………………………	249
臨時商品……………………………	83

る	
ルーラル……………………………	192
類似色………………………………	214
類色…………………………………	214

れ	
レイアウト…………………………	211
レイバースケジューリングプログラム（LSP）……………………	144
レギュラーチェーン…………………	19, 26

ろ	
ローコストオペレーション……………	47
ローコスト型店舗……………………	34
ロールプレイング（役割演技）………	153
ローワプライス………………………	171
ロイヤルティ…………………………	22, 32
ロイヤルティ・マーケティング………	181
労働生産性…………………………	139
労働装備率…………………………	139
労働分配率…………………………	138

わ	
ワンウェイコントロール………………	207
ワンストップショッピング……………	28
ワントゥワン・マーケティング………	179, 181
ワンフロア……………………………	34

著者紹介

海光 歩（かいこう あゆむ）

中小企業診断士／ビジネスコンサルタント

出版社、広告会社、大手ダイレクトマーケティング企業でのマネージャー職を経て、現在はビジネスコンサルタント。ビジネス関連の修士号、博士号も持ち、実務面とアカデミック面の両面からビジネス知識をわかりやすく指導するための方法を研究している。長年にわたるビジネスの実務経験と、ビジネス知識指導講師の経験を生かした初心者でもわかりやすい指導で定評がある。販売士の有資格者を多数輩出している。著書に『販売士教科書 販売士3級 一発合格テキスト 問題集』（翔泳社）がある。

http://www.kaikouayumu.com

「海光歩の資格とキャリアサクセスに役立つメルマガ」
http://archive.mag2.com/0001093184/index.html
メールマガジン「まぐまぐ！」で発行中！！

お問い合わせ、ご感想などは下記までお願いします。
kaikouayumu@gmail.com

本文デザイン・DTP	株式会社エス・プランニング（根子 縁）
編集協力	株式会社チーム・エムツー（浦川 史帆）
本文イラスト	陣条 和榮／株式会社エス・プランニング（海老原 由美）
装丁	大下 賢一郎
装丁イラスト	千野 エー

販売士教科書
販売士2級 一発合格テキスト 問題集

2010年4月14日　初版第1刷発行
2014年4月10日　初版第5刷発行

著　者	海光 歩（かいこう あゆむ）
発行人	佐々木 幹夫
発行所	株式会社 翔泳社（http://www.shoeisha.co.jp）
印　刷	昭和情報プロセス株式会社
製　本	株式会社 国宝社

©2010 Ayumu Kaiko / Team M2, Inc.

＊本書は著作権法上の保護を受けています。本書の一部または全部について（ソフトウェアおよびプログラムを含む）、株式会社 翔泳社から文書による許諾を得ずに、いかなる方法においても無断で複写、複製することは禁じられています。

＊本書へのお問い合わせについては、ⅱページに記載の内容をお読みください。

＊落丁・乱丁はお取り替えいたします。03-5362-3705までご連絡ください。

ISBN978-4-7981-2125-3　　　　　　　　　Printed in Japan